Die Universität in der Karikatur

Böse Bilder aus der kuriosen
Geschichte der Hochschulen

herausgegeben und kommentiert
von Michael Klant

Fackel
träger

Der Dank des Herausgebers gilt den Instituten,
die durch die freundliche Bereitstellung ihres
Bildmaterials dieses Buch ermöglicht haben:
die Universitätsbibliothek Heidelberg,
das Institut für Hochschulkunde Würzburg,
die Staatsbibliothek Preußischer Kulturbesitz
Berlin,
die Bodleian Library Oxford,
das ABC-Antiquariat Pinkus Zürich,
der Nebelspalter-Verlag Rorschach,
der Fackelträger-Verlag Hannover,
das Reiß-Museum Mannheim,
das Freiheitsmuseum Rastatt,
die Staatliche Kunsthalle Karlsruhe,
das Historische Museum Frankfurt und,
das Historische Museum Wien.

Druck: Hildesheimer Druck- und Verlags-
GmbH, Hildesheim
Printed in Germany 1984
ISBN 3-7716-1451-1

CIP-Kurztitelaufnahme der Deutschen
Bibliothek:

Die *Universität in der Karikatur:*
böse Bilder aus d. kuriosen Geschichte d.
Hochsch./
hrsg. u. kommentiert von Michael Klant. —
Hannover: Fackelträger-Verlag, 1984.
ISBN 3-7716-1451-1

NE: Klant, Michael [Hrsg.]

Inhalt

Einleitung

1 Josef Benedikt Engl: *Ich begreife nicht, warum der Tod nicht eintritt.* 1897.

Der zerstreute Professor im obigen Bild befindet sich in einer Situation, die beklagenswerter nicht sein könnte. Doch Mitleid beiseite! Schließlich hat er sich selber in diese exponierte Lage gebracht. Zum Schaden in Form des mißglückten Experiments kommt eben der Spott in der Gestalt der Zeichnung, und nun muß der gescheiterte Gelehrte auch als exemplarisches Beispiel seiner Spezies für Betrachtungen herhalten, die zu ergründen suchen, warum seine Stellung für die Karikatur so vortrefflich geeignet ist.

Der heimliche Beobachter der Szenerie erkennt, daß es sich hier eigentlich um ein generelles Problem der Wissenschaft handelt: wie ist eine theoretisch durchaus einfache Aufgabe in die Tat umzusetzen? Auch wenn die Lösung offensichtlich nur an einem seidenen Faden hängt, so ist hier doch die abgrundtiefe Kluft zwischen Theorie und Praxis erkennbar, die Friedrich Schiller 1795 als wesentlichen Ansatzpunkt der Satire beschrieben hat:

> »In der Satire wird die Wirklichkeit als Mangel dem Ideal als der höchsten Realität gegenübergestellt.«

Ist der Idealzustand, der unserem Professor vorschwebte, schon wunderlich genug, so kommt noch erschwerend hinzu, daß er in seiner ungewollt komischen Ernsthaftigkeit die Vorstellung von der höchsten Realität anscheinend allzu wörtlich genommen hat, ohne dabei als den wahren Haken der ganzen peinlichen Angelegenheit zu erkennen, daß es gerade ihm niemals gelingen wird, sich von den Verstrickungen der Wirklichkeit zu befreien. Dadurch, daß man geneigt ist, ihn für intelligent zu halten, und er dieser Erwartung nicht entspricht, verschlimmert sich seine hoffnungslose Lage mit der Höhe des Anspruches nur noch umso mehr. Sein so typisches Versagen stellt den wichtigsten Grund für den verstärkten Spott auf die Repräsentanten unseres Geisteslebens dar: wer sich erhöht, wird erniedrigt werden.

Doch lassen wir ihn noch ein Weilchen hängen und wenden uns weiteren Ursachen für die wahre Flut von Karikaturen zum Thema Universität zu. Wer sich, wie unser Professor, in das Rampenlicht der Öffentlichkeit begibt, muß damit rechnen, besonders aufmerksam beobachtet zu werden, und die Gruppe der Magister und Scholaren nahm schon immer eine solchermaßen außergewöhnliche Stellung ein, daß sie zum Spott geradezu herausforderte.

Voraussetzungen hierfür gab es zu allen Zeiten genügend. So beschützte Barbarossa schon seit 1158 mit seiner »Authentica« die fahrenden Scholaren durch eine universitätseigene Gerichtsbarkeit, die sich bis in unser Jahrhundert hinein in Teilen erhalten und Akademikern große Freiheiten eingeräumt hat. Der Universitätsrichter, der aufsässigen Studenten mit einschneidenden Maßnahmen gekommen wäre — er hätte nur am eigenen Ast gesägt. Im Lauf der Geschichte nutzten Studenten ihre Macht auch immer wieder aus; einer ihrer größten Trümpfe bestand darin, einen »Auszug« vorzunehmen, der sowohl den Hochschulbetrieb als auch eine ganze Stadt wirtschaftlich ruinieren konnte.

Im Besitze solcher Privilegien, hatten Studenten von sich stets das Selbstverständnis einer »Elite der Nation« — kein Wunder bei den späteren Posten, auf denen sie sich oft genug schon vorher wähnten. Damit sind aber auch sie die geborenen Karikaturen, denn natürlich bieten sie genau dann, wenn sie sich eine Blöße geben und am eigenen Anspruch scheitern, für den Zeichner den geeigneten Moment, sie vom Sockel der Überheblichkeit herunterzuholen.

Soweit die systemimmanenten Gründe für den Spott auf die Universität. Daß ihre besondere Stellung einer Insellage gleichkam, muß nun allerdings nicht heißen, daß ihr »Witz« — ursprünglich gleichbedeutend mit »Verstand« — auch dem

2 Heinrich Zille: *Herr, fassen Sie mich nicht an. Vergessen Sie nicht, daß Sie einen zukünftigen Staatsanwalt begleiten!* Um 1920.
Karikatur auf die Folgen des häufigsten »Studentenulks«, das nächtliche Auslöschen und Zerstören von Laternen.

einer Insel entspricht und sich nur im eigenen kleinen Kreise bewegt. Im Gegenteil: politische Einflüsse und Veränderungen hatten ihren Ursprung häufig in der Universität. Ob dies die Lehre des Martin Luther zur Reformation war, die durch seine Studenten verbreitet wurde; ob Studenten und Professoren die Märzrevolution von 1848 vorantrieben; ob sie die Weimarer Republik zu stürzen mithalfen und 1933 in den Universitätsstädten mißliebige Bücher verbrannten; ob Studenten 1968 das politische Mandat forderten und sich mit der Polizei Straßenschlachten lieferten — sie hatten den Karikaturisten immer genug Angriffsfläche zu bieten, wenn sie aus ihrem engen Wirkungskreis heraus an die Öffentlichkeit traten.

Was die hier vorliegende, aus Tausenden von Karikaturen zum Thema Universität getroffene Auswahl leisten kann, ist also nicht etwa nur die Beschreibung der geistesgeschichtlichen Entwicklung allein. Lehrinhalte finden sogar seltener ihren bildlichen Niederschlag als sitten-, sozial- und wirkungsgeschichtlich interessante Vorgänge, an denen die *cives academici* Anteil haben und die von den Karikaturisten mit besonderer Vorliebe aufgegriffen werden. Im Hochschulbereich hat es kaum jemals an Mißständen gemangelt. Waren nicht nur solche interner Natur vorhanden, so kamen Studenten und Professoren eben selbstauferlegten staatsbürgerlichen Pflichten nach und griffen in das politische Geschehen ein: ausgehend von der Geschichte der Universität ergeben sich Parallelen und Überschneidungen mit der politischen Entwicklung. Die hier gesammelt abgedruckten Bilder schütten ihren Spott auf der einen Seite also über den Hochschulbetrieb und auf der anderen über die politischen Aktivitäten der Gelehrten aus.

Das ganze Hochschulleben aus fast 800 Jahren passiert, einem tragikomischen Theater ähnelnd, vor unseren Augen Revue; Akademiker sind Hauptdarsteller. Durch foto- und drucktechnische Möglichkeiten in diesem Buch vereint, offenbart sich nicht nur der wissenschaftliche Jahrmarkt der Eitelkeiten mit all seinen Höhen und Tiefen, seinen Fortschritten und unmenschlichen Rückschlägen. Die Reprokamera fährt auch mit den Akteuren aus dem Hörsaalkabarett hinaus, weitet den Blick für Hochschulexternes. Sie spürt, exemplarisch am Thema Universität, dem Bild der Gesellschaft im Zerrspiegel der Karikatur nach und liefert die Erkenntnis: Hochschulangehörige agieren als Protagonisten auch auf der Bühne der Politik.

Dabei wird deutlich, wie die »akademische Freiheit« oft im eigenen Sinne ausgelegt und bis zur Narrenfreiheit strapaziert wird. Mit der Veränderung gesellschaftlicher und politischer Normen stets neu definiert, wird sie teils großzügig bemessen, teils reglementiert. Kontinuität und Wandel dieses Privilegs werden hier genauso beleuchtet wie seine Liquidation.

Aus den bisherigen Feststellungen ergibt sich für die Gliederung nahezu zwangsläufig eine vorrangig chronologische Anordnung der Bilder, obwohl sich einige Themen (wie z. B. die Geldnöte des Studenten, seine Kleidung und Wohnform) durch die ganze Geschichte hindurch in Karikaturen beobachten lassen. Bei der Arbeit an der vorliegenden Anthologie ergab sich der Herausgeber jedoch in das Schicksal, sich nicht nur von einem ikonografisch ausgerichteten, kunsthistorischen Interesse leiten lassen zu können, weil bald zutage trat, daß kaum ein Ereignis im universitären Bereich von der Bildkritik verschont blieb. Diese Erkenntnis gewann insofern Eigendynamik, als jetzt mit der Hypothese, daß sich alle faktischen Vorkommnisse im Hochschulbereich illustrieren lassen, gezielt nach Karikaturen gesucht wurde. Da sich die Vermutung tatsächlich als weitgehend haltbar erwies, stehen nun sowohl Ereigniskarikaturen als auch Zustandsbilder dergestalt nebeneinander, daß sie eine fortlaufende, kritische Hochschulgeschichte ergeben.

Dabei kommen ikonografische Vergleiche etwas zu kurz, obwohl auch hierfür neben dem vorwiegend chronologischen Aufbau einige thematisch gebundene Karikaturen in eigenen Kapiteln zusammengefaßt wurden, und zwar jeweils zu dem Zeitpunkt, wo die Be- bzw. Mißachtung ihres Motivs den Höhepunkt erreicht hat. Dadurch können z. B. die »Blaustrumpf«-Karikaturen auf die negative Definition von akademischer »weiblicher Schönheit« hinterfragt und die Professorenbilder auf die Anzahl der getragenen oder vergessenen Brillengläser überprüft werden. Es entfallen dagegen direkt nebeneinander gestellte Vergleiche z. B. zur Allegorie der *alma mater*, dem Sinnbild der Universität als »nährende Mutter«, weil diese sich einmal mehr unterordnen mußte — der chronologischen Abfolge in diesem Buch nämlich. Hier muß sich der Leser selbst die Mühe machen, Unterschiede herauszufinden. Interessant ist auch, die Rolle des wichtigsten Handwerkzeugs der Ge»bild«eten, des Buches, zu verfolgen, das nur selten auftaucht, dann jedoch unter äußerst zweckentfremdenden Umständen.

Kurz gesagt, wird die Reihenfolge der Bilder in diesem Band also sowohl von der Hochschulgeschichte selbst als auch vom vorgefundenen Bildmaterial strukturiert. Dabei sind die in Themenkomplexen zusammengefaßten Karikaturen tragfähiger, als sie zunächst vermuten lassen. Bleiben wir zur Veranschaulichung bei einem Beispiel aus der Reihe der zerstreuten Professoren. Um ein solches könnte es sich ja bei den Gelehrten in Abb. 3 handeln. Deren liebenswürdige Weltfremdheit bekommt erst Risse, wenn man den Zeitpunkt der Veröffentlichung und die Quelle in Betracht zieht: kurz nach der nationalsozialistischen Machtergreifung 1933, in der Karikaturzeitschrift *Kladderadatsch,* die schon vor der Gleichschaltung der Presse reaktionäres Bildmaterial lieferte und danach nur noch profaschistische Zeichnungen publizierte. Nur mit dem Wissen um diesen Hintergrund läßt sich die Karikatur vollends entschlüsseln: sie ist eine versteckte Aufforderung zur Nichteinmischung in die Politik und verharmlost und versteckt den tatsächlichen Terror, der gegen andersdenkende Wissenschaftler losgebrochen war. Während der Zeichner Garvens mit den Fachidioten in seiner Darstellung sympathisiert, schildert sie uns eine der den Wissenschaftlern jener Zeit zugedachten Rollen.

Gelehrte

„Was halten Sie von der Übernahme der Regierung durch das nationale Kabinett, Herr Kollege?"
„Bedaure, bin nur für die zweite Hälfte des fünfzehnten Jahrhunderts zuständig!"

3 Oskar Garvens, April 1933.

Angesichts solcher Vielschichtigkeit einiger thematisch eingeordneter Karikaturen ist der Leser selbst aufgefordert, Hintergründe und Parallelen zu entdecken, denn nicht in jedem Fall kann dieses Buch der ganzen Reichweite des einzelnen Bildes Rechnung tragen. Man kann und muß es dafür wie ein *scrap-book* benutzen, in dem man wie in einem Sammelalbum vor- und zurückblättert, um den Gesamtzusammenhang in allen Aspekten verfolgen zu können.

Nun muß natürlich auch bei z. T. großem historischem Abstand deutlich werden, auf was der Zeichner eigentlich gezielt hat. Hierbei sollen die Texte, Bildkommentare und Zitatkollagen helfen, die zugunsten einer breiteren Bildauswahl möglichst knapp gehalten sind. Sie sind notwendig, weil der Bezug der Bilder aus ihnen selbst oft nicht mehr ersichtlich ist, und weil diese aus ihrem ursprünglichen Kontext gerissen und in einen neuen Sinnzusammenhang gestellt worden sind — der Zerrspiegel der Universität entsteht aus dem Zusammenfügen vieler einzelner Splitter, die, für sich, nur punktuelle Einblicke gewähren. Gleichwohl kann sich der begleitende Text bei aller Gefahr der Vereinfachung nur an dem orientieren, was die Karikaturen ins Bild bringen. Läßt sich die Universitätsgeschichte mit ihrer literarischen Bearbeitung von Zehntausenden von Titeln hier auf keinen Fall umfassend wiedergeben (was besonders für die komplizierte und vielfältige Geschichte des Verbindungswesens gilt), so scheint die Bildproduktion zum Thema doch überschaubarer und deren Auswahl repräsentativer. Diesen Bildern folgen die Kommentare und stellen ebenso tendenziös, stichpunktartig und verkürzt dar, was gerade die größte Aufmerksamkeit auf sich lenkte. Für die Korrektur des entstehenden Negativbildes, das ja dem Wesen der Karikatur entspricht, bleibt im Text kaum Platz. Die großen, positiven Errungenschaften der Wissenschaft treten hinter dieser Kritik zwangsläufig zurück und bleiben als Antithese nur latent erhalten.

Obwohl das Bild der deutschen Universitäten im Vordergrund steht, sollen nicht nur deutsche Künstler zu Wort kommen, denn ihre satirischen Kollegen aus dem Ausland hatten unter Umständen das bessere Auge für ganz ähnliche Probleme. So drückten englische Zeichner um 1800 für das eigene Land viel treffsicherer aus, was zur gleichen Zeit die Universitäten in deutschen Landen beschäftigte, konnten ausländische Karikaturisten zur Zeit des »Dritten Reiches« die Vorgänge an deutschen Hochschulen ohne den Druck der Pressezensur verfolgen und machten während der Studentenrevolte in den 1960er Jahren die gleichen Erfahrungen wie die deutschen Zeichner.

Der Spott auf die Universität wird beileibe nicht nur von Außenstehenden geübt. Die Bewohner des Elfenbeinturmes sind viel zu scharfsinnig, um nicht selbst zum Mittel der Satire zu greifen, wenn die Situation es erfordert. So kommt es, daß ein ehemaliger Burschenschafter den *Kladderadatsch* 1848 mitbegründete, daß Akademiker selbst politische Witzblätter redigierten, daß im »Professorenparlament« von 1848/49 unzählige Karikaturen auch von den Parlamentariern selbst gezeichnet wurden. Auch die verbalen Äußerungen von Professoren über gesellschaftliche Zustände, spitze Bemerkungen über Kollegen und Studenten zeigen eine Affinität zum Spott. Und natürlich wissen die Musensöhne ihren Lehrern nachzueifern, z. B. andersdenkende Kommilitonen ganz einfach zu verspotten. Nicht genug damit, ist die Hochschulgeschichte so voller Kuriosa, daß eine reine Aufzählung der Begebenheiten oft schon ausreicht, die Übertreibung sich erübrigt: »Wo sich Leute so weit vergehen, da findet die bitterste Satyre ihr Werk schon getan«, formulierte es im 18. Jahrhundert der Göttinger Universitätsprofessor G. Chr. Lichtenberg. Wir werden hier einige Zeugnisse akademischen Wortwitzes ganz einfach deshalb wiedergeben, weil dies überlange Kommentare abkürzen hilft. Wenn Bilder mehr als Worte sagen, so sagen Karikaturen mehr als einfache Bilder. Zwar existieren zum Thema Universität auch »seriöse« Darstellungen, etwa in Genrebildern oder Trachtenbeschreibungen, doch gelangten diese bei weitem nicht in dem Maße in das Bewußtsein der Öffentlichkeit wie die Karikatur, die das Bild der Universität vorwiegend und in großer Anzahl gespiegelt und geprägt hat und deshalb hier auch mehr interessiert. Die Spottbilder finden sich auf Einblattdrucken und ab dem Beginn des 19. Jahrhunderts vor allem in Karikaturzeitschriften. Aber auch auf anderen *studentica*, etwa Pfeifenköpfen, sind gelegentlich Karikaturen abgebildet, und um 1900 beschäftigten komische Studentendarstellungen eine ganze Postkartenindustrie. Wir müssen sie hier ausklammern, denn sie verdienten eine eigenständige Publikation, und betrachten fast ausschließlich die Druckgrafik, zumal sie die meiste Verbreitung gefunden hat und mit dem Ziel aufgetreten ist, das Bild der Universität nicht nur zu spiegeln, sondern auch zu beeinflussen. Mit einer weiteren Einschränkung: der in großer Menge vorhandenen Fotografie, die als *imago comica* des Studenten aber gleichfalls eine eigene Betrachtung erfordern würde und hier genauso ausgeklammert wird. Die Fotografie erreicht auch selten — mit Ausnahme z. B. der Montagen eines John Heartfield — die Aussagekraft der satirischen Zeichnung, die durch die Technik der Verdichtung und Auslassung, Verzerrung und Übertreibung (vgl. die Bedeutung des Wortes »Karikatur«), durch »bewußtes Hervorheben des Charakterisierenden einer Erscheinung, Abstrahieren von dem Nebensächlichen«, wie es Eduard Fuchs 1901 in seiner Karikaturgeschichte formulierte, relativ komplexe Sachverhalte mit spielerischer Leichtigkeit angehen kann und trotzdem ihre Bedeutung schlagartig mitteilt.

4 Anonyme Fotografie um die Jahrhundertwende.

Doch kommen wir zu unserem zerstreuten Professor aus der Eingangskarikatur zurück, um den Begriff der »Karikatur«, den wir bisher nur unter dem — im Lauf der Kunstgeschichte stets wandelbaren — formalen Aspekt betrachtet haben, auf Intentionen und Funktionen zu überprüfen, denn diese bestimmen im Zusammenwirken mit Wort- und Kontext ebenso den Inhalt. Für unsere Zwecke unterscheiden wir die möglichen Intentionen in einer zugegebenermaßen einfachen, aber hilfreichen Polarisierung: wir trennen die *humoristische* Karikatur auf der einen von der *satirischen* auf der anderen Seite. Zwar benutzt die erste die gleiche Methode wie die letztere — sie stellt den Widerspruch zwischen der unzulänglichen Realität und einem Idealzustand dar, den sie nicht finden kann, aber trotzdem zum Vorbild hat. Nur bleibt die humoristische Karikatur letztendlich harmlos, weil das, was sie überzeichnet, gesellschaftlich nicht relevant ist. So betrachtet, gehört Abb. 1 eher zu den humoristischen Zerrbildern, obwohl bei solchen immer zu hinterfragen bleibt, warum ihr Motiv zu einem bestimmten Zeitpunkt auftaucht. Ganz anders jedoch die Satire, der »politische Lausejunge« nach Kurt Tucholsky: ihr Thema ist der Mißstand, der Konsequenzen zeitigt, wenn er nicht behoben wird. Sie bereitet nicht nur Vergnügen, sondern auch Betroffenheit.

Bei der Fülle des Angebots bleiben die harmlosen Studentenwitze, wie sie in Sammelbänden um 1900 so beliebt waren, in der Minderzahl. Hier geht es um die Karikatur als Mittel der anteil- und

5 John Tenniel: *Der Schulmeister im Ausland.* 1866. Während sich dickbäuchige Professoren im Hintergrund mit ihren wissenschaftlichen Erzeugnissen die Köpfe einschlagen, verzweifelt der in der Praxis davon betroffene Schulmeister über seine hoffnungslose Lage.

einflußnehmenden Geschichtsschreibung; um die kritische Grafik, um bitterböse Bilder sozusagen, mit spitzer Feder zu Papier und mit scharfem Stichel und ätzender Säure auf den Druckstock gebracht — wie bei Abb. 5, die zwar wie Abb. 1 das Verhältnis von Theorie und Praxis aufgreift, diesmal aber gleichzeitig eine soziale Stellungnahme abgibt.

Da auf den Künstler, der die *universitas* von seinem kritisch-distanzierten Beobachtungsstand gezeichnet hat, genug Ungereimtheiten warteten, finden sich in der Geschichte der Hohen Schulen unzählige Bildsatiren, die auch noch hohes künstlerisches Niveau aufweisen. Von Leonardo da Vinci, Hans Holbein d. J. und Albrecht Dürer über William Hogarth und Thomas Rowlandson zu Honoré Daumier und Gustave Doré; von Wilhelm Busch, Thomas Theodor Heine und Bruno Paul über George Grosz und A. Paul Weber bis zu Marie Marcks und Horst Haitzinger, um nur wenige zu nennen, haben sich in diesem Buch namhafte Künstler versammelt, um ein Bild von der Hochschule zu zeichnen, das jeder Beschreibung spottet.

Wohlbemerkt sind die Bildsatiren nicht auch a priori fortschrittlich. Sobald es um politische Standpunkte geht, tauchen unterschiedliche Meinungen bei den Zeichnern auf, wie beispielsweise im Kampf der Zeitschrift *Ulk* mit dem *Kladderadatsch* um Sein oder Nichtsein der Weimarer Republik deutlich wird. Auch solche Bilder sollen und müssen hier abgedruckt werden, denn sie zeigen, wie und wozu das Medium Karikatur mißbraucht werden kann. Noch immer wird die formal progressive Funktion der Karikatur in ihrer Geschichtsschreibung überbetont, obwohl sie auch von der konservativen und reaktionären Gegenseite benutzt wird. Der spätere Bundespräsident Theodor Heuss, in den 1920er Jahren Dozent an der Berliner Politischen Hochschule, Kenner der politischen Bildsatire, wies 1910 in seiner *Ästhetik der Karikatur* auf den Unterschied hin: »Dem Konservativismus fehlt seiner Natur nach die Stoßkraft positiver Kritik.«

Prinzipiell muß also die Herkunft des jeweiligen Bildes hinterfragt werden, um die Stoßrichtung zu erkennen. Solche Quellenkritik kann hier textlich nur soweit angeführt werden, daß der Bildnachweis im Anhang interpretierbar wird. Dieser schien uns auch wichtiger als eine überhandnehmende Bibliographie oder eine andere Zitierung als die im fortlaufenden Text, weil dies die Lesbarkeit beeinträchtigt hätte und auch andernorts leicht nachschlagbar ist.

Zusammenfassend läßt sich feststellen: das Thema Universität ist wie kaum ein anderes prädestiniert für die Karikatur, die in aktuellen Stellungnahmen Schlaglichter auf die kulturelle Entwicklung und Teilnahme an der politischen Entwicklung wirft, dadurch die Geschichte der Hochschule mit schreibt und zeichnet, und, wie der Karikaturist Pitter, allzu viel blinder Theorie ganz einfach die Luft abläßt.

6 Pitter, 1980.

Befreien wir jetzt endlich unseren Professor aus seiner mißlichen Lage und lassen ihn weiteragieren. Es wäre doch gelacht, wenn uns da nicht noch einige weitere Merkwürdigkeiten in seinem Umfeld begegnen würden . . .

VOM MITTELALTER BIS ZUR REFORMATION

Vorhang auf für die akademische Narrenfreiheit

»Herr Professor, wir müssen Ihnen leider mitteilen, daß Sie wegen Auslassens eines Kapitels eine Geldstrafe zu zahlen haben. Und wenn es noch einmal vorkommen sollte, daß Sie gegen Ende der Vorlesung einen schwierigen Abschnitt behandeln, werden wir Sie entlassen!«

So oder ähnlich könnte es sich im italienischen Bologna des 12. Jahrhunderts abgespielt haben, wo die Scholaren, die sich zur Vertretung ihrer Interessen in *nationes* (Landsmannschaften) zusammentaten, solche Macht über ihre *doctores* besaßen, daß sie diese einfach absetzen konnten. Sie betrieben die Gerichtsbarkeit, verpflichteten und honorierten die Lehrer und wählten den Rektor aus den eigenen Reihen, so daß es 1385 sogar dazu kam, daß ein solcher noch durch das eigene Doktorexamen fiel. Bei Streitigkeiten streikten sie einfach oder zogen aus — auf eben diese Weise entstand 1222 die Hohe Schule von Padua.

Ganz anders in der Hohen Schule zu Paris, etwas später als Bologna im 12. Jahrhundert, ebenfalls aus vormals freiem Lehrertum entstanden: hier herrschten die *magister* über ihre Schüler, hatten das Satzungsrecht und entschieden über den Lehrkörper. Dem Pariser Modell entsprachen auch die englischen Universitäten in Oxford (12. Jahrhundert) und Cambridge, etwa hundert Jahre später durch einen Auszug aus Oxford entstanden.

Die Hohe Schule von Paris wurde für die späteren deutschen Gründungen richtungsweisendes Vorbild. Bei allen verwaltungsmäßigen Unterschieden waren sich die beiden Modelle der europäischen Hochschulen in ihren Lehrinhalten letztlich ähnlich: aus dem Gedankengut an den Dom- und Ordensschulen des Mittelalters entstanden, waren sie der kirchlichen Lehre verpflichtet und damit Sachverwalter christlicher Dogmen. Trotz allem »Mönchsgezänk« um die verschiedenen Interpretationen und Methoden reichte doch die akademische Freiheit, die *libertas scholastica*, nur bis an die Grenzmarkierungen, welche die Inquisitionsgerichte setzten, die ein wachsames Auge auf die Gelehrten hatten. Aristoteles-Übersetzungen beispielsweise waren lange verboten, weil man hinter der Lehre von Natur und Universum Zweifel an der Offenbarung witterte.

Trotzdem schlugen vor allem die Scholaren immer wieder über die Stränge. Sie fanden auch widrige Verhältnisse vor: wer studieren wollte, mußte anfangs weite Wege auf sich nehmen — Bologna war berühmt für seine Rechtsgelehrsamkeit, Salerno für die Medizin und Paris für die

7 Laurentius de Voltolina: *Der Augustinermönch Heinricus de Allemania liest sein Kolleg über Ethik in der Hochschule von Bologna.* Buchmalerei, 1310. Eine der frühesten Darstellungen des Universitätslebens zeigt bereits versteckten Spott: ein Student ist während der Vorlesung eingeschlafen, andere führen Gespräche.

Theologie —, bis Karl IV. eine Welle von Hochschulgründungen im »Heiligen Römischen Reich Deutscher Nation« auslöste, als er 1348 die Gründung der Universität Prag mit dem Wunsche vornahm, »daß unsere getreuen Untertanen, welche es nach der Frucht der Wissenschaft unaufhörlich hungert, im Lande den Tisch des Mahles finden und es für überflüssig achten, Wissenschaft suchend die Welt zu durchwandern.«

Es folgten diesem Beispiel Wien (1365), Heidelberg (1386), Köln (1388), Erfurt (1392) und Würzburg (1462), und bis 1506 taten es ihnen die Städte Leipzig, Rostock, Trier, Greifswald, Freiburg i. Br., Basel, Ingolstadt, Mainz, Tübingen, Wittenberg und Frankfurt a. O. nach, jeweils beglaubigt durch die obligatorischen päpstlichen und stadt- bzw. landesherrlichen Stiftungsurkunden.

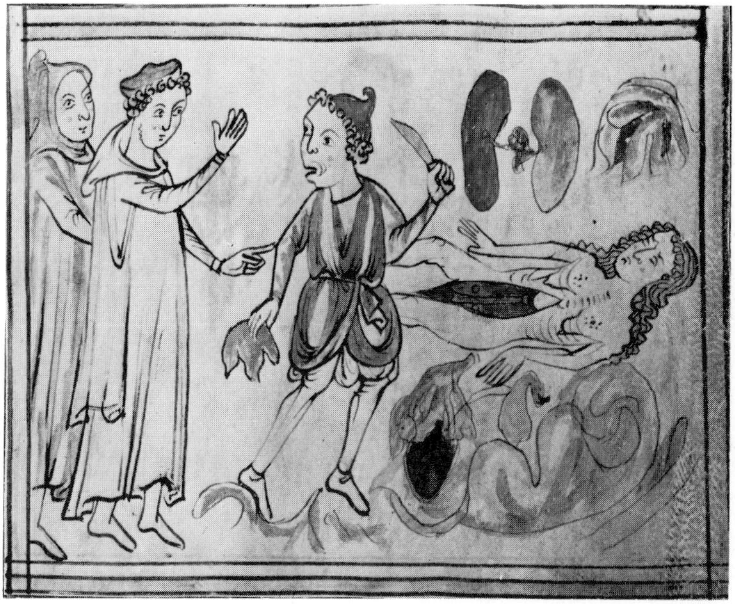

8 Anonyme englische Buchmalerei, um 1250–1275.
Ein Student in Oxford wird dabei ertappt, wie er heimlich eine verbotene Sezierung durchführt. Er hat bereits die Nieren, den Darm, die Leber, das Herz und die Lungen entfernt.

Die Städte waren so klein, daß deren Hochschulangehörige bis zu 20% der Bevölkerung ausmachen konnten. Um 1500 studierten etwa 6000 Scholaren, davon immer noch über 2000 im Ausland. Die meisten waren in sogenannten »Bursen« eingepfercht, von den Magistern streng geführten Kolleghäusern. Der heute noch gebräuchliche Ausdruck »Bursche« leitet sich vom Kollegbewohner, vom *bursarius* her. In den Bursen wurde um vier Uhr morgens aufgestanden, gemeinsam gegessen und studiert, denn Vorlesungsgebäude fehlten noch. Ferien waren unbekannt, und abends um neun wurde abgeschlossen. Die erste namentlich überlieferte Burse ist das *Sorbonicum,* 1257 von dem Lehrer Sorbon in Paris errichtet, heute noch in der Bezeichnung »Sorbonne« erkennbar. Welche Zustände in Pariser Bursen herrschten, soll eine Bemerkung des berühmten Erasmus von Rotterdam andeuten, der davon berichtete, daß er aus einem dortigen Kolleg nichts »als einen Körper voll ungesunder Säfte und eine große Menge Ungeziefer« mitgenommen habe. Woran das wahrscheinlich gelegen hat, läßt sich an anderer Stelle dieses Buches nachlesen (vgl. S. 18 ff.).

Lehrinhalt fast aller Hohen Schulen war das *studium generale* nach Pariser Vorbild, mit der Einteilung der spätantiken Wissenschaft. Die erste Fakultät wurde von den *septem artes liberales* bestimmt, den »sieben freien Künsten«, bestehend aus dem *Trivium* Grammatik, Rhetorik und Dialektik, das man mit dem »Baccalaureat« abschloß, und dem *Quadrivium,* während dem man schon, einem heutigen Tutor ähnlich, als Hilfslehrer arbeitete und noch die Arithmetik, Geometrie, Astronomie und Musik studierte. Diese »Artistenfakultät«, aus der später die philosophische werden sollte, war Vorstudium und Voraussetzung, um in eine der drei höheren Fakultäten der Theologie, Jurisprudenz oder Medizin zu kommen. Zum *doctor* (»Gelehrten«), der überall galt, seit 1233 die päpstliche *facultas hic et ubique docendi* verabschiedet worden war, konnte man nur in einer dieser drei Fakultäten gelangen. Im Examen, der Disputation, wurde in einem Geistesturnier von Rede und Gegenrede die Schlagfertigkeit des Kandidaten zu den von ihm aufgestellten und vertretenen Thesen geprüft, und wenn er bestand, konnte er sich auf dem kostspieligen, tagelangen »Doktorschmaus« nur halben Herzens erholen, weil er gerade das Jahreseinkommen eines Handwerkers verschwendete.

Da gaben sich die meisten dann doch lieber mit dem *magister artium*, dem Abschluß der Artistenfakultät zufrieden. Mit diesem Titel waren sie bereits den Meistern anderer Zünfte gleichgestellt, z. B. den Handwerkern. Solche relativ autonomen genosssenschaftlichen Organisationen hießen *universitas*, die der Hochschulangehörigen *universitas magistrorum et scholarum*. Der Begriff der »Universität« löste das Wort *studium* erst im 14. Jahrhundert ab, wobei sich gleichzeitig die Benennungen *alma universitas* und *mater universitas*, seltener auch *academia* finden. Zur *universitas* der Hochschulen gehörten auch deren Buchbinder und -drucker, Apotheker und Kneipwirte, und da sie als Universitätsverwandte von der Militär- und Zollfreiheit profitierten, ließen sich auch andere Bürger zum Zwecke der einfacheren Steuerhinterziehung immatrikulieren.

Auch die anderen Privilegien für die *cives academici* wurden reichlich überstrapaziert. Kaiser Friedrich I. hatte den Studenten in seiner *Authentica* von 1158 Schuldenfreiheit, Schutz auf Reisen und eine eigene Gerichtsbarkeit zugestanden, nachdem sie sich bei ihm während seiner Lagerung vor Bologna 1155 wegen zahlreicher Übergriffe beschwert hatten. ». . . so soll dem Scholaren das Recht zustehen, vor ihrem Lehrer oder dem Bischof der Stadt . . . zu Gericht zu stehen. Wenn man den Scholaren vor einen anderen Richter sich zu ziehen untersteht, so soll er nicht verpflichtet sein, dem Folge zu leisten.« Einige nutzten die Sonderrechte seitdem weidlich aus. Sie zogen lieber beständig als »Vaganten« durch die Lande, als daß sie in den Kolleghäusern *famulus*, d. h. Hilfslehrer spielten, wenn sie die Gebühr (lat. *bursa*) nicht zahlen konnten und zu den *pauperes*, den Armen zählten.

Zu den geringeren Ausschweifungen zählte noch das Betteln der »Partekenhengste«, zu denen auch Luther einmal gehört hat, was im Mittelalter keine Schande war, zumal sie für Geld musizierten und geistliche Lieder sangen. Thomas Platter machte in seiner Lebensbeschreibung von 1500 anschaulich, wie den Fahrenden, die ihre Schreibkenntnisse auf den einzelnen Stationen ihrer Wanderschaft anboten, die Sprößlinge vieler Eltern mit auf den Weg gegeben wurden, in der Hoffnung, daß sie etwas lernten; wie sie dann aber meistens nur für die Größeren das Essen stehlen und mit Steinen nach Gänsen »schießen« mußten (»ABC-Schützen«).

»Halbpfaffen« nannte der Volksmund die Scholaren wegen ihrer klerikalen Gewänder, die uns auf

9 Albrecht Dürer: *Vom unnützen Studieren.* Holzschnitt, 1494.
Studenten mit den Schellen der Narrenkappen in den Händen begegnen einem ebenfalls mit einer Schelle versehenen, nicht minder dummen Lehrer.

dem Holzschnitt Dürers entgegentreten. Doch schon bald begannen sie, nicht mehr »in erlichen langen studenten mentelln«, sondern in »untzüchtiger, ungepurlicher claydung« zu gehen, wie der Leipziger Rektor noch 1482 lamentierte. Solche Unsitten waren nicht unwesentlich auf den Einfluß der Vaganten zurückzuführen, die ein sinnenfrohes Leben dem gottergebenen vorzogen.

10 Anonymer Holzschnitt, 1489.
Ein spätmittelalterliches, sinnenfrohes Scholarengelage mit rauhen Trinksitten.

Liebeleien, Raufereien, Glücksspiele und Trinkgelage, wegen der auch der Ausdruck »Goliarden« (lat. *gula* = Kehle, Schlemmerei) für die fahrenden Scholaren entstand, waren an der Tagesordnung. Der anonyme *archipoeta* und die *Carmina burana* gaben im hohen Mittelalter ein beredtes Zeugnis von diesem lustvollen Lebenswandel, und zwar in der internationalen Gelehrtensprache des Latein. Die Erfüllung seines Lebens sah man darin, in der Kneipe zu sterben. Eines der unbeschwerten, gotteslästerlichen Erzeugnisse der Vagantenlyrik lautet übersetzt:

Nur im Wirtshaus laß vom Tod
Ich mich attrapieren,
Sterbend soll ein Becher Wein
Mich noch delektieren;
Singend wird der Engel Chor
Dann für mich plädieren:
»Mög' der Herr den Zechkumpan
Gnädig pardonnieren.«

Solche Weltlust schlägt sich in den abgebildeten Holzschnitten nieder, die mit der Papierfabrikation kurz vor der Erfindung der Buchdruckerkunst aufkamen, nun reproduzierbare Drucke in Auflage ermöglichten und bald zur satirischen Waffe der Reformationszeit werden sollten. Auf diesen Inkunabeln, die von einigen Kunsthistorikern noch nicht als Karikaturen angesehen werden (der Begriff tauchte auch erst im späten 16. Jahrhundert auf), sondern als »Spiegel menschlichen Lebens« gelten, lassen sich sämtliche Laster der Goliarden ablesen. Sie reisten sogar als halbausgebildete Quacksalber und Chiromanten herum, galten selbst als Schwarzkünstler, die sich dem Teufel verschrieben hatten und die schwarze Magie beherrschten. Die *Faust*-Legende ist hierauf zurückzuführen, und auch Gedichte wie *Der fahrend Schüler mit dem Teufelsbannen* von Hans Sachs verbreiteten noch um 1500 diesen Aberglauben.

11 Anonym: *Das Gesang der Schlemmer.* Holzschnitt, um 1500.
Mit Würfelspiel, Gesang, Schlemmerei und — der Teufel ist ein Eichhörnchen — der Lust auf das andere Geschlecht wird hier das Leben der fahrenden Scholaren charakterisiert.

Wider den scholastischen Gelehrtenschwulst

1519 schickte Petrus Mosellanus, Professor der Poetik, ein Bittschreiben an Erasmus von Rotterdam. Dieser möge doch nur einen einzigen Brief an ihn verfassen, weil er sonst als Griechischlehrer keine angesehene Stellung habe. Der wohlwollende Erasmus antwortete mit einer Anekdote über Mönche, welche die griechische Sprache verabscheuten.
Die Begebenheit ist aufschlußreich und symptomatisch: nach Jahrhunderten klerikaler Bevormundung hatten sich die Gelehrten nun auf die alten Sprachen Griechisch und Hebräisch besonnen, das scholastische »Küchenlatein« durch Originaltexte ersetzt, und waren damit *ad fontes*, zu den Quellen zurückgekehrt.
Vor allem Erasmus bemühte sich um diese Wiederbelebung, gab beispielsweise das *Neue Testament* im griechischen Urtext heraus und galt als »König der Humanisten«. Führende Geister und Herrscher waren stolz auf den Schriftverkehr mit ihm, jede kleinste Äußerung wurde publiziert, in Humanistenkreisen diskutiert und hielt auf diesem Wege Einzug in die Universitäten, denn Erasmus war selbst nie Hochschullehrer. Daß nun neue Lehrstühle für das fast unbekannte Griechisch entstanden, war vorwiegend sein Verdienst. Neben dem Sprachenstudium dehnten sich auch naturwissenschaftliche Fächer wie Botanik, Astronomie und Physik aus.
Eine solche Entwicklung wäre ohne die epochemachende Erfindung der »schwarzen Kunst« des Buchdrucks um 1450 durch Johannes Gutenberg nicht denkbar gewesen. Seither jedoch konnten die einstmals mühsam handgeschriebenen Bücher billiger und in immer höheren Auflagen in Umlauf gebracht werden. Neben den zahlreichen Traktaten der neuen Theorien begannen auch die Holzschnittillustrationen nach und nach eine ungeahnte Breitenwirkung zu entfalten.
Die spöttische Tendenz des oben erwähnten Antwortschreibens des Erasmus war kein Einzelfall. Die Gegensätze auf allen Ebenen verlangten nach einer bildkräftigen Darstellungsweise, mit dem Ergebnis, daß die satirische Literatur wie nie zuvor blühte. Erasmus hatte sich schon 1508 im *Lob der Torheit* — das Hans Holbein d. J. in einer Ausgabe von 1515 illustrierte — über den scholastischen Gelehrtenschwulst lustig gemacht und

12 Hans Holbein d. J.: *Die Narrheit steigt vom Katheder.* Randzeichnung, 1515.
Karikatur auf scholastische Gelehrte.

hatte auch so viel Selbstironie besessen, eine Karikatur von sich neben die Randbemerkungen zu den Briefen des hl. Hieronymus, dem Übersetzer des Testamentes in das Lateinische, zu zeichnen.

13 Erasmus von Rotterdam: *vermutliche Selbstkarikatur,* Randzeichnung, vor 1516.

Sebastian Brant, Humanist und Lehrer der Rechtswissenschaften in Basel, hatte 1494 mit dem größtenteils von Dürer-Holzschnitten bebilderten *Narrenschiff* eine moralische Satire veröffentlicht, die alle nur möglichen Torheiten seiner Zeit geißelte und der auflagenstärkste Bucherfolg bis zu Goethes *Werther* bleiben sollte. Dabei kamen auch die Publikationen der Gelehrten nicht gut davon:

> Die Heilige Schrift wird ganz verkehrt
> Und jetzt viel anders ausgelegt . . .
> Denn falscher Glaub und falsche Lehr,
> Die wachsen von Tag zu Tage mehr,
> Wozu die Drucker tüchtig steuern.
> Man könnte manches Buch verfeuern.
> Mit Unrecht viel und Falsch darin.
> Viele denken einzig auf Gewinn;
> Nach Büchern überall sie trachten,
> Doch Korrektur sie wenig achten.

Das Motiv der Bücherverbrennung sollte in der Hochschulgeschichte noch einige Male zu Aufsehen führen.

14 Albrecht Dürer: Holzschnitt, 1494.
Darstellung des vom sprichwörtlich törichten Doktor Griff angeführten Narrenschiffes.

Neben dem *Narrenschiff* sorgten die böswitzigen *Dunkelmännerbriefe* für das spektakulärste Ereignis im Streit um die verschiedenen Lehrmeinungen. 1515 und 1517 entstanden sie als Affront gegen eifernde Kölner Theologen des Dominikanerordens, die als Inquisitoren ketzerische Bestrebungen verfolgten und sich mit dem Hebräisch-Spezialisten und Humanisten Johannes Reuchlin um die Erhaltung hebräischer Bücher stritten. Humanistische Gelehrte, darunter Ulrich von Hutten, schrieben hierin unter dem Pseudonym des fiktiven scholastischen »Magister Irus Durchleierer« an den »Magister Ortvinus Gratius«: »Neulich habe ich einen im Examen gefragt: › Sag' mal, wie kommt es denn, daß du gar nicht antwortest? ‹ › Bei Gott ‹, antwortete dieser, › Herr Magister, ich habe ein großes Wissen in mir, aber es will nicht heraus. ‹«

Ulrich von Hutten, der in dem bekannten Brief an Willibald Pirckheimer mit dem Ausruf »O Jahrhundert! O Wissenschaften! Es ist eine Lust zu leben . . . es blühen die Studien, die Geister regen sich« der »Barberei« den Strick empfahl und sie in die Verbannung schickte, war einer der streitbarsten Humanisten. Wie Erasmus, Reuchlin und andere hatte er sich auf die *peregrinatio academica*, die akademische Wanderschaft, begeben und in Köln, Erfurt, Frankfurt a.O., Leipzig, Greifswald, Rostock, Wittenberg und Wien Studien betrieben. Kaiser Maximilian I. krönte ihn zum *poeta laureatus.* Der begehrte Titel war zum erstenmal 1487 an den Humanisten Konrad Celtis vergeben worden und kam aus Italien, dem Pflichtziel aller Reisenden, wo die Renaissance

15 Leonardo da Vinci: Zeichnung (Ausschnitt), um 1500.

16 Anonymer Holzschnitt, um 1521.
Verspottung der katholischen Theologen und Luther-Gegner. Um einen zähnefletschenden Löwen (»Antichrist« Papst Leo X.) scharen sich eine gefräßige Katze (lautmalerisch für Dr. Thomas Murner), ein stinkender Bock (nach dem Wappen des Dr. Hieronymus Emser), ein häßliches Schwein (Anspielung auf die Ecker bzw. Eichel als Schweinefutter für Dr. Johannes Eck) und ein toller Hund (Dr. Johannes Lemp, Dominikaner, d. h. »Hund Gottes«).

schon früher begonnen hatte und Zentren des Griechisch-Studiums standen. In der Leonardo da Vinci zugeschriebenen Zeichnung erscheint einer der gekrönten Dichter, der uns als rein physiognomische Studie zwar keinen Aufschluß über die widerstreitenden Lehrmeinungen, aber vielleicht doch über die Beschaffenheit ihrer Protagonisten geben kann.

Die »feine Satire der Humanisten« wich dem »Dreschflegel« (Richard Friedenthal), als der Augustinermönch Martin Luther 1511 auf die Hohe Schule zu Wittenberg entsandt wurde, um dort zu promovieren und zu dozieren. Für ihn hatten die »Schuldoktoren«, die Humanisten, aus der Theologie »jenes alte Weib« gemacht, welches nach Griechenland stinke. Die Heilige Schrift war Luthers einzige Autorität, das Studium antiker Schriftsteller nur als formale Unterrichtshilfe wertvoll. »Ich hab groß sorg, die hohen schulen, sein große pfortten der hellen, ßo sie nit emßiglich die heylig schrifft uben, und treyben ynß iunge volck«, dozierte er. Derselbe Aristoteles, den der Kirchenlehrer Thomas von Aquin zu seiner rationalen, weltzugewandten Scholastik herangezogen hatte, war für Luther »ranzig« und »Verwüster aller Frömmigkeit«.

Gerade diese hatte inzwischen besonders im zentralen Sitz der Kurie, in Rom, exzessiven Lebensformen weichen müssen. Auch der Mißbrauch des »Ablaßhandels«, der den Gläubigen durch den Kauf von wertlosem Papier Sündenerlaß vorgaukelte, erregte Luthers Protest. Im Oktober 1517 veröffentlichte der Hochschullehrer seine berühmten 95 Thesen und leitete damit die Reformation ein. Die darauffolgenden schlachtenähnlichen Disputationen Luthers mit den Vertretern der orthodoxen Theologie, während der er die Unfehlbarkeit der Päpste und Konzile in Zweifel zog, schienen zunächst nur ein Gelehrtenstreit der einzelnen Universitätsstädte.

Vor allem aus dem Ingolstädter Prof. Johannes Eck erwuchs Luther ein Hauptgegner, der ihn der Ketzerei beschuldigte. Wie Luthers Mitstreiter Melanchthon war Eck bereits im Alter von zwölf Jahren auf die Universität gezogen und mit 15 Magister geworden. Das schützte ihn jedoch nicht vor dem Spott des anonymen Holzschnittkünstlers, der ihn nebst »Antichrist« Papst Leo X. und dem restlichen »Gewürm und Geschwürm« des päpstlichen Regiments einfach in ein häßliches Schwein verwandelte. Einer der neben Eck Abgebildeten, der Franziskaner Thomas Murner, ebenfalls ein *poeta laureatus* von Maximilians Gnaden, schlug in dem Gedicht *Von dem großen lutherischen Narren* 1522 zurück, in welchem er Luther mit den deftigen Worten sterben ließ:

> Ins Scheißhaus mit dem Mann,
> der kein Sakrament will han!

17 Hans Brosamer zugeschrieben, Holzschnitt, 1529. Darstellung Dr. Luthers als widersprüchlicher Irrlehrer. Ganz links mit Doktorhut, daneben als Mönch. Im dritten Kopf als ungläubiger, kriegerischer Türke, in der Mitte als Ecclesiast, also einer, der der Menge nach deren Wünschen predigt. Als »Schwärmer« hat er Hornissen im Kopf, als »Visitierer« spielt er sich wie ein Papst auf und als Barrabas (dessen Freilassung auf Wunsch des Volkes zur Kreuzigung Christi führte) gilt er als Anstifter zum Bauernaufstand.

Die Bildsatire wurde für die Leseunkundigen, die über 90% der Bevölkerung ausmachten, zum wichtigsten Informationsmittel. Sie war schnell zu erfassen und spiegelte den inzwischen zur politischen Angelegenheit gewordenen Kampf in ungezählten Flugschriften und Einblattdrucken wider. Auch der eifrige Doktor aus Wittenberg, dessen Studenten die Lehren verbreiteten, wurde wiederholt zum Objekt des Spottbildes. Der *Siebenköpfige Martin Luther* beispielsweise gab den Titel für eine Schmähschrift seines Gegners Johannes Cochläus, der ihn als widersprüchlichen Irrlehrer beschrieb.
Auf die Taten und Stationen Luthers sollte im Lauf der Hochschulgeschichte immer wieder rekurriert werden. Die Verbrennung der päpstlichen Bannandrohungsbulle vor den Toren Wittenbergs am 10. 12. 1520 etwa, bei der seine Studenten Bücher der scholastischen Theologie ins Feuer warfen, war Beispiel für spätere Autodafés. In der anonymen Allegorie über die Gefährlichkeit der Bücher könnte ein Hinweis auf Luthers und seiner Studenten Tat vorliegen.
Auch der Ort, auf den der streitbare Gelehrte Zuflucht nahm, die Wartburg, sollte wiederholt Schauplatz für spätere Aktionen werden. Hier schuf Luther als »Junker Jörg« die Übersetzung des *Neuen Testaments* und prägte die deutsche Sprache, für die er »dem Mann auf dem Markt aufs Maul« geschaut hatte. Der päpstliche Gesandte, Nuntius Aleander, knirschte ob der neuen Bibelfassung, Erasmus habe das Ei gelegt, das Luther dann ausgebrütet habe.

18 Sogen. Trostspiegelmeister, Holzschnitt, um 1520.
Allegorie auf die Gefährlichkeit der durch Bücher verbreiteten Lehrmeinungen.

Bestiarium academicum

War die Tiertravestie eines der schärfsten Mittel der Verunglimpfung der Gegner in der Reformationszeit, so liegen ihre Wurzeln doch weiter zurück. Als satirisches Mittel bereits in der Antike nachweisbar, tauchte sie in der Tierfabel-Literatur des Mittelalters wieder auf, wo sich auch die bildnerischen Klischees der »Wolfsschule«, in der sich ein ungelehriger Schüler in Wolfsgestalt unter der Mönchskutte verbirgt, und der »Fuchs-Gänse-Predigt«, die eine Warnung vor falschen Propheten darstellen sollte, herausbildeten.

Die Universitäten schufen sich im ausgehenden Mittelalter ihr eigenes Fabelwesen: den *Beanus.* Dieser war der frisch immatrikulierte Student, der »Gelbschnabel« (frz. *bec jaune*) — d. h., falls er überhaupt bis zur Einschreibung kam, denn in Köln z. B. empfingen die älteren Studenten die Neuankömmlinge schon vor den Stadttoren, indem sie sie mit Kot bewarfen, so daß einige lieber gleich wieder den Heimweg antraten. Was ein *Beanus* war, erklärt ein humoristisches Akrostichon von 1600: »*B*eanus *E*st *A*nimal *N*esciens *V*itam *S*tudiosorum« (»Ein Bean ist ein Tier, das nichts vom Studentenleben weiß«). Es sollte von seiner Ignoranz befreit werden. Dafür wurden dem Neuling ein zotteliger Tierpelz angelegt, Eberzähne, lange Eselsohren, Hörner und ein Schnabel aufgesetzt, und dergestalt wurde er zur »Deposition« (*depositio cornuum,* das Ablegen der Hörner) geführt.

Bei der folgenden Tortur, die 1447 sogar in der Erfurter Satzung erwähnt wurde, aber wohl auf ältere Bräuche aus Paris zurückzuführen ist, kam er vor einen gestrengen Richter, den »Depositor«, der auf seinen Dienst, den nicht selten der Rektor selbst versah, vereidigt war. Der klagte ihn nun wegen seines Aussehens und wegen des Jauchegestanks, den er verbreitete, an. Mit martialischen Werkzeugen befreite man ihn dann von den Übeln: das Tierfell wurde geschoren, die Zähne »ausgebrochen« und die Hörner »abgestoßen«. Zur Stärkung zwischendurch bekam er Spülungen mit Kloakenwasser, dem »Wein der Weisheit«, und Pillen aus Tierkot als »Salz der Weisheit« verabreicht.

Man beschnitt ihm die Ohren, stach einen Star im Auge aus und schor einen künstlichen, wilden Bart. Völlig verängstigt kam der Bean dann auf die Hobelbank und den Schleifbock. Noch heute gilt als »ungeschliffener« und »ungehobelter« Mensch, wer sich nicht in die Bräuche seiner Umgebung einfügen kann. Unser Bean wurde schließlich von seinen Qualen erlöst, erhielt ein Depositionszeugnis und wurde in die Gemeinschaft aufgenommen, nachdem er zur Zahlung einer Gebühr an die Professoren oder zur Bewirtung der Ankläger verdonnert worden war. Nicht umsonst hieß der Bean oft auch »Bacchant« — Trinkbruder.

Adelige und Geistliche konnten sich übrigens von der Deposition loskaufen, doch nahmen selbst Gelehrte wie Luther den Brauch ernst: »Leidet

19 Jacob von der Heyden: Depositionsszene, Kupferstich, 1608.

20 Anonym: Heldengesang auf die Depositionsarten, Holzschnitte, 1578.

solches Kreuz mit Geduld ... gedenkt daran, daß ihr könnet sagen: Wohlan, ich habe zu Wittenberg angefangen, ernstlich deponiert zu werden, das muß ein Lebelang währen.«

Vermutlich als Persiflage auf die Umtaufung bei Mönchen, also als Verhöhnung kirchlichen Rituals entstanden, da auch hier Namensgebung und Taufe zu den Riten gehörten, artete die Deposition gegen Ende des 16. Jahrhunderts aus und wurde brutal. Am längsten bestand sie in Straßburg, nämlich bis 1792, während sie andernorts schon zu Anfang des 18. Jahrhunderts beseitigt wurde.

21 Peter Aubry: *Ritus Depositionis, Das Ausziehen des Bacchantenzahns. Laß den Bacchanten Zahn der lästrung dir ausziehn Verleumbdung sollstu stets, wie selbst die hölle, fliehen.* Kupferstich, 1666.

Der zoologische Garten der Universitäten wurde auch von anderem Viehzeug als nur dem Bean bevölkert. Der Esel z. B. ist zwar nicht gerade ein hochschulspezifisches Wesen, erfreute sich aber

22 Johann Rudolf Schellenberg, Kupferstich, 1775.

23 Anonymer Holzschnitt, 1514.
Satirische Darstellung eines studentischen Trinkgelages mit zwölf Teilnehmern und Teilnehmerinnen, deren Gesichter an mittelalterliche Schandmasken erinnern.

bei den Gelehrten größter Beliebtheit, die stets gern die eigene Dummheit überspielten, indem sie das bockige Tier den anderen zuschoben: verbal oder auch in Form der Narrenkappe. Schrieb doch der Humanist Conrad Muth alias Mutianus Rufus um 1500 über Erfurt: »Unter all den stupiden Tieren werde auch ich zu einem trägen und stumpfen Esel, mein Latein und die Gabe gebildeter Unterhaltung ist mir in dem Geschrei unter den Eseln, mit denen ich zusammengejocht bin, abhanden gekommen.« Ein weiteres Beispiel für das häufige Vorhandensein des dämliches Tieres an den Universitäten bot Sebastian Brant in seinem *Narrenschiff*, in dem er auch den selbst »Küchenlatein« nur radebrechenden Hochschullehrer beschrieb:

Zerbrechen sollt ich mir den Sinn,
Und mir mit Lernen machen Last?
Wer viel studiert, wird ein Phantast!
Ich gleiche sonst doch einem Herrn,
kann zahlen einem, der für mich lern'!
Zwar hab ich einen groben Sinn,
Doch wenn ich bei Gelehrten bin,
So kann ich sprechen: »Ita! — So!«
Des *deutschen* Ordens bin ich froh,
Dieweil ich wenig kann Latein.
Ich weiß, daß *vinum* heißet »Wein«,
Gucklus ein Gauch, *stultus* ein Tor,
Und daß ich heiß': *»domine doctor!«*
Die Ohren sind verborgen mir,
Sonst säh man bald des Müller Tier.

Die Esel schienen auf den Hochschulen besonders vermehrungsfreudig zu sein, denn es finden sich weitere Bildbeispiele bis in unsere Zeit. Noch bis vor kurzem hieß der nichtkorporierte Studienanfänger *Mulus*. Es ließen sich etliche Esel mehr im Hochschulbereich nachweisen, doch lassen wir es mit einem Hinweis darauf bewenden, daß die Gattung so schnell nicht ausgestorben sein dürfte. Daß allerdings auch schon früh die übrige Tierwelt —eitle Affen, reißende Wölfe, betrunkene Schweine und listige Füchse — im Hochschulzoo gezüchtet wurde, zeigt ein anonymer Holzschnitt von 1514. Auch heute fängt ja der Verbindungsstudent als »Fuchs« an. All diese Vergleiche bleiben jedoch einer traditionellen Symbolik verhaftet, die erst im letzten Jahrhundert vom Künstler Grandville und seinen *Métamorphoses du jour* (1829) vieldeutig erweitert wurden. Gustave Doré, Käthe Olshausen-Schönberger und A. Paul Weber gingen den von ihm beschrittenen Weg meisterhaft weiter, indem sie die einmal errungenen Mit-

24 Grandville: *Kunstakademie. Das Modell ist für Zerstreuungen gut geeignet.* (Im Hintergrund links ein Selbstporträt des Künstlers.) Holzstich, 1829.

tel auf die jeweiligen gesellschaftlichen Zustände ihrer Zeit anwandten.
Eine besonders eigentümliche Entwicklung nahm der Mensch-Tier-Vergleich als wissenschaftliche Methode. Hatte ihn schon Aristoteles als das geeignetste Mittel der Charakteranalyse empfohlen, und war die vergleichende Physiognomik beispielsweise von Polemon, Galen, Avicenna und Albertus Magnus fortgeführt worden, so setzte mit der explosiven Entwicklung der Naturwissenschaften in der frühen Aufklärung der Versuch der vergleichbaren Meßbarkeit menschlicher und tierischer Eigenschaften ein. Della Porta, Le Brun, La Mettrie, von Linné, Buffon und Camper leisteten die Vorarbeiten für Johann Caspar Lavaters *Physiognomische Fragmente* (1775—78), die weltweites Aufsehen erregten. Von Georg Christoph Lichtenberg, Professor der Experimentalphysik in Göttingen, erntete er nur Spott: »Wenn Physiognomik das wird, was Lavater von ihr erwartet, so wird man die Kinder aufhängen, ehe sie die Thaten gethan haben, die den Galgen verdienen.« Unter denen, die dem Tier im Menschen mit Zir-

25 Albrecht Dürer: *Von unnützen Büchern,* Holzschnitt, 1494.
Mit zurückgestreifter Eselskappe, Schlafmütze, Brille und Wedel versehen, scheucht der Büchernarr, den selbst eine große Bibliothek nicht vor der Dummheit retten kann, die Fliegen von einem aufgeschlagenen Buch.

26 Thomas Rowlandson: *Eine Vorlesung des Dr. Gall,* Aquatinta, um 1820.

kel und Winkelmesser nachspürten, wurde der Wiener Gehirnanatom Franz Josef Gall besonders bekannt. Er meinte mit seiner Schädellehre, »Kranioskopie« oder »Phrenologie« genannt, charakterliche Erkenntnisse zu gewinnen. Da er in Wien mit Berufsverbot belegt wurde, hielt er Wanderpredigten und machte so seine Thesen äußerst populär. Am äußeren Schädel glaubte Gall 26 Felder der Hirnrinde abmessen und einzelne »Seelenorgane«, wie Kunstverständnis, Mordlust und Fortpflanzungstrieb ablesen zu können. Untersuchungen an Tierschädeln sollten seine Theorie untermauern. Aber ach — die Demonstration eines Affenschädels vor einer Reihe Gelehrter bewies nur die eigene Verwandtschaft, wie die Karikatur Rowlandsons auf die inzwischen zum beliebten Gesellschaftsspiel ausgeartete, skurrile Lehre deutlich macht.
So komisch ist die Sache aber eigentlich gar nicht. Wer kann mit Bestimmtheit sagen, ob nicht die badische Revolution von 1948/49 (vgl. S. 50) nur wegen falscher Anwendung der Phrenologie gescheitert ist? In ihr kann man auch eine der Wurzeln entdecken, aus der die Rassentheorien des 19. Jahrhunderts und später der Hitler-Universität (vgl. S. 160) die größten Sumpfblüten trieben.

27 Käthe Olshausen-Schönberger, 1903.

Bruder Studio.

28 Eduard Ille, Holzstich, 1860.

29 Gustave Doré: *Heidelberger Student,* Holzstich, um 1880.

Im Dienste der Wissenschaft

30 A. Paul Weber, Lithographie, 1961.
Das erste »anatomische Theater« dieser Art wurde 1620 an der Freiburger Universität eingerichtet.

VOM ABSOLUTISMUS BIS ZUR AUFKLÄRUNG

Von Renommisten und Pomadenhengsten

1521 brachten Studenten in Ingolstadt den verhaßten Vorsteher einer Burse um — eklatanter Ausdruck der Verrohung der Sitten und des Zerfalls der Universitäten zu Beginn des 16. Jahrhunderts, hervorgerufen durch die geistigen Umbrüche und die Einschränkung der einstigen Universalmacht Kirche. Reformatoren, Gegenreformatoren, Humanisten, Zwinglianer, Calvinisten, Katholiken und Jesuiten kämpften fortan um den Einfluß auf die Hochschulen. Die Landesherren säkularisierten den Kirchenbesitz, bestimmten die Konfession der Universitäten (*cuius regio, eius religio*), stellten sich oft selbst als *rector magnificentissimus* an die Spitze und überboten sich gegenseitig im Gründungseifer. Von 1527—1665 wurden in Marburg, Königsberg, Jena, Helmstedt, Altdorf, Gießen, Rinteln, Duisburg und Kiel protestantische Hochschulen neu gegründet. Reformiert wurden von 1534—1558 diejenigen in Tübingen, Wittenberg, Frankfurt a. O., Heidelberg und Leipzig. Als katholische Hochschulen entstanden von 1549—1648 die in Dillingen, Würzburg, Paderborn, Salzburg, Osnabrück und Bamberg. Und das, obwohl die Studentenzahlen zunächst gesunken waren und Hochschulen teilweise den Betrieb gar einstellen mußten. Während der nur kurzen Blüten dezimierten die Pestepidemien des 16. Jahrhunderts die Bevölkerung, und anschließend nötigte der Dreißigjährige Krieg (1618—1648) die Professoren mancherorts zum Verlassen der Universitäten, wie beispielsweise in Frankfurt, wo sie keinen Sold mehr bekamen, aber trotzdem Kriegssteuern zahlen mußten.

Der Hexenwahn, der bis in das 18. Jahrhundert hinein wütete und Studenten wie Professoren sowohl als Opfer (darunter den Astronomen Johannes Kepler) als auch als Jäger und Hexenbeschwörer sah (hier besonders bei den Theologie- und Medizinprofessoren), trug sein Teil zur Senkung des Niveaus bei.

Immerhin entstanden jetzt Staatsanstalten, die ihre Lehrer auf die jeweilige Konfession vereidigten und die Ausbildung stärker nach dem Bedürfnis der absolutistischen Verwaltungsbürokratie zu steuern begannen, denn diese brauchte mehr und mehr gelehrte, meistens juristisch geschulte Beamte. Dafür tauchten Finanzprobleme auf — unter der Obhut der Kirche hatte es die ökonomische Stagnation in solcher Form nicht gegeben. Besonders angepaßte Untertanen schufen sich die Landesherren durch die Aneignung der Hochschulaufsicht unter ihren Studenten aber nicht, wie aus den Bildern dieses Abschnitts deutlich werden soll. Fanden die widerstreitenden Lehrmeinungen keinen Ausdruck in neuen Bildlösungen, so entstanden doch nach einer Phase des Stillstands der satirischen Bildproduktion zum Thema Hochschule seit der Mitte des 17. Jahrhunderts neue Studentenbildklischees. Ganze Serien von »Kupfern« nahmen sich im Zusammenklang mit teilweise anschaulich-derben Versen der »Natürlichen Abschilderung des akademischen Lebens« oder des »poetisch und moralisch entworfenen« Daseins des »Tugend- und Lasterhaften Studenten« an. Die Künstler stellten sich damit gezielt auf die *solventes* (wie man die zahlungskräftigen Studenten im Gegensatz zu den *pauperes* nannte) unter den insgesamt 8000 Immatrikulierten um 1650 ein. Dieses Publikum sollte auch in Zukunft sammelfreudiger Abnehmerkreis für komische Darstellungen ihres Lebenswandels bleiben und später ganzen Generationen von Zeichnern, Silhouettenschneidern und Photographen genügend Stoff bieten. Die Musensöhne versuchten sich teilweise sogar selbst bei den in Mode gekommenen »Stammbüchern« mit Sprüchen und Bildern künstlerisch zu verewigen.

Die satirische Literatur des 17. Jahrhunderts deutete frühzeitig an, um was es den Studentengenerationen der kommenden zwei Jahrhunderte ging. Albert Wichgrev beispielsweise beschrieb 1600 den *Cornelius Relegatus*, den ewigen Bummelstudenten, zu dem eine Reihe von Kupferstechern Illustrationen schuf (vgl. S. 30) 1616 stellte ein anonymer *Blasius Multibibus Vielsauff* in einem Buch regelrechte Zechanweisungen auf. Genau 80 Jahre später nahm der Student Christian Reuter in *Der ehrlichen Frau Schlampampe Krankheit und Tod* böse Rache an seiner Zimmerwirtin.

Grausames Exempel für die allgemeine Verwilderung ist auch der »Pennalismus«, das Dienstverhältnis zwischen jungen und älteren Studenten, bei dem der Anfänger, der »Pennal« (lat. *penna*, Feder; *Pennal*, Schreibfederbüchse; vgl. heute Penne und Pennäler), auch »Famulus« genannt,

31 Johann Georg Puschner, Kupferstich, 1725.

32 Johann Georg Puschner, Kupferstich, 1725.

33 Junker zugeschrieben, Lithographie, um 1826.

34 J. F. Lentner: *Der ächte Bursche,* Lithographie o. J. Das Idealbild des Burschen aus dem 18. Jahrhundert wird einem Stutzer gegenübergestellt.

Der Liederliche.

Der Liederliche. 18.

XVII.

Hier steht Herr Schlackenwald, und alle Umständ geben
Daß er recht viel gethan im liederlichen Leben.
Der Degen, Hut u. Kleid, Schuh, Strümpf, u. was man sieht
Zeigt, daß Herr Schlackenwald ein liederlich Geblüt
In seinen Adern hegt, das Kärtigen darneben,
Wird in der ganzen Sach den besten Ausschlag geben.
Der Bücher edeln Schaz zerfrist allhier der Staub,
Sie werden endlich gar den Mäusen noch zum Raub.
Die, so ein Musensohn sonst ohnaufhörlich ehret,
Die siehet man allhier verderbt, zerfezt, verheeret,
Und übel zugericht ohnfern der Stubenthür
Voll Moder und voll Koth aus einem Eck herfür,
Und Schlackenwald kann noch bey allen diesen Sachen
Zu seiner eignen Schand gar ein Gelächter machen.

C 3 Wann

35 Adam Wolfgang Winterschmidt, Kupferstich, 1764.

vom älteren »Schoristen« über ein Jahr, sechs Monate, sechs Wochen, Tage und Stunden schikaniert wurde. Er mußte Bücher, Kleider und Geld abgeben, so daß der Schorist meist elegant herumstolzierte, während der Famulus alte Lappen trug und sich »Spulwurm« oder »Mutterkalb« schimpfen ließ, wie ein Hund heulte und auf Befehl Speichel von Boden leckte, bis er selber die Rolle des Schoristen übernehmen durfte. Vom Freiherrn von Wallenstein wird berichtet, daß er seinen Famulus Johann Rehberger im Jahre 1600 mit der Peitsche unmenschlich zugerichtet hat. Das schien nichts allzu Ungewöhnliches zu sein, denn das Gericht konnte sich damals nur für einige Tage Arrest im Karzer, dem universitätseigenen Gefängnisraum, entscheiden. Wir zeigen hier eine relativ späte Lithographie, die die ganze Mißachtung des fürnehmen Herrn Studenten gegenüber seinem Stiefelknecht zum Ausdruck bringt. Der Pennalismus hielt sich bis um 1800; vorherige Anläufe, ihn abzuschaffen, mißlangen. Bei einem der Versuche rotteten sich 1661 in Leipzig etwa 200 Studenten zusammen und warfen dem Rektor die Fensterscheiben ein.

Als Relikt des Dreißigjährigen Krieges hielt sich der berühmt-berüchtigte »Renommist« ebenso lange. Besonders in Jena und Gießen trieb sich dieser Tyrann als »Gassenhauer« durch die nächtlichen Straßen und Kneipen, angetan mit großem federwallenden Hut, schweren Stiefeln und fürchterlichem Degen. In angetrunkenem Zustand bestieg er nicht selten die Kanzeln der Dorfkirchen und überschrie unter dem lauten Gegröhle der Kumpane die Predigt des Pfarrers. Wir werden dieses Motiv in der neueren Hochschulgeschichte noch einmal wiederfinden. Der Renommist wagte auch den Affront, in der Öffentlichkeit zu rauchen, obwohl dieses durch ständig neue Verbote untersagt wurde. Das »Tabaktrinken« aus der langen Pfeife, die in Puschners Stich zu sehen ist, hielt sich als studentische Sitte bis in unser Jahrhundert, und die bereits 1590 ausgesprochene Warnung zweier Ärzte, daß davon das Gehirn schwarz werden müsse, fruchtete nichts. Im Gegenteil: auf dem »Kommers« (früher »Schmaus«, später zur »Kneipe« umbenannt), war Rauchen Pflicht, und wenn Nachlässigkeit eintrat, wurde »Generaldampf« kommandiert oder »Holländer« (Leerrauchen) befohlen.

Man soff sich nicht nur mit Tabak um den Verstand. Beim »Papstspiel« des 18. Jahrhunderts z. B. wurde reihum durch Los bestimmt, wer jeweils sein Bier austrinken mußte, und vom »Philister« konnte man über einige Militär-, Adels- und Kirchenränge bis zum Studenten und schließlich Papst aufsteigen, der mit einem Tuch bedeckt wurde, weitere zwölf Maß Bier trinken mußte und von den anderen so lange den Tabakrauch unter die Umhüllung gequalmt bekam, bis er unter lautem Jubel vom Stuhle sank. Bei solchen Anlässen stand der Nachttopf mitten auf dem Tisch, damit man sich bei Bedarf in ihn erbrechen konnte.

Auch andere, z. T. noch heute gültige Bräuche fanden ihren Ursprung um diese Zeit: die Trinksitte des »Landesvater« etwa, bei dem ein »Vivat!« auf den Fürsten ausgebracht und dazu mit dem Degen ein Hut zerstochen wurde. Ebenso die Regelung der »Duellseuche« in einem »Stoßkomment« (von frz. *savoir comment vivre*), wobei diese Fechtweise aber die Gefahr tödlicher Verletzungen in sich barg. Und nicht zuletzt die Rangfolge der Beleidigungen. Der Hallenser Komment von 1799 beschrieb sie in § 5: »Die geringste Avantage ist ein ›dummer Junge‹, dann folgen Ohrfeigen, dann der Ziegenhainer oder jeder andere Stock und zuletzt die Hetzpeitsche.« Beliebt war auch der Ruf »Pereat, der Schweinekerl!« (das Gegenteil des Vivat!), woraufhin man nicht selten mit dem Inhalt des Nachttopfes überschüttet wurde (wir finden diesen Ausdruck tiefster Mißachtung mehrfach unter den Karikaturen, vgl. Abb. 171).

Die Studentensprache, die sich hier herausbildete und in einigen Dutzend Lexika gleichzeitig niederschlug (vgl. S. 28), war so malerisch, daß sie sich auch in Bildern gut darstellen ließ.

Renommierende Studenten waren es auch, die die anderen auf der Straße vom befestigten Teil, dem »breiten Stein«, in die schmutzige Gosse drängten. Laut Landshuter Komment von 1809 traf

36 C. G. H. Geißler, Kupferstich, um 1820.
Eine nach Krähwinkel verlegte Verbildlichung der Studentensprache. Der Ort galt seit Kotzebues Lustspiel »Die deutschen Kleinstädter« als sprichwörtlich spießig.

37 C. G. H. Geißler: *Wie ein Student in Krähwinkel einen dummen Jungen auf sich sitzen läßt*, Kupferstich, um 1820.

38 Ludwig Richter (?), Holzstich, 1848.
Studenten drängen einen Philister in die Gosse.

Was seyn mir, Knoden? – Dreck sinn mer, wer des sagt, der ist ein Esel! – und das sag ich!

39 C. G. H. Geißler, Holzstich, 1830.
Studenten mit ihren ärgsten Feinden, den Handwerkern.

dies neben den Philistern auch die ortsansässigen Studenten, die ungestraft »Pflastertreter« oder »Quark« genannt werden durften. Wer im Umkreis wohnte, hieß »Kümmeltürk«, wie C. B. Ragy 1831 in *Der flotte Bursch* mitteilte, denn: »In der Regel müssen diese obscurieren, weil es ihre Verhältnisse nicht anders erlauben.« Der Renommist fand seine Beschreibung in zahlreichen Versen. Ein Stammbuchgedicht aus dem 18. Jahrhundert grenzte ihn von seinen Gegenspielern ab:

Wer ist ein rechter Bursch?
Der, so am Tage schmauset,
des Nachts herumschwärmt, wetzt,
Der die Philister schwänzt,
die Professores prellt,
Und nur zu Burschen sich
von seinem Schlag gesellt,
Der stets im Carcer sitzt,
einhertritt wie ein Schwein,
Der überall besaut,
nur von Blamagen rein,
Und den man mit der Zeit,
wenn er gnug renommiret,
Zu seiner höchsten Ehr'
aus Gießen relegiret . . .
Das ist ein firmer Bursch,
und wer's nicht also macht,
Nicht in den Tag 'nein lebt,
nur seinen Zweck betracht,
Ins Saufhaus niemals kommt,
nur ins Collegium,
Was ist das für ein Kerl?
Das ist ein Drastikum!

Die pietistischen »Mucker« hielten sich in Halle auf, der »Vielsauff« wohnte in Wittenberg, und Leipzig war Schauplatz für die parfümierte Spezies: den »Stutzer«, oder *petit-maître*. Dieser war der à la mode-Student des Rokoko, der zwei Stunden Ankleidungszeit brauchte. Im Gegensatz zum Renommisten, den es nicht kümmerte, »ob auch ein Loch den Ellenbogen zeigt«, konnte sich der reichere Leipziger »Pomadenhengst« einen eigenen Fechtmeister und gleich mehrere Allonge-Perücken oder, ab etwa 1730, kleidsame Zöpfe leisten. Selbst J. W. von Goethe machte die »Petitmäterei« in Leipzig mit und trug einen modischen Zierdegen.

Erklärter Feind des Studenten war der »Philister«, seit 1687 Spottname für die Stadtsoldaten in Jena, später aber auch auf alle berufstätigen Nichtstudenten übertragen. Demzufolge mußte der Student selber eines Tages in das »Philisterium« übergehen. Wo immer möglich, wurden Philister geprellt und geprügelt, wie 1778 die beiden preußischen Werbeoffiziere in Köln, denn trotz aller Wehrhaftigkeit wurde man nicht gern Soldat.

Kindlebens *Studenten-Lexikon* beschrieb 1781 den allerärgsten Feind jedes Studenten: »*Knoten* werden die Handwerkspursche genannt, entweder weil sie einige Knoten im Haar tragen, oder weil einige dieses Wort Gnoten schreiben und es von

40 Robert Cruikshank: *Stadtbewohner und Studenten, oder: Schlacht der feinen Leute und des Pöbels in der High Street Oxford,* Aquatinta, 1824.

Handwerksgenossen herleiten.« Schlägereien und Schlachten zwischen Gnoten und Studenten waren an der Tagesordnung. Bei der in Göttingen anno 1790 eskalierte das Geschehen so, daß 700 Musensöhne aus der Stadt zogen. Die Bürger erflehten ihre Rückkehr, und während der anschließenden Versöhnung legten findige Kaufleute Ehrbezeugungen in ihre Fenster. Ein Bäcker hing den Spruch aus: »Wer die Pursche will betrüben, den will ich in den Ofen schieben.« Wir bilden hier ein besonders schlagkräftiges englisches Beispiel für eine solche Straßenschlacht ab, da sich gerade zwischen Göttingen und den englischen Universitäten einige Parallelen ergaben, wie weiter unten näher erläutert wird.

Für die Universität Halle richtete König Friedrich Wilhelm III. 1798 sogar die Prügelstrafe als »väterliches Besserungsmittel« ein, um den rüden Sitten besser steuern zu können — allerdings ohne durchschlagenden Erfolg. Besonders suspekt mußten den Regierenden auch die Ende des 18. Jahrhunderts aus den Landsmannschaften aufkeimenden studentischen »Orden« sein, die sich an die Freimaurerei anlehnten, geheime Bräuche und Symbole pflegten und eine brutal-elitäre Schicht darstellten. Gegen die Geheimbündelei dieser »Schulen des Meineids«, die in den vier Hauptorden der Amicisten, Konstantisten, Harmonisten und Unitisten besonders schlagfreudige Mitglieder hatten, wurde mehrfach behördlich vorgegangen. Gleichwohl warfen Ordensbrüder dem Jenaer Prorektor wegen eines Verbotsversuchs 1792 die Fensterscheiben ein, trieben sogar die anrückenden Truppen aus der Stadt, machten obendrein einen Auszug und brachten die Bevölkerung einmal mehr dazu, ihnen zuzujubeln, als sie gnädigst wieder zurückkehrten.

Gefährlich war den Orden die Gegenbewegung der »Kränzchen«, die den Mißbräuchen furchtlos mit der Waffe entgegentraten. Nach einem Verbot sämtlicher Studentenverbindungen von 1793 waren sie als einzige geduldet. Stud. theol. Friedrich Ludwig Jahn, als »Turnvater« später eine der meistkarikierten Persönlichkeiten der Universitätsgeschichte, Mitglied der Unitisten, schrieb erbost in ein Stammbuch: »Es wird auf den Universitäten nicht eher besser werden, als bis der letzte Kränzchensenior an den Gedärmen des letzten Kränzianers erdrosselt ist.«

Der Geist der Aufklärung schlief noch.

Der Faule.

VI.

Ach angenehmes Bett du bringest mir Vergnügen
Wer sollte wohl nicht gern auf deinen Federn liegen?
Ich gehe heut nicht aus, Jung mache dich parat
Und frage den Traiteur, was er zu speisen hat?
Wann in dreyviertelstund die Uhre zwölfe schläget,
So sage daß man mir es vor mein Bette träget.
Vor jezo schlummere ich noch in etwas ein,
Leg nur die Pfeiffe hin, und laß das stopffen seyn.
Es scheint die Sonn zu heiß, heut ist nicht gut studiren,
Wer da studiren wollt würd allen Wiz verliehren,
Ein andrer schwäche sich den so schon schwachen Leib,
Schlaf bleibt mein Element, Ruh ist mein Zeitvertreib.

41 Adam Wolfgang Winterschmidt, Kupferstich, 1764.

DER FAULE STUDENT.

Es sind sonst sieben Stund zu schlaffen vorgeschriebē
dem, der in Studiis es hoch zu bringen tracht.
Wañ diß Recept probat wie kan Minerva lieben?
die ihre beste Zeit mit schlaffen zugebracht.

42 Johann Georg Puschner, Kupferstich, 1725.

Die Uni im Tiefschlaf

Daß Studenten schon mal während einer Vorlesung einschlafen, ist nichts Neues und hat seine bekannten Gründe. Wenn aber die Professoren nicht nur ihre gewohnte Zerstreutheit an den Tag legen, sondern dazu noch schläfrig werden, muß mehr dahinterstecken. Nie tauchten so viele Bilder zur Hochschulgeschichte auf, die den Müßiggang der akademischen Welt zum Inhalt haben, wie ausgerechnet im Zeitalter der Aufklärung. Schrieb doch der Student Peter Fabricius aus Rostock bereits im frühen 17. Jahrhundert an seinen Freund, den späteren Theologieprofessor Georg Calixtus: »In allen Fakultäten herrscht eine derartige Schläfrigkeit, daß sie nicht größer sein kann. Einige, die schon drei Jahre mit dem Titel Professor geschmückt sind, haben während dieser Zeit noch nicht ein einzigesmal den Hörsaal betreten.« 1742 erreichte Friedrich den Großen eine Petition, die die Namen der Frankfurter Studenten enthielt, »so sich über die Faulheit und Ungerechtigkeit vieler öffentlicher Lehrer daselbst beschweren.« G. W. Leibniz, der mit 20 Jahren in Altdorf eine überragende Promotion zum Dr. jur. machte, lehnte eine Professur nicht zu Unrecht mit der Begründung ab, er wolle sich nicht in »mönchischen Anstalten« mit »leeren Grillen« beschäftigen und »Proben einer toten Gelehrsamkeit« geben.

Dabei wird ja meistens Gegenteiliges über die Leistungen an den Universitäten der frühen Aufklärung berichtet: daß um die Mitte des 17. Jahrhunderts der Heidelberger Samuel Pufendorf die erste Professur für Naturrecht bekam; daß Hermann Conring in Helmstedt erster Professor für Statistik und Kameralistik wurde; daß in Jena Erhard Weigel die Mathematik zur Grundlage aller wissenschaftlichen Erkenntnis erhob. Solche Gelehrte können die in diesem Abschnitt untergebrachten Karikaturen also nicht meinen. Auch

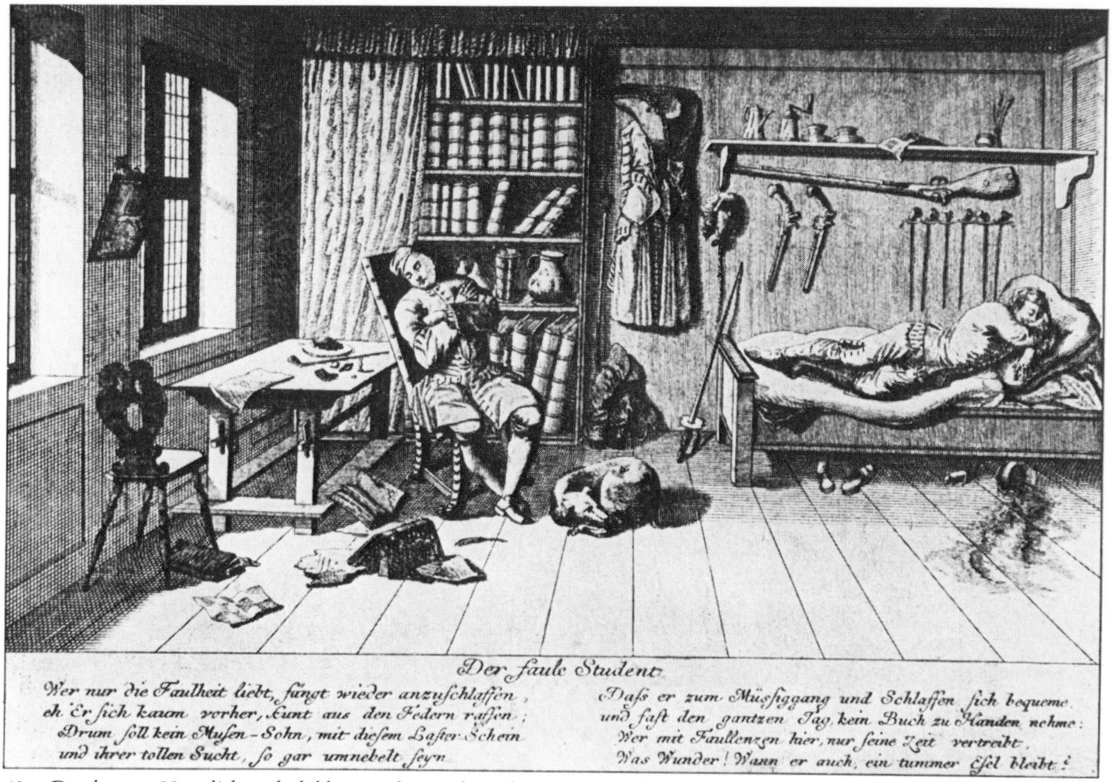

43 Dendrono: *Natürliche Abschilderung des academischen Lebens,* Kupferstich, um 1725.

nicht den vielgerühmten Christian Thomasius, der 1687 den Mut hatte, die allererste Vorlesung in deutscher Sprache am Schwarzen Brett der Universität Leipzig anzukündigen — zum Thema: *Welcher Gestalt man denen Frantzosen in gemeinem Leben und Wandel nachahmen sollte.* Auch den Weigel- und Pufendorf-Schüler Christian Wolff kann es nicht betreffen, der die deutsche Sprache in der Philosophie heimisch machte und mit der Forderung nach der *libertas philosophandi* die Emanzipation dieser Fakultät einleitete.

Diese rühmlichen Ausnahmen nehmen die Karikaturen nicht aufs Korn. Sie sind vielmehr ein Angriff auf die breite Front ihrer Widersacher auf den Hohen Schulen. Einer dieser Spezialisten in Tübingen brauchte die 25 Jahre von 1624 bis 1649, um in 1509 Einzelvorträgen den Propheten Jesaias zu erklären. Solche Fakultisten wehrten sich mit Kräften gegen die neuen gotteslästerlichen Ideen und riefen dafür auch die Obrigkeit um Hilfe an.

So mußte Thomasius, erklärter Gegner der Hexenprozesse, wegen Vorlesungsverbots nach Halle fliehen; durften Wolffs Schriften bei Androhung von »lebenslänglicher Karrenstrafe« nicht vorgelesen werden, nachdem der »atheistische« Philosoph selbst 1726 auf königlichen Befehl »bei Strafe des Stranges« im Falle der Rückkehr von der Hallenser Universität relegiert worden war. In Österreich waren wegen kirchlicher Proteste anatomische Atlanten auf dem Index des *Catalogus Librorum Prohibitorum,* der von 1754—1780 erschien und sich später auch Lessings Schriften und Goethes *Werther* einverleibte.

Die Mächtigen spürten, welcher Geist nahte, zumal das Streben nach Bildung und Wohlstand seitens des Bürgertums zu einer »Studirsucht der unteren Classen« führte, die eine Aufstiegsmöglichkeit über den akademischen Beruf erblickten. Der Vater Winckelmanns, des Begründers der deutschen Kunstwissenschaft und der klassischen Archäologie, war ein armer Schuhflicker. Jean Pauls Familie war so bitterarm, daß er selbst das Studium abbrechen mußte und sein 19jähriger Bruder sich aus Verzweiflung ertränkte. Schelling, Hegel und Hölderlin waren zu Studienzeiten in einem Tübinger Stift für unterbemittelte Theo-

44 J. Wolff, Kupferstich, um 1750. Satire auf die Unbrauchbarkeit der Philosophie, die nicht »fett« macht, sondern nur Hunger bringt.

logiestudenten untergebracht und mußten sich »Stifter«, oder, wie ihre Leidensgenossen in Halle, »Waisenhäuser« rufen lassen.
Dabei waren nach dem Examen gar keine Reichtümer zu erwarten, nicht auf den Ämtern oder Lehrstühlen, und auch nicht, wenn sich einige als »Hofmeister« für junge Adelige verdingten. Immanuel Kant war nach seinem Studium der Theologie, Philosophie und Naturwissenschaften neun lange Jahre Hauslehrer. Nach seiner Habilitation im Jahre 1755 wartete er weitere 15 Jahre auf den ersehnten Lehrstuhl, den er als Logik- und Metaphysik-Lehrer in Wittenberg für schlechtes Honorar bekam. Hier durfte er nach dem Willen Friedrich Wilhelm II. kein Wort über Theologie verlauten lassen und mußte aus anachronistischen Lehrbüchern lesen, denn Forschungsergebnisse vorzutragen war noch unüblich — die meisten der Buchgelehrten hätten auch gar keine vorzuweisen gehabt. Das traf sich mit ihrer modischen Ge-

45 J. Wolff, Kupferstich, um 1750. Ein Student mit Schlafrock und Schlafmütze auf dem Abort.

wohnheit, Besucher im Schlafrock zu empfangen. Oder gar mit der Nachtmütze! Es dünkte ihnen, daß die den Kopf warm halte.
Noch Heinrich Heine schrieb über seinen Besuch bei einem »deutschen Professor«:

> Der weiß das Leben zusammenzusetzen,
> und macht ein verständlich System daraus,
> Mit seinen Nachtmützen und
> Schlafrockfetzen
> Stopft er die Lücken des Weltenbaus.

Hatten die 13 britischen Kronkolonien in Nordamerika schon für genügend Begeisterung auf der einen und Empörung auf der anderen Seite gesorgt, als sie 1776 die Unabhängigkeit und »alle Menschen für gleich erschaffen« erklärten, so verschärften sich behördliche Überwachungen, Visitationen und Reglementierungen immer mehr, je näher die Strömung auf die Französische Revolution von 1789 zusteuerte. Kants »weltzermalmende Gedanken« (Heine) in der *Kritik der reinen*

46 Henry William Bunbury: *Die Hoffnung der Familie. Eine Einschreibung in die Universtität,* Kupferstich, 1772.

Vernunft oder der *Religion innerhalb der Grenzen der bloßen Vernunft* führten dazu, daß ihn Friedrich Wilhelm II. schurigelte: »Wir verlangen ... von Euch bei Vermeidung Unserer Höchsten Ungnade, daß Ihr Euch künftighin nichts dergleichen werdet zu Schulden kommen lassen.«

In der Tat war hier ein revolutionäres Potential an den Hochschulen entstanden, das es mit aller Gewalt zu unterdrücken galt, vor allem seit sich nach dem Beispiel des zentralen Klubs der Französischen Revolution, der »Gesellschaft der Verfassungsfreunde«, die im Dominikanerkloster St. Jacob tagte, auch deutsche »Jakobiner« zu formieren begannen. Gottfried August Bürger z. B., ab 1784 unbesoldeter Honorarprofessor in Göttingen, dichtete:

> Für wen, du gutes deutsches Volk,
> behängt man dich mit Waffen?
> Für wen läßt du von Weib und Kind
> und Herd hinweg dich raffen?
> Für Fürsten und fürs Adelspack
> und fürs Geschmeiß der Pfaffen!

Karl Friedrich Bahrdt, der schon mit 19 Jahren seine erste Vorlesung in Leipzig gehalten hatte, später in Gießen und Erfurt Theologie lehrte, postulierte »Menschenrecht vor Fürstenrecht«, gab wegen der Schwierigkeiten, die er für solche aufklärerischen Gedanken bekam, seine Professur auf und schuf einen Geheimbund, dessen Mitglieder anfangs zu 70% aus Studenten bestanden. Bahrdt wurde dafür zu Festungshaft verdonnert. Prof. Johann Heinrich Voß, bekannt durch seine Homer-Übersetzungen, schrieb eine deutsche Fassung der *Marseillaise.* An der Spitze der kurzlebigen, ersten deutschen Republik, die 1793 in Mainz ausgerufen wurde, standen zwei jakobinische Gelehrte: Prof. Andreas Josef Hofmann aus Mainz und sein Universitätsbibliothekar Georg Forster, ehemaliger Dozent in Kassel und Forscher an der Seite Captain Cooks und Alexander von Humboldts.

Werfen wir einen Blick auf die neuen Universitäten: 1694 war Halle gegründet worden, 1737 folgte Göttingen, nach dessen Muster 1743 Erlan-

47 William Hogarth, *Studenten bei der Vorlesung,* Ätzradierung, 1736.
Im aufgeschlagenen Buch des Standesbeamten W. Fisher am Jesus College in Oxford steht zweideutig geschrieben: »Datur Vacuum«, das sich sowohl mit »Muße sei euch vergönnt« als auch mit «Leere wird euch gegeben« übersetzen läßt. Die gelangweilten, gleichgültigen und dümmlichen Gesichter lassen wohl eher auf das letztere schließen und zeigen geradezu eine negative Definition von »Interesse«. Hogarth unterscheidet die Studenten genau nach ihrer sozialen Stellung: Quadratmützen für die Stipendiaten, runde für die Selbstzahler und die mit Dienstleistungen verbundenen Stipendien.

48 James Gillray: *Der Werdegang des Wüstlings auf der Universität. Weh mir! Den Erstsemesterführer sollst du lesen, Statt hier den heil'gen Rasen zu betreten!* Kupferstich, 1806.
Die Professoren und der Pedell haben nichts besseres zu tun, als den ungeheuren Frevel des neuen Studenten argwöhnisch zu beäugen, der angesichts der brodelnden Unruhe im geistigen Leben der damaligen Zeit allerdings eine Lächerlichkeit darstellt.

gen errichtet wurde. Über die fortschrittlichste der drei, nämlich Göttingen, gibt es vernichtende Urteile eines — wie so oft — schlecht dotierten Privatdozenten: Georg Christoph Lichtenberg, der dort von 1769—1799 lehrte. Der Experimentalphysiker war der Hofmeister für junge Engländer, die sich Göttingen als Modeuniversität ausgesucht hatten. Der König von England, Georg II., war gleichzeitig Kurfürst von Hannover und ließ die von ihm gegründete, mit englischen Geldern ausgestattete Göttinger Universität (die die erste Freihand-Bibliothek hatte) an englische Traditionen anknüpfen, speziell an die der Lehrfreiheit. Wie es um die bestellt war, zeigen die englischen Karikaturen nur allzu deutlich! Wir ziehen sie hier den sehr physiognomisch orientierten Spottbildern auf einzelne deutsche Gelehrte vor, denn der Buckel Lichtenbergs oder Kants pedantische Pünktlichkeit und Vorliebe für senfgewürzte Speisen geben keine Hintergründe preis. Dagegen beinhalten die Karikaturen eines Hogarth, Bunbury, Rowlandson, Gillray und Cruikshank »sittenbildliche Breite, somit den Charakter eines Zeitdokuments« (Werner Hofmann) und stellen auch zeichnerich den satirischen Höhepunkt ihrer Zeit dar. Aufgrund der engen Verbindung Hannovers zu England können die in Tiefdrucktechnik ausgeführten Kupferstiche und Aquatinta-Ätzradierungen der Genannten mit einiger Berechtigung in diesem und anderen Kapiteln gezeigt werden, obgleich die Verhältnisse in Oxford und Cambridge offenkundig noch überspitzter und elitärer waren und mehr Aufmerksamkeit als die Zustände an den deutschen Hochschulen abverlangten.
Schrieb der satirisch-giftige Prof. Lichtenberg, der auch Englandreisender war und der Kunstkritik durch seine Publikationen zu den Hogarthschen Kupferstichen neue Wege wies, über Göttinger Bräuche: »der deutsche Gelehrte hält die Bücher zu lange offen«, so lamentierte er über die anderen: »und der Engländer macht sie zu früh zu.«

49 James Gillray: *Ein erleuchteter kleiner Professor der Modernen Geschichte,* Kupferstich, 1810.
Mit »Cambridge del. – Cambridge selbst lieferte die Idee« persifliert Gillray die im grafischen Gewerbe übliche Namensangabe des verantwortlichen Künstlers in diesem Bild, in dem lauter »feine Pinkel ohne jede Vorstellungskraft« einer Vorlesung zuhören sollen, dabei aber einschlafen. Der Professor selbst hat mit dem progressiven Gedankengut der Zeit auch nicht mehr im Sinn, den Wolken nach zu urteilen, auf denen er schwebt.

Oder hat gar nichts darin stehen, wie der Dozent in Hogarths Karikatur, der sich dem Plenum antithetisch als Vakuum anbietet.
Doch bekannte Lichtenberg in seinen *Sudelbüchern* 1775 nicht ohne Neid, »wie sichs englische Gelehrte machen lassen«: »Die sitzen am Tische, so fett und so rund, essen und trinken sich einen Westenknopf nach dem andern aus dem Knopfloch, und wann sie das lange genug getrieben haben, so strecken sie sich in Westminster Abtei mit unter den Königen auf ein marmornes Postament hin und lassen das Publikum, über das sie sich noch dazu im Leben meistens lustig gemacht haben, für die Unkosten sorgen.« Da waren die deutschen Professoren schon unterwürfiger, vor allem wenn sie mit »Herren von Stande« konfrontiert wurden. Die Zopfigkeit aber, die Gillray seiner englischen Professorenleuchte anhängt, kann sich von der des deutschen Durchschnittsgelehrten kaum unterschieden haben.

Schwer zu sagen, ob die letzteren bei Lichtenberg besser wegkamen. »Die Mathematiker taugen oft den Henker nicht«, befand er über seine Kollegen, und urteilte gleich weiter: »Leute werden oft Gelehrte so wie manche Soldaten werden, bloß weil sie zu keinem andern Stand taugen.« Eine fast prophetische Äußerung, wenn man bedenkt, wie bald Gelehrte wirklich unter die Soldaten gehen sollten.

VOM 19. JAHRHUNDERT BIS ZUM 1. WELTKRIEG

Burschen heraus!

Ein Haufen verwilderter Professoren und verführter Studenten

Im Zuge der französischen Revolution von 1789 waren letztlich auch die Akademiker auf einigen deutschen Universitäten erwacht. Sie blieben für das folgende halbe Jahrhundert ein ständiger Unruheherd und lenkten nicht nur die Aufmerksamkeit der Zeichner auf sich. Besonders in Jena versammelten sich die Freigeister. Von 1789 bis 1799 lehrte hier Friedrich Schiller, teilweise gleichzeitig mit oder gefolgt von Johann Gottlieb Fichte, Friedrich Wilhelm Joseph von Schelling und Georg Wilhelm Friedrich Hegel. Gerade Fichte wandte sich gegen die disziplinlosen »Orden« und deren rohe Sitten, mit dem Ergebnis, daß die Mitglieder ihm die Fensterscheiben einwarfen. Sein Einfluß auf die Studenten in Jena, deren Anzahl auf 900 bei nur 4000 Einwohnern angewachsen war, wurde jedoch immer größer. Bei ihm hielten sie Referate wie etwa *Über die in unseren Zeiten heraufdämmernde vernunftmäßige Freiheit des Menschen in der Gesellschaft.* Den Höfen galt Fichte schon des längeren als Jakobiner, seine Autonomie des Denkens war ihrem Absolutismus gefährlich, und so wurde er 1799 zunächst entlassen.

Kurz vor der Jahrhundertwende begann Napoleon Europas bunte Armeen wie Spielzeuge vom Tisch zu fegen und machte dem »Heiligen Römischen Reich deutscher Nation« ein Ende. Das große »Universitätssterben« setzte ein, wovon hauptsächlich katholische Hochschulen wie Bonn, Köln, Mainz und Trier, die den Anfang machten, betroffen waren. Von 45 Hochschulen schlossen insgesamt 22. Doch für die deutschen Universitäten erwies sich der Todesstoß als Glücksfall: die Reformer konnten auf den Plan kommen. Auf Empfehlung des Freiherrn vom Stein wurde Wilhelm von Humboldt Leiter für Kultus und Unterricht im preußischen Innenministerium und prägte das neue Profil der Hochschulen. Zwar beklagte er sich 1808 über die neue Aufgabe in einem Brief an seine Frau: »Gelehrte dirigieren ist nicht viel besser, als eine Komödiantentruppe unter sich zu haben«, doch hatte nicht der preußische König

Ein deutscher Bürger beider Welten.

Politicus in dem Salon,
Kosmopolit, mais de bon ton.
Zählt er zu Deutschlands Helden.
Wir seh'n ihn fest am Throne steh'n,
Noch fester auf des Erdballs Höh'n,
Als Bürger beider Welten.

50 Herbert Knilling: *Alexander von Humboldt,* Lithographie, 1853.
Karikatur auf den Prototypen des neuen Wissenschaftlers, der von seinen Reisen 60 000 verschiedene Pflanzen mitbrachte, den 5759 m hohen Chimborazo bestieg (eine solche Höhe hatte noch kein Mensch vorher erreicht) und in seinen Schriften den Geist des Humanismus mit der Naturwissenschaft verband. In der Hand hält er sein fünfbändiges Hauptwerk »Kosmos, Entwurf einer physikalischen Weltbeschreibung«, 1845 ff.

die Parole ausgegeben, daß im Geistigen wiedergewonnen werden sollte, was im Physischen verlorengegangen war? Die akademische Welt entdeckte also die »Nation« und sann auf geistige Erneuerung in diesem Sinne. Das bedeutete vor allem die Stärkung der Philosophie, die damit nicht länger nur die dienende »Magd« der »Gnädigen Frau« Theologie war, wie Kant noch 1798 ironisch bemerkt hatte. Auch für den raschen Aufstieg der fast unerforschten Naturwissenschaften wurde hier ein Grundstein gelegt, der noch im gleichen Jahrhundert für die vielen Neugründungen der Technischen Hochschulen richtungs-

weisend war. Zum ersten Mal seit der Renaissance konzentrierte sich das ideologische und wissenschaftliche Geschehen wieder auf die Hochschulen, die vom einflußreichsten »Kultusminister« der deutschen Geschichte gelenkt wurden. Für Humboldt war die Universität der »Wacht- und Leuchtturm« der Wissenschaft, wo der Staat »Gesinnungen pflanzen« konnte. Die Ergänzung von Forschung und Lehre war die Idealform wissenschaftlichen Lebens. In »Einsamkeit und Freiheit« sollte die Suche nach der Wahrheit vollzogen werden. Der »Brotgelehrte« mußte dem »Diener der Wissenschaft« weichen, der beide, Lehrer (»selbständig Forschende«), wie auch Schüler (»gelenkt Forschende«), beinhaltete, die nun in gleichberechtigter Gemeinschaft wirken sollten.
Die neuen bürgerlichen Intellektuellen arbeiteten angesichts der französischen Besatzung am nationalen Einigungsgedanken, und der »vollendete Mensch« war ohne Nationalerziehung überhaupt nicht denkbar. Der Theologe Friedrich Schleiermacher gab 1809 in Berlin die *Gelegentlichen Gedanken über Universitäten im deutschen Sinn* heraus. Der »militante Philosoph« Fichte hielt 1807/08 auf besetztem Gebiet seine berühmten *Reden an die deutsche Nation*, deren Sinn bald Früchte trug, zumal er 1810 an die Berliner Universität, die Humboldts reformerisches Werk krönte, als Gründungsrektor berufen wurde.
1813 machten auch die Universitäten gegen Napoleons Truppen mobil. Wie »abenteuerlich-mittelalterlich und phantastisch-theatralisch kostümiert und bewehrt« der Berliner Landsturm im selben Jahr auftrat, schilderte der Gymnasiallehrer und Jugendfreund von Karl Marx, Friedrich Köppen, folgendermaßen: »Die Professoren der Universität Berlin bildeten einen eigenen Trupp und übten sich häufig in den Waffen, der kleine bucklige Schleiermacher, der kaum die Pike tragen konnte, auf der äußersten Linken, der baumlange Savigny auf dem rechten Flügel; der lebhafte knirpsige Niebuhr exerzierte, daß die nur federgewandten Hände dicke Schwielen bekamen; der ideologisch tapfere Fichte erschien bis an die Zähne bewaffnet, zwei Pistolen im breiten Gürtel, einen Pallasch hinter sich herschleppend; in der Vorhalle seiner Wohnung lehnten Ritterlanze und Schild für sich und seinen Sohn.« Unzweifelhaft haben die Berliner Gelehrten den Franzosen damit einen gehörigen Schrecken eingejagt.

51 Albrecht Schadow: *Johann Gottlieb Fichte auf Posten*, Federzeichnung, um 1813.

Außerdem gab es ja noch unzählige Studenten, die gegen den kleinen Korsen von 1813—1815 in Freiwilligen-Formationen kämpften. Deren berühmteste waren die Lützower Jäger. Hier trat Prof. Henrik Steffens aus Breslau gleich zu Beginn des Befreiungskrieges mit 200 Studenten ein; hier focht der Dichter Joseph von Eichendorff, der gerade sein Studium beendet hatte; als ihr Mitglied fiel 1813 Theodor Körner, der nach planlosem Studium froh war, in *Lützows wilder, verwegener Jagd*, wie er dichtete, ein Ziel gefunden zu haben. Aus Halle kamen zwei Drittel der gesamten Studentenschaft zu Lützows Freischar, die ganze »Studentenschwadronen« hatte, bei denen sich auch Max von Schenkendorf — das Goethesche Wort *Politisch Lied ein garstig Lied* Lügen strafend — mit dem Gedicht einreihte:

Ich bin Student gewesen,
nun heiß ich Leutenant,
fahr' wohl, gelehrtes Wesen,
ade, du Büchertand.

Frisch und frei und fromm und fröhlich
Ist verhaßt ihm alle Seife,
Luxus des modernen Waschens,
Wie dem Turnkunstmeister Maßmann.
(Heinrich Heine: *Atta Troll,* 1843.)

52 Johann Michael Voltz, kolorierte Radierung, 1819.
Karikatur auf Jahn und die Turnerschaften.

Karl Immermann gehörte zu den Jägern genauso wie »Turnvater« Friedrich Jahn, der 1811 seine Turnplätze zur Wehrertüchtigung der Jugend auf der Berliner Hasenheide eröffnet hatte und der als Grenze gegen Frankreich am liebsten einen »Wald mit Auerochsen, reißenden Bestien und Grenzwächtern« gesehen hätte. »Franzosenfresser« hießen Jahn und auch Prof. Ernst Moritz Arndt im Volksmund. Heinrich Heine spöttelte zwar über Jahn in der Vorrede zum *Salon,* »Jahn war im Kriege, wie männiglich bekannt, ebenso feige wie albern«; Heinrich Laube sah ihn im Besitz einer »doppelten Stirn, deren zweiter Teil sich leer und dumm rückwärts hinaufstreckte bis in den Teutoburger Wald«, und sogar Immermann meinte, er trüge nichts im Kopf als »ein Ideal eichelfressender Germanen, versetzt mit etwas starrem Protestantismus, und dann eine Theorie des Drauf- und Drein-Hauens«, doch die Uniform der Lützower vereinte sie alle. Deren Farben sollten noch bis in unsere Zeit ihre wichtige Bedeutung behalten und nicht nur in der Hochschulgeschichte des öfteren zu Aufsehen Anlaß geben: sie waren nämlich schwarz-rot-

53 Anonyme Lithographie, 1848.
Karikatur auf Prof. Ernst Moritz Arndt.

54 Karl Sandhaas (?): *Vorlesung des Teufels,* Tuschlithographie, um 1920. Verunglimpfung der umstürzlerischen Ideen der altdeutsch gekleideten Studenten und ihrer Professoren; vorn rechts Arndt und Jahn.

gold! In der gebotenen Eile hatte man die Zivilanzüge der Freischärler einfach schwarz eingefärbt, dazu gab es Messingknöpfe und rote Aufschläge an Kragen und Kanten.

Nach dem Sieg über Napoleon fanden sich auf Anregung Jahns in Jena Studenten zusammen, die am 12. 6. 1815 die erste »Burschenschaft« gründeten. Sie übernahmen die Farben der Lützower Jäger, hinter denen auch die alten deutschen Reichsfarben vermutet wurden. Berlin, Halle und Heidelberg folgten dem Beispiel, der Burschenschaftsgedanke griff um sich. Bei aller Berechtigung des fortschrittlichen Einheitsstrebens barg er seine Gefahren. Während Hegels Schüler für die Zulassung von Juden zur Burschenschaft plädierten, gab es andere, neben Jahn vor allen Prof. Fries, die jüdische Studenten als »Feinde unserer Volksthümlichkeit« ansahen. Aus der kritisch-distanzierten Sicht an dieser Politik der Turner und Burschenschafter mag die Karikatur auf Jahns »Gründliche Narrensprünge« (Heine) entstanden sein, während die Darstellung der Teufelsvorlesung wohl eher auf die Angst des konservativen Lagers vor Umsturzbestrebungen zurückzuführen ist.

Aus Enttäuschung über die Politik des »Deutschen Bundes« (1815) trafen sich am 18. 10. 1817 auf der Wartburg bei Eisenach etwa 500 Gleichgesinnte (von insgesamt 8000 Studierenden), zumeist aus Jena, die mit ihrem Fest die europäischen Kabinette in Bewegung brachten. Die Teilnehmer wollten den vier Jahre zuvor erfochtenen Sieg bei Leipzig und das 300jährige Jubiläum der Reformation feiern, denn an gleicher Stelle war Dr. Luther als Junker Jörg gefangen gewesen. Das Wartburgfest geriet zur politischen Demonstration. Zunächst gab es Festreden, u. a. auch von Prof. Fries aus Jena, von dessen Ideen allerdings Hegel meinte, es sei »Kathedergewäsch«, wie es ein »Plattkopf in seiner Verdauungsstunde« von sich gebe. Am Ende des Festes aber führte eine kleine Gruppe unter Leitung des Studenten Maßmann ein satirisches Finale auf: in die Flammen des loderndes Festfeuers flogen die laut verlesenen, an einer Mistgabel hochgehaltenen Titel von 28 Büchern und zusammen mit ihnen die Symbole der reaktionären Kräfte: ein hessischer »alter« Zopf, ein österreichischer Korporalstock und ein preußischer Gardistenschnürleib.

Unter den verbrannten Büchern befanden sich

55 Otto E. Lau: *Studentendemonstration auf dem Wartburgfest 1817,* späterer Holzstich von 1891.

die Wiener Kongreß-Akte und die Urkunde der »Heiligen Allianz« von 1815, die nach den Befreiungskriegen die nationalen Sehnsüchte nur enttäuscht hatte; ebenso die *Geschichte des deutschen Reichs* des Schriftstellers August von Kotzebue und eine Schrift des preußischen Polizeidirektors von Kamptz. Entrüstet forderte letzterer vom Großherzog von Weimar »Schutz gegen den Haufen verwilderter Professoren und verführter Studenten.« Die *Erinnerungsblätter für gebildete Leser* spotteten über die Angst der Regierenden und schlugen am 17. 1. 1819 vor, »akademische Cathedermaschinen zu erfinden, und man würde bald die Freude haben, Holzköpfe *vor* und *auf* den Lehrstühlen zu sehen, und keine Wartburgfeier, keine blutige Auswanderung, keine Burschenschaften — Nichts wäre zu fürchten!«
Ein anderer kam nicht mit einer spöttischen Bemerkung davon, an ihm wurde blutige Rache geübt: August von Kotzebue. Der Lustspieldich-

Es waren aber die Abgebrannten diese:

Ein

Eine

Ein

(Ob jedoch diese drey Dinge die ersten oder die letzten gewesen, wissen wir nicht.) Ferner:

F. Ancillon: Ueber Souverainitaet etc.

F. v. Cölln: Vertraute Briefe.
— — — Freymüthige Blätter, ua.

Crome: Deutschlands Crisis u. Rettung.

Dabelow: der 13e Artikel der deutschen Bundesacte. usw.

H.......: die deutschen Roth- u. Schwarzmäntler.

K. L. v. Haller: Restauration der Staatswissenschaft.

Hark: Ui. die gemeinschädl. Folgen der Vernachlässigung einer den Zeitbedürfnissen angemessenen Policey in Universitätsorten überhaupt und in Ansehung der Studierenden ins Besondere.

Janke: Der neuen Freyheitsprediger Constitutionsgeschrey.

Kotzebue: Geschichte des deutschen Reichs.

L. Theobul Kosegarten: Rede gesprochen am Napoleonstage 1809.
— — — Geschichte meines fünfzigsten Lebensjahres.
— — — Vaterländische Lieder.

K. A. v. Kamptz: Codex der Gensd'armerie.

W. Reinhard: Die Bundesacte über Ob, Wann und Wie? deutscher Landesstände.

So haben Deutschlands Studenten das Fest auf der Wartburg begangen!

Viele, die über Deutschland Rath halten, und mehr noch, die Unrath halten, könnten die Versammlung auf der Wartburg zum Muster nehmen.

Sollten irgendwo Studenten deßhalb, weil sie auf der Wartburg gewesen, belangt werden; so berichte man es uns.

56 Ausschnitt aus dem Bericht des Prof. der Medizin, Lorenz Oken, über das Wartburgfest, der erläutert, wie »Feuergericht« über Symbole der Reaktion gehalten wurde, 1817.

ter hatte als Staatsrat in russischen Diensten geschrieben, die »sogenannte akademische Freiheit« bestünde »in nichts anderem, als in der gänzlichen Freiheit jedes Studenten, lüderlich zu leben oder nicht . . . Warlich, jeder Vater muß jetzt zittern, einen Sohn auf die Universität zu schicken . . . bewahre uns Gott in Deutschland vor irgendeiner Revolution!« Wegen seines Kampfes gegen die Pressefreiheit war Kotzebue von vornherein unbeliebt. Der Stern dieses »elenden Schurken von Dramenschmierer« (Lichtenberg) verlosch endgültig, als einer seiner Geheimberichte nach Petersburg in die Hände der Jenaer Professoren Oken (der in seiner *Isis* schon einen bissigen Bericht nebst einigen Karikaturen über das Wartburgfest gedruckt hatte) und Luden fiel, in dem die Universitäten als »Brutstätten der Revolution« beschrieben waren. Luden veröffentlichte den Brief sofort in seiner Zeitschrift *Nemesis.*

Aus Jena machte sich anschließend ein fanatischer Theologiestudent namen Carl Ludwig Sand auf den Weg zu Kotzebue nach Mannheim. Er trug die auch von Turnvater Jahn bevorzugte »altdeutsche Tracht«, den »Mummenschanz jener schwarzen Narren« laut Heine, die die Gesinnung nach außen kehrte: einen einreihigen schwarzen Rock mit übergeschlagenem Hemdkragen, lange, enge Hosen als Gegensatz zu den vornehmen Kniebundhosen, ein Barett als Kopfbedeckung, dazu lange Haare und Bartwuchs. Der stille Student, einer der Fahnenträger beim Wartburgfest, gehörte zur radikalen Gruppe der *Unbedingten,* die sich in Jena um den Privatdozenten Karl Follen gebildet hatte und politische Veränderung auch mit gewaltförmigen Mitteln befürwortete. Am 5. 5. 1818 hatte Sand in sein Tagebuch notiert, »es möchte einer über sich nehmen, dem Kotzebue das Schwert ins Gekröse zu stoßen.« In der Hoffnung, er werde einen »Brand schleudern in die gegenwärtige Schlaffheit des Volks«, erstach er am 24. 3. 1819 den verhaßten Kotzebue und durchbohrte sich danach mit dem Ruf »Vivat Teutonia!« die Lunge. Er überlebte den Selbstmordversuch und wurde am 20. 5. 1820 öffentlich hingerichtet. Zwei Drittel der Heidelberger Studentenschaft wohnten der Vollstreckung des Todesurteils bei, tauchten »ihre Tücher in des Gerichteten Blut«, denn inzwischen hatte sich ein Sand-Kult herausgebildet, der den »Tyrannenmörder« mystisch verklärte. Bezeichnenderweise gibt es auf ihn auch keine Karikatur.

57 C. G. H. Geißler, Tuschfederzeichnung, um 1820. Karikatur auf die Tracht, die von den relativ wohlhabenden Studenten getragen wurde.

Auch der Brand, den der Attentäter herbeigesehnt hatte, wurde entfacht — allerdings bei den Regierungen, deren Feudalsystem in Gefahr geriet. Sand hatte nämlich einen verhängnisvollen Zettel bei sich getragen, auf dem geschrieben stand: »Todesurteil dem Verräter August von Kotzebue, vollzogen nach dem Beschlusse der Universität Jena« — wo niemand von dem Vorhaben wußte. Fürst Metternich witterte seine Chance und wollte »der Sache die beste Folge geben, die möglichste Parthie aus ihr ziehen«. Als Resultat stellten die Verfasser der Bundesakte im Art. 13 von 1819 folgende Ursache für das Attentat fest: »Die politische Krankheit, welche einen Theil Deutschlands befallen hat . . ., ist zum großen Theile durch den Mißbrauch der Presse und den schlechten Geist der Lehrer auf mehr als einer deutschen Hochschule erzeugt worden.« Selbst Geheimrat von Goethe sprach zu diesem Zeitpunkt von Professoren und Studenten als »Zelt- und Spießgesellen«. Am 20. 9. 1819 wurden die »Karlsbader Beschlüsse« gefaßt: sie bedeuteten schärfste Pressezensur und strengste Überwachung der Universitäten. Die »Demagogenjagd« der »Zentraluntersuchungskommission« in Mainz und anderer Orte konnte beginnen.

Es wurde alle Wissenschaft
von Schweinehunden angeblafft.
Und die man gnädiglichst erlaubte,
War eine polizeigeschraubte.
(Adolf Glaßbrenner, *1846)*

Unverzüglich nach den »Karlsbader Beschlüssen« begann die Bespitzelung und Verfolgung der »Demagogen«. Einer der ersten Inhaftierten, der Student Gustav Asverus, nahm es noch mit gesunder Wut auf und schrieb am 19. 4. 1819 an einen Freund über den Rektor, dem die Gerichtsbarkeit oblag: »Der Rektor ist ein niederträchtiger Hosentrompeter. Wenn ich kann, so gerbe ich ihm noch vor meinem Abmarsch von Berlin noch einmal das Leder voll . . . Die Professoren hier, wenigstens die meisten, sind feige Knechte, ausgenommen etwa Hasse, Hegel, und de Wette.« Hegel übernahm tatsächlich auch die Bürgschaft für Asverus, der freikam. Der liberale Theologe de Wette wurde wegen eines Trostbriefes an Sands Mutter entlassen. Sogar der »Franzosenfresser« Dr. Jahn wurde, kurz bevor er einer Professur nach Greifswald folgen konnte, im Juli 1819 verhaftet, die Turnerei ab sofort verboten — Jahn blieb zwanzig Jahre unter Polizeiaufsicht. Prof. Görres wurde ebenfalls überwacht, entkam aber der Festungshaft durch Flucht nach Straßburg; Prof. Fries wurde von seinem Lehrstuhl dispensiert; Prof. Oken, der »in seiner Zeitschrift Isis die Geißel der Satyre geschwungen, dadurch ein allgemeines und ärgerliches Aufsehen gemacht«, wie der «Herz. Sächs. Goth. Immediatkommissarius« im *Allgemeinen Anzeiger* bekannt machte, wurde zunächst entlassen und floh dann, von der Polizei verfolgt, über die Grenze in die Schweiz. Kein Wunder, daß der studierte Jurist und Kammergerichtsrat E.T.A. Hoffmann, selbst im Verdacht der Demagogie, den Polizeiminister von Kamptz 1822 in der Erzählung *Meister Floh* als unrühmlichen »Rat Knarrpanti« verewigte.

Gegen Prof. Schleiermacher, den Mitstreiter Humboldtscher Universitätsreform, schwebte in den 1820er Jahren ein Verfahren, wobei die Gesinnungsschnüffelei nicht einmal vor seinen Predigten halt machte. Wilhelm von Humboldt selber mußte wegen seiner Empörung über die Karlsbader Beschlüsse sein Ministeramt abgeben; Ernst Moritz Arndt wurde 1820 amtsenthoben und verlor seine Bonner Professur für zwanzig

58 Johann Michael Voltz: *Der Zeitgeist*, kolorierter Kupferstich, 1819.
Spott auf den revolutionslüsternen Zeitgeist. Ein mit der Jakobinermütze bekleideter Faun mit Fledermausflügeln, der schwer bewaffnet ist, schwingt eine rote Fahne mit Morgensternschaft, auf der geschrieben steht: »XIIIr-Artikel. Universitaeten Preßgesetz« — eine Anspielung auf die »Karlsbader Beschlüsse«. Der Physiognomie nach handelt es sich um Turnvater Jahn in seiner altdeutschen Tracht, der zwar wegen »demagogischer Umtriebe« verhaftet wurde, aber beileibe kein »Jacobiner« war.

Jahre. Die *Reden an die deutsche Nation* des 1814 verstorbenen Fichte wurden verboten.

Studenten wurden oft nur wegen des Tragens schwarzrotgoldener Bänder von der preußischen Untersuchungskommission in Köpenick verurteilt. Über die Mainzer Behörde schrieb der dichtende Burschenschafter Wilhelm Hauff:

Weil wir nach ihrer Pfeife dort
nicht tanzen ihren Tanz,
riecht Hochverrat und Trug und Mord
die heilige Allianz.

Der Wartburgfestteilnehmer August von Binzer beklagte das Ende der Burschenschaft, die sich 1818 auch bundesweit zum Zwecke der »Einheit des deutschen Volkes« konstituiert hatte:

59 Anonym, Lithographie, um 1825.
Spottblatt auf die Zensur und das Spitzelunwesen nach den »Karlsbader Beschlüssen«. Besonders Hochschullehrer wurden »sorgfältig« daraufhin beobachtet, ob sie »allem, was zur Beförderung der Sittlichkeit, der guten Ordnung und des äußeren Anstandes unter den Studierenden dienen kann«, ihre »unausgesetzte Aufmerksamkeit« widmeten.

> Das Band ist zerschnitten,
> war Schwarz, Rot und Gold,
> Und Gott hat es gelitten,
> wer weiß, was er gewollt!

Um geheimen Verbindungen zuvorzukommen, wurde das Reisen zwischen den einzelnen Kleinstaaten stark eingeschränkt und so die freie Wahl der Universität unmöglich gemacht.
Die Verfolgung der Presse traf auch die kritische Grafik. Das dämonisierende Zerrbild Turnvater Jahns wird den Regierenden von seiner Tendenz her zwar genehm gewesen sein, aber Drucke wie der *Denker-Club,* als Lithographie in einigen Hundert Blättern und in immer neuen Auflagen erschienen, waren höchst unbequem, weil hier der Haß beider Lager — Franzosenfresser wie Jakobiner — Nahrung finden konnte. Solche Karikaturen waren subversiv, da schon die einfache Darstellung eines Burschenschafters in seinem »schwarzen Mummenschanz« offiziellen Anstoß erregte. In einem Bericht der Würzburger Polizeidirektion an die Universitäts-Curatel vom 5. 11. 1824 hieß es über ein solches Bild: »Die Verbreitung eines Kupferstiches, auf welchem Studenten in altdeutscher Tracht mit der Unterschrift: Vivat academia ausgestellt waren, und welcher aus . . . Leipzig in die hiesige Buchhandlung gekommen war, wurde gehemmt.« Es spricht nicht für das Kunstverständnis der Behörden, daß sogar Goethes *Faust* der Zensur zum Opfer fiel.
Doch die Friedhofsstille, die sich der Deutsche Bund gewaltsam geschaffen hatte, täuschte. Jahns Turner sangen insgeheim:

> Zwingherrn den Kopf abgehackt!
> Freiheitsmesser gezückt!
> Hurrah, den Dolch durch die Kehle gedrückt!

Während die neu aufkeimenden Korps und Landsmannschaften sich um ihren Regelbetrieb kümmerten, kämpfte die Burschenschaft trotz Verbot weiter. Seit 1827 hatte man wieder eine geheime Verfassung. Der illegale »Stuttgarter Tag« von 1832 proklamierte als Sinn und Zweck der Burschenschaft »die Erregung einer Revolution, um durch diese die Freiheit und Einheit zu

60 Anonym, Kupferstich, 1831. Der Göttinger Privatdozent Rauschenplat auf der Flucht nach Straßburg.

61 Anonym, Lithographie, 1832.
Karikatur auf den Hambacher Maifestredner Dr. Siebenpfeiffer. Er trägt Burschenschafter-Tracht, hält eine schwarzrotgoldene Fahne und läßt sein wackliges Podest von »sieben Mai-« Käfern tragen, die als Schädlinge galten.

erreichen.« Er stand vor allem unter dem Einfluß der radikalen *Germania*, wo man sang:

> So woll'n wir nimmer ruh'n,
> Bis daß am letzten Pfaffendarm
> Der letzte König hängt.

Seit Juli 1830 hatte das Beispiel des revolutionären Frankreich zu Aufständen in einigen Ländern geführt. In München revoltierten Studenten, und in Göttingen zwangen sie zusammen mit den Bürgern im Januar 1831 den Polizeikommissar Westphal zur Flucht. Den Oberbefehl über die Nationalgarde, die sich anschließend bildete und der 500 Studenten angehörten, hatte ein 24jähriger Privatdozent der Göttinger Universität: Dr. Johann Ernst Arminius von Rauschenplat. Seine katzenähnliche Physiognomie und renommistischen Kanonenstiefel trugen ihm den Spottnamen »Gestiefelter Kater« ein. Während der Feier der Operettenrevolution riefen die Studenten: »Rauschenplat, geh' Du voran, Du hast die größten Stiefeln an!« Als aber die Truppen aus Hannover nahten, bekam der als Hauptschuldiger Gesuchte Siebenmeilenstiefel und floh nach Straßburg. Er agierte später in Spanien, Belgien und der Schweiz, wo er unter dem Namen »Der Kater« in den Fahndungslisten stand.

Am 27. 5. 1832 tauchte er bei einem Volksfest auf der Hambacher Ruine wieder auf, das mit seinen 30 000 Teilnehmern zur bis dahin größten Massendemonstration wurde. Aufgerufen hatten hierzu die Doktoren der Rechtswissenschaften und Journalisten Philipp Jakob Siebenpfeiffer und Johann Georg August Wirth, ein ehemaliger Erlanger Burschenschafter. Beide waren den Regierenden schon des längeren ein Dorn im Auge, denn ihre liberalen Publikationen wurden durch die *Schnellpresse* (1811) in hohen Auflagen und kurzfristig in Umlauf gebracht. Wegen häufiger Zensur hatten sie im Jahr 1832 den *Vaterlandsverein zur Unterstützung der freien Presse* gegründet, der das Fest organisierte. Er hatte schnell 5000 Mitglieder gefunden und so die Struktur der »Öffentlichkeit« verändert. Der *Preßverein* hatte sogar eine Filiale in Paris, von wo aus Dr. Ludwig Börne nach Hambach eilte. Neben den Akademikern wagten sich auch die verbotenen Verbindungen an das Licht der Öffentlichkeit. Sie kamen aus Jena, Tübingen, Würzburg und Heidelberg, wie die 300 mit Stöcken bewaffeneten Studenten, die sich auf der Rheinschanze (Ludwigshafen) durch Androhung von Prügeln freie Bahn gegen die Polizei verschafften.

Die Veranstaltung hatte ihre Gegner, wie auch die Karikatur auf Siebenpfeiffer beweist. Der franko-

62 Anonyme Zeichnung, 1833. Spottbild auf die Flucht der Frankfurter Wachenstürmer.

phile Heinrich Heine aber, der sich gegen die »alberne Deutschthümelei« auflehnte, obwohl er 1819/20 selbst Bonner Burschenschafter gewesen war, verglich in einem euphorischen Brief an Börne Hambacher- und Wartburgfest: »Auf Hambach hielt der französische Liberalismus seine Bergpredigten, auf der Wartburg hingegen herrschte jener beschränkte Teutomanismus, der viel von Liebe und Glauben greinte, dessen Liebe aber nichts anderes war, als Haß des Fremden und . . . nichts Besseres zu erfinden wußte, als Bücher zu verbrennen.« Heine fand den »obscuren Rabengesang« des Wartburgfestes »des blödsinnigsten Mittelalters würdig«, bejahte aber den Geist des Hambacher Festes, denn hier wurde — unter der jetzt als Volksfahne auf dem Burgturm wehenden schwarzrotgoldenen Flagge — in mehreren lauten Reden auch die Republik gefordert. Uneinig war man sich vor allem über den Weg zu diesem Ziel.

Nach dem Fest wurde die Zensur noch verschärft, weitere Volksfeste wurden verboten, sogar schwarzrotgoldenes Bonbonpapier beschlagnahmt; Wirth und Siebenpfeiffer fadenscheinige Prozesse gemacht. Liberale Gastwirte verspotteten die Reaktion, indem sie in die Kneipen Lithographien hängten, auf denen die beiden Doktoren in der Freiheit der Wälder bei »Wirths«-leuten unter »sieben« Eichen frühlich tafelten. Wirth landete im Kerker, aber Siebenpfeiffer gelang tatsächlich die Flucht nach Bern, wo er eine Dozentur erhielt, ausgerechnet für gerichtliche Verfahren und Polizeirecht.

Eine kleine Schar wollte kurz darauf die Republik mit Waffengewalt erzwingen. In der regnerischen Nacht des 3. 4. 1833 stürmten 50 Personen, hauptsächlich Studenten aus Heidelberg, Würzburg, Erlangen und Göttingen unter der Führung von Dr. G. P. Körner, Dr. Gustav Bunsen und dem bekannten Stiefelträger Rauschenplat die Hauptwache in Frankfurt, dem Hauptsitz des verhaßten Deutschen Bundes, um dadurch ein allgemeines Signal zum Aufstand zu geben. Doch die Frankfurter Bürger schauten dem dilettantischen, vermutlich durch Spitzel verratenen Spektakel nur verwundert zu, und dem anrückenden Militär hatten die Revolutionäre nichts entgegenzusetzen: neun Tote, 24 Verwundete und erneute »Demagogenverfolgungen« waren das Ergebnis der aussichtslosen Tragikomödie.

Zu den Verfolgten der zweiten, verschärften Phase der »Demagogenjagd«, während der die Literatur des »Jungen Deutschland« verboten wurde, gehörte z. B. Fritz Reuter, der in Rostock studierte und verhaftet wurde, weil er ein schwarzrotgoldenes Band und lange Haare trug. Seine sieben Jahre *Festungstid* machten ihn zum größten niederdeutschen Dichter. Auch der Medizinstudent Georg Büchner aus Darmstadt wurde seit Juni 1835 vom Universitätsrichter Georgi »wegen seiner indicirten Theilnahme an staatsverrätherischen Handlungen« steckbrieflich gesucht. In Zusammenarbeit mit dem ehemaligen Burschenschafter Pfarrer Friedrich Ludwig Weidig hatte er den *Hessischen Landboten* mit dem Kampfruf »Friede den Hütten, Krieg den Palästen« in Umlauf gebracht. Während Büchner nach Zürich entkommen konnte, wo er unter der Förderung des neuen Rektors Prof. Lorenz Oken zum Privatdozenten avancierte, trieb der Alkoholiker Georgi den Theologen Weidig in den Wahnsinn, bis er nach zwei Jahren schlimmster Kerkerhaft an den Qualen starb.

Doch unter der ruhigen Oberfläche des »Biedermeier«, der nach einer Figur Adolf Kußmauls in den *Fliegenden Blättern* nachträglich so benannten Periode angeblicher deutscher Gemütlichkeit, gärte es zusehends. Bücher wie das 1834 herausgegebene fünfzehnbändige *Staatslexikon* der Professoren Rotteck und Welcker konnten unbeschadet für Diskussionszündstoff bei den Intellektuellen sorgen, weil sie nicht unter das Preßgesetz fielen, das nur Schriften unter der Stärke von 20 Druckbogen zensierte.

Den nächsten Hochschuleklat schuf der 1837 in Hannover auf den Thron gelangte König Ernst August, indem er als erstes die Verfassung für ungültig erklärte, welche mit den politischen Unruhen in den frühen 30er Jahren erkämpft worden war. Sieben Göttinger Professoren gaben auf Anregung des Historikers Dahlmann am 18. 11. 1837 eine *Protestation* beim Bundestag ab, denn sie waren auf die Verfassung vereidigt worden. Zu den »Göttinger Sieben« gehörten neben Dahlmann der Literaturwissenschaftler Gervinus, der Orientalist Ewald, der Jurist Albrecht, der Physiker Weber und die Literaturwissenschaftler Jakob und Wilhelm Grimm, berühmt als Sammler deutscher Sagen. Als sich der Bundestag dadurch aus der Affäre zog, daß er sich für inkompetent erklärte, sprach Dahlmann in einem überfüllten Hörsaal sarkastisch über die politische Lage Dänemarks zur Zeit des wahnsinnigen Christian IV.: »Wer durfte in einem unumschränkt beherrschten Lande bemerken, daß der König irrsinnig sei? Muß man nicht den unumschränkten Herrscher für den klügsten Mann im Lande halten?«

Der klügste Mann im Lande Hannover warf die Professoren einfach hinaus. Die Brüder Grimm urteilten verbittert über die mangelnde Solidarität ihrer Kollegen: »Die Karaktere fingen an sich zu entblättern gleich den Bäumen des Herbstes bei einem Nachtfrost.« Heinrich Heine, der in Göt-

63 Moritz von Schwind, Zeichnung, 1842.
Karlsruher Studenten werden daran gehindert, dem reaktionären badischen Minister von Blittersdorf die Fensterscheiben einzuwerfen.

tingen zum Dr. jur. promoviert wurde, scheint der Universitätsstadt in seiner *Harzreise* von 1827 nicht umsonst ein satirisches Denkmal gesetzt zu haben, als er urteilte: »Im allgemeinen werden die Bewohner Göttingens eingeteilt in Studenten, Professoren, Philister und Vieh, welche vier Stände doch nichts weniger als streng geschieden sind.«

In der Tat war zopfiges Gelehrtentum trotz aller spektakulären Protestationen die Regel. 1845 las ein Prof. der Jurisprudenz in Göttingen über die Prügelstrafe: »Ich will die Prügel nicht geradezu empfehlen, aber sie sind doch zuweilen ein gutes Mittel, um die Wahrheit herauszubringen.«

Die, aus denen man die Wahrheit prügeln mußte, waren allerdings meist Burschenschafter und Akademiker. Gegen 1200 von ihnen wurden zwischen 1832 und 1838 in 23 Staaten des Deutschen Bundes Untersuchungen und Gerichtsverhandlungen geführt; allein in Preußen wurden 165 Freiheitsstrafen und 39 Todesurteile über Studenten verhängt. Noch 1842 verlor der Dichter Hoffmann von Fallersleben wegen der *Unpolitischen Lieder* seine Professur in Breslau und schrieb das ironisch-trotzige *Trotzlied eines abgesetzten Professors:*

Ich bin Professor gewesen:
Nun bin ich abgesetzt.
Einst konnt ich Collegia lesen,
Was aber kann ich jetzt?
Jetzt kann ich dichten und denken
Bei voller Lehrfreiheit,
Und keiner soll mich beschränken
Von nun bis in Ewigkeit.

64 Anonyme Federlithographie, um 1843.
Karikatur auf die Unterdrückung der akademischen Freiheit. Von oben wirft Staatsrat Karl Friedrich Eichhorn ein Vorhängeschloß für einen gewaltsam abgeführten Professor herunter. Als Kultusminister reinigte Eichhorn die »preußischen Hochschulen mit dem Polizeiknüppel von den Vertretern der bürgerlich-liberalen Weltanschauung« (Franz Mehring), ließ dekorierte Schafe deren Stelle einnehmen, die Sonne der Lehrfreiheit verdunkeln und hinderte den preußischen Adler am Aufwärtsflug.

Die Korps feierten weiter ihre Vereinsfeste. Sogar Karl Marx, für den es ja später auch um die Überwindung der absolutistischen Kleinstaaterei mit allerdings anderen Vorzeichen ging, gehörte zur schlagenden Vereinigung, der *Trierer Landsmannschaft.* Er trug verbotene Waffen, mußte 1835 in Bonn wegen »nächtlichen ruhestörenden Lärms und Trunkenheit« inkarzeriert werden und lebte auch in Berlin auf großem Fuße weiter, so daß sich seine Mutter 1837 zu der Anfrage veranlaßt sah: »Ich wünsche zu wissen, ob Du pronowirt hast.« Sie mußte noch vier Jahre warten.
Inzwischen kamen neben katholischen Verbindungen und dem asketischen, nach einer Ode Klopstocks benannten *Wingolf* auch die Unorganisierten auf den Plan, weil sie sich gegen die Vereinigungen paradoxerweise organisieren mußten. Sie hießen *Finken* oder auch *Wilde* und *Kamele*,

65 Anonymer Holzstich, 1845.
Links der Inbegriff des fortschrittlichen Studenten, der rauchend an den Schildwachen vorüberstolziert, um diese zu provozieren; rechts sein Gegenteil. Das Tragen farbiger Bänder in der Öffentlichkeit war verboten.

und aus ihren Kreisen entstand die 1839 erstmals in Göttingen genannte *Progreß*-Bewegung, die auch in Heidelberg, Berlin und Leipzig bald Fuß faßte.
Die Ideen der Fortschrittsbewegung wurden in der *Zeitschrift für Deutschlands Hochschulen,* herausgegeben von Dr. Gustav von Struve, und der *Deutschen Zeitung* von Prof. Gervinus, inzwischen in Heidelberg, verbreitet, von denen neben vielen anderen Akademikern in den folgenden Stürmen der Märzrevolution von 1848 noch zu sehen und zu hören sein wird.

66 Richard Doyle, Holzstich, 1848. Eine Pfeife als Waffe der nationalrevolutionären Bewegung, wie sie — neben Mützen, Bändern und Degen — zum Symbol der aufrührerischen Studenten wurde, die auch hier das Hauptkontingent der wackeren Träger stellen.

Die Doktorenrevolution

Ha, wie das blitzt und rauscht und rollt!
Hurra, du Schwarz, du Roth, du Gold!
Pulver ist schwarz,
Blut ist roth,
Golden flackert die Flamme!
(Ferdinand Freiligrath)

Wie auf ein Kommando brachen in den meisten deutsche Kleinstaaten im März 1848 gleichzeitig die Revolutionen aus. Die ehemalige Fahne der Burschenschaften lief ihnen als Banner voraus. Nach der Zeit der Demagogenjagd, der Pressezensur und des trotz Zollschutzvereins immer noch erschwerten Handels zwischen den einzelnen Ländern ermächtigte sich der Zorn gegen die vormärzliche Unterdrückung — die Karlsbader Beschlüsse galten noch — nicht mehr nur der Akademiker. Deren Ideen sprangen wie Funken auf Arbeiter, Bauern, Bürger und Handwerker über: allerorten wurde der Ruf nach einer Verfassung, nach nationaler Einheit und nach allgemeiner Volksbewaffnung unüberhörbar.
Die Februarrevolution in Paris hatte das Fanal gesetzt. Davor schon war an der Münchener Universität der Unmut gegen König Ludwig I. laut geworden, bis er im März 1848 endgültig zum Aufstand führte. Der alternde König war einer schönen Abenteurerin und ehemaligen Ballettänzerin namens Lola Montez leidenschaftlich verfallen. Als »scheinheiliger, schuldbefleckter Wasserdichter von Baiern» (so ein Flugblatt) besang er die »spanische Fliege« in partizipienreichen Gedichten und kürte sie zur Gräfin von Landsfeld. Lola gefiel es, umschmeichelt zu werden, und darin störte sie die Kritik einiger Universitätsmitglieder, die hinter der gestürzten Jesuitenregierung standen, so sehr, daß Ludwig auf ihr Drängen sechs Professoren und drei Privatdozenten entließ. Sogar ein eigenes Korps, die *Alemannia,* wurde für die Tänzerin gegründet, da Münchens Studenten nicht genügend Ehrbezeugungen machten. Auch im folgenden spotteten sie nur über die »Lolamannen«, die im Hinterhaus der gräflichen Villa kneipten, und riefen dort respektlos: »Pereat, du Hur'!« Es kam zu Prügeleien, und Lola erklärte: »Ich werde die Universität schließen lassen, ich will sie überhaupt nicht mehr hier haben!« Am 9. Februar schloß Ludwig die Universität und wies die Studenten aus. Dies erzürnte die Münchener Bierphilister, die sich um die guten Einnahmen durch die ca. 1000 Hochschulangehörigen geprellt sahen. Sie stürmten am 18. 2. mit dem Ruf »Nieder mit dem Lola-Ministerium!« das Polizeigebäude. Das Zeughaus wurde geplündert, das Volk bewaffnet, und Ludwig sah sich gezwungen, abzudanken. Er schrieb zum Abschied ein klagendes Partizipiengedicht (»Verlassen und traurig wandelnd zieh ich in die Welt hinein . . .«) und die Universität konnte wieder geöffnet werden. Lola schenkte den Drahtziehern ihres Sturzes vor der Flucht aus München noch den Satz: »Nächst die deutsche Journalliste, die sämtliche Hungerleider seind, seind die deutsche Studente das gröbste Kreatur in Europa.«
In der Tat hatte sich die Presse in den letzten Tagen des Vormärz immer freimütiger gegeben und vor allem in satirischen Bildern geäußert. Ökonomischere Drucktechniken wie Lithographie (1798 erfunden) und Holzstich (1802) hatten die Reproduktionsmittel Kupferstich und Holzschnitt verdrängt und auch im Formalen neue

67 Franz Seitz: Lithographie, 1848. Parodie des gleichnamigen Rubens-Gemäldes. Die in den Höllenschlund gestürzte Lola Montez wird von dem Gendarmeriehauptmann Bauer, dem der bluttriefende Säbel voranstürzt, getragen. Bauer hatte auf das empörte Volk einhauen lassen und auch den Grafen Hirschberg, Mitglied der Alemannen, entwischen lassen, als dieser gegen einen anderen Studenten den Dolch zückte. An Lolas Kleid klammert sich der Student Peißner, während einige andere »Lola«mannen mit dem Paß nach Leipzig in der Hand vorausstürzen. Rechts der Schokoladenfabrikant Mayrhofer, der Lola täglich mit Bonbons beschenkte. Links einige Offiziere aus Lolas Gefolgschaft und der Redakteur des Morgenblattes, ihr ergebenster Presselakai. In den Wolken die siegreichen Münchner Studenten mit Schlägern; rechts die bekanntesten Professoren und Rektor Thiersch, die am Schlußkonflikt maßgeblich beteiligt waren.

künstlerische Ausdrucksmöglichkeiten geschaffen. Schon seit den 1830er Jahren erschienen in Frankreich Karikaturperiodika wie die *Caricature* (1830—1835) und der *Charivari* (*Katzenmusik*, ab 1833). Ihr Meister Honoré Daumier nutzte die Lithographie, während Holzstiche den englischen *Punch* (1841) und die erste deutsche reine Karikaturzeitschrift, die *Fliegenden Blätter* (1844) prägten. Ihnen folgten noch im Vormärz weitere Periodika, wie z. B. der *Berliner Charivari*, die *Düsseldorfer Monatshefte* und die Münchener *Leuchtkugeln* (alle 1847). Das »tolle« 1848 wurde das Gründungsjahr für unzählige andere Karikaturblätter: in Berlin erschienen beispielsweise der *Satyr* und der *Kladderadatsch* (mitbegründet vom ehemaligen Burschenschafter Rudolf Löwenstein), oder in Frankfurt die *Latern*, die sich alle als Vorreiter eines liberalen Bürgertums verstanden, oft nur kurzlebig waren oder ihre politische Einstellung im Lauf der Zeit änderten. Gab es vor der Revolution in Wien als einzige die amtliche *Wiener Zeitung*, so erschienen 1848 etwa 200 politische Blätter und Tausende von Plakatanschlägen. Und während im Vormärz die Karikaturen auf die Pressezensur kursierten, kam im Dresden des Jahres 1848 beim Verlag A. Bauer unter den unzähligen lithographierten Einblattdrucken sogar ein satirisches Blatt heraus, das die »Folgen der Preßfreiheit«, nämlich den »Brochüren- und Caricaturen-Handel« anprangerte.

Allen voran verlangten die Akademiker nach Pressefreiheit, und unter anderen Forderungen fand verständlicherweise ihr Ruf nach allgemeiner Volksbewaffnung ein besonders lebhaftes Echo. In Tübingen gab es eine akademische Legion; in Marburg stellten die Studenten ganze Kompanien der Bürgerwehr; in Göttingen ertrotzten sie durch das bewährte Mittel des studentischen Auszugs den Weggang des Militärs, und in Jena erzwangen Bauern und Studenten gemeinsam ein neues Märzministerium mit dem ehemaligen Burschenschafter von Wydenbrugk als Vorsitzendem.
In Berlin jedoch, wo die Tumulte am 15. März ausbrachen, spielten sich die Studenten anfangs als Ordnungshüter auf, wollten die Massen beruhigen und wurden wegen ihrer weißen Armbinden und weißen Stöcke als »Leichenbitter« verhöhnt. Ein radikaldemokratischer Student wie Gustav Adolf Schloeffel, der in Heidelberg relegiert worden war und nun in Berlin agitierte, oder ein junger Arzt wie Rudolf Virchow, der bei seinen Typhus-Forschungen zu dem Ergebnis kam, daß nur soziale und politische Reformen helfen konnten, waren auf Berlins Barrikaden die Ausnahme. Unter den 254 Märzgefallenen waren nur zwei Studenten. In Anbetracht dieser untergeordneten Rolle tauchten sie in Karikaturen zum 48er Aufstand in Berlin nicht auf. Als sich nach den Kämpfen die »Bürjerwehr« bildete, gehörte ihr jedoch auch ein fliegendes Korps mit Universitätsmitgliedern an. Wie überall, forderte man auch hier Lehr- und Hörfreiheit und ein neues Unterrichtsministerium. Der ehemals so gefürchtete preußische Kultusminister Eichhorn, der uns als Karikatur bereits bekannt ist (vgl. S.), wurde verabschiedet. Der *Satyr* widmete ihm ein letztes Gedicht:

Es war einmal ein König,
der hatt' ein Eichhörnlein,
Das liebt' er gar nicht wenig,
Als wär's sein Söhnelein . . .

Der Heuchler kam zu Ehren
Und all' das Pfaffenchor;
Da that sich's Volk empören,
Der Aufstand brach hervor.

Der König wollte beten
Und schnitt ein fromm Gesicht,
Doch half aus seinen Nöthen
Das Eichhörnchen ihm nicht.

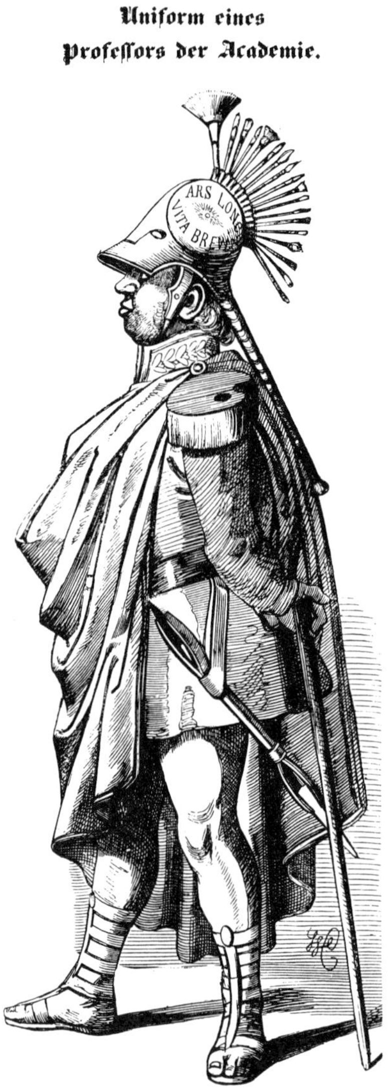

68 Wilhelm Camphausen, Holzstich, 1848.
Ein im Zuge der Volksbewaffnung klassizistisch, d. h. altmodisch gekleideter Kunstprofessor. Er ist bewaffnet mit einem der gefürchteten »Stile«, einer mit Kreide bestückten Reißfeder und einem Pinselbusch auf dem Pallas-Athene-Helm, der in einem langen »alten Zopf« ausläuft.

Der neue Unterrichtsminister, Graf von Schwerin, selbst früherer Burschenschafter, versuchte einzulenken und überredete die Studenten, an des Königs Umritt am 21. 3. teilzunehmen. Friedrich Wilhelm IV. machte an diesem Tag aus der Not eine Tugend, bekleidete sich wirksam mit den schwarzrotgoldenen Farben der Burschenschaft, die jetzt die Einheitsbewegung symbolisierten, hielt während des Umritts das königliche Roß vor der am Universitätsgebäude versammelten bewaffneten Studentenschaft an und sprach: »Die Studierenden machen den größten Eindruck auf das Volks und das Volk auf die Studierenden. Ich trage Farben, die nicht mein sind, aber ich will damit nichts usurpieren, ich will keine Krone, keine Herrschaft, ich will Deutschlands Freiheit, Deutschlands Einheit, ich will Ordnung.« Überhaupt wolle er sich »an die Spitze der Bewegung« stellen. Die Studenten klirrten begeistert mit den Waffen, und die »Bewegung« war damit endgültig in zwei Lager gespalten: das radikale, welches die Republik erkämpfen wollte, und das gemäßigtere, das auf eine Monarchie mit Verfassung drängte. Unter dem Pseudonym »Ullo Bohmhammel« spottete ein Satiriker: »Een dicker Mann, den ick nich kenne, hatte sich an die Spitze der Bewejung jestellt, det heeßt, um die Bewejung ufzuhalten!«

„Aus uns Polytechnikern wurden Kompagnien gebildet unter Führung der Lehrer. Den Stock in der Hand, eine weiße Binde um den Arm, zogen wir durch die Straßen und riefen den Frauen ‚Guten Abend, Bürgerin' zu. Nur waren wir, als Schergen der Ordnung, beim ‚Volke' recht unbeliebt. Aus den Haustüren am Röseḥof gossen unsichtbare Hände uns Schmutzwasser an die Beine. Bald kriegten wir Waffen; alte Steinschloßflinten, die Ohrfeigen austeilten und die Gesichter schwärzten, wenn wir draußen an der Schwedenschanze im Feuer exerzierten. Unsere Uniform war bloß kurz angedeutet durch eine Mütze mit schwarzrotgoldenem Streif drumherum. Das dreikantige Bajonett, im Bandelier zu tragen, diente als furchtbares Seitengewehr. Meine Kompagnie hatte die Ehre, als die erste die Hauptwache am Markt abzulösen. Freundlich grinsend standen uns die Soldaten gegenüber. Sie hinterließen uns munter belebte Matratzen zur behaglichen Ruhestatt. Daß man uns keine scharfen Patronen anvertraute, war ärgerlich. Einstmals, während der Nacht, hatten wir an der Ecke der Ballhof- und Knochenhauerstraße eine leichte Barrikade zu nehmen. Oben aus der Herberge flogen Backsteine herunter, unten bewarf uns von weitem die verwogene Menge. Vergebens verfolgten wir sie, schießen konnten wir nicht. Da sprang ein langer Kollege, der die Geduld verlor, aus dem Gliede voran und pickte einem Kerl das Bajonett durch die Hose, daß er bölkte wie ein Ochse. Im Lindener Spital hat man ihn wieder kuriert. Und dies, soviel mir bekannt, ist unsererseits die einzige grausame Bluttat während der ganzen Revolution."

Wilhelm Busch über die 1848er Revolution in Hannover.

Aus Wien.

„Ach Himmel, da kommt wieder Einer!!"

„Schau Mina, das weiß der liebe Herrgott, i bet' gewiß nit viel, aber 'n Studenten, wann er so in seiner Uniform daherſteigt, wie ein junger Gott, den bet i an!"

69 Anonymer Holzstich, 1848.
Ein Student der Akademischen Legion trifft mit seiner Uniform den Geschmack der Damen.

Ganz anders in Wien: hier war der Brenn- und Ausgangspunkt der Revolution die *Aula*, wo sich die Lehrer und Studenten der Universität, des Polytechnikums und der Kunstakademie zur *Akademischen Legion* zusammenschlossen. Nach Fakultäten in Korps und Kompanien eingeteilt, umfaßte sie 6000 Mann, die statt eines Studentenausweises eine numerierte »Legitimationskarte für den Herrn (N.N.) der Compagnie der academischen Legion« bei sich trugen und in malerischer Tracht auftraten: blaue Waffenröcke, schwarzrotgoldene Schärpen, graue Beinkleider, große, schwarze Hüte (»Kalabreser« oder »Stürmer«) mit wehenden Straußenfedern waren die Kleidung der »Poesie der Revolution«. Ihre Elite war die stoßtruppähnliche »Todtenkopflegion«, der ein Prof. S. Sulzer sogar ein eigenes Lied komponierte, das ihren »flammenden Geist« beschwor.

70 Joseph Cajetan, Farblithographie, 1848.
Ein Student der Wiener Akademischen Legion verspottet die Reaktion, darunter den österreichisch-ungarischen Doppeladler.

71 Anonymer Holzstich, 1848.
Karikatur auf die Wiener Akademische Legion.

72 Johann Christian Schoeller, Aquarell, 1848.
Wiener Studenten protestieren gegen die Verfügung der Auflösung der Akademischen Legion vom 25. 5. 1848.

73 Johann Christian Schoeller, lavierte Federzeichnung, 1848. Karikatur auf die akademische Legion in Wien.

Die Führungsgruppe bestand zum größten Teil aus promovierten Akademikern, weshalb der Wiener Aufstand spöttisch »Doktorenrevolution« genannt wurde. In Wien finden sich dann auch die meisten Karikaturen auf studentische Aktionen in der 1848er Revolution. Im Unterschied zu anderen Schauplätzen solidarisierten sich die Legionäre hier mit den Arbeitern, deren Nöte sie verstanden, denn von den Wiener Studenten war ein Drittel selbst wegen Armut von den Semestergebühren befreit. Studenten, Arbeiter und Bürger erzwangen am 13. 3. den Sturz des Fürsten Metternich und besangen seine Flucht (»Mädel komm und hopp, hopp, hopp — Metternich macht auch Galopp.«), die auch in Karikaturen verunglimpft wurde.

Die akademische Legion bildete ein »Zentralkommittee« , das zusammen mit der Nationalgarde die Regierungsarbeit kontrollierte und durch eine Sturmpetition die Wahlen zu einem konstituierenden Reichstag erkämpfte. Prof. Füster, der Kaplan der Legion, der eine »Religion der Freiheit« predigte, ließ sich auf seinem Wahlplakat für den Wiener Reichstag sogar mit dem »Stürmer«-Hut abkonterfeien. Die konservative Presse hinter dem schwachsinnigen Ferdinand I. aber klagte verbittert über die »skribelnden Schuljungen, die mit nie erhörter Arroganz und Rohheit Gott, den Kaiser und das Volk mit gleichem Schmutz bewerfen«, und fragte, wie der *Wiener Zuschauer:* »Soll sich die in Ehren ergraute › alma mater ‹ noch in ihren alten Tagen aus einem hochgeachteten Hort der Wissenschaft in die schmutzige Kaserne schlecht disciplinirter Truppen wandeln?« Gleichwohl huldigten die meisten Bürger den wehrhaften Akademikern. Als sich die Studentenlegion aufzulösen begann, ließen die »Bürger Wiens« eine Flugschrift mit folgendem Text drucken: »Jesus wurde ans Kreuz geschlagen! — Eure Mission aber ist noch nicht zu Ende. Für Gott! für den Kaiser! für das Volk! Geht Hand in Hand mit dem Volke! Aber verlassen dürft ihr es nicht!«

Der Wiener vom alten Schlag.

„Vor der Revolution bin ich alle Tag um 7 Uhr aufg'standen. Nachdem hab ich mein Schalerl Kaffee trunken. Nachdem hab' ich gethan, als ob ich ein bissel arbeiten wollt. Und so ist's Zwölfi worden, da hab ich gegessen. Darnach hab ich ein bissel g'schlafen. Nachdem bin ich ins Kaffeehaus gangen. Und auf d'Nacht bin ich im Bierhaus g'wesen. Und alles war gut. Und jetzt jag'n mir die Studenten den Metternich davon!" — —

74 Anonymer Holzstich, 1848.

75 Johann Baptist Scholl und Carl Engel: *Michels Märzerrungenschaften, Spielzeug von rechts und links.* Aus Ausschneidebogen hergestellter Hampelmann aus einer Serie von Parlamentarierkarikaturen, 1848.
Karikatur auf Prof. Mittermaier in Galauniform. Die parlamentarischen Hampelmänner wurden mit folgenden Versen feilgeboten:

»Des deutschen Reichstags Corypäen,
Sind als Ziehpuppen hier zu sehen;
Gemalt auf feinem Pappendeckel!
Kauft eure Retter! Auf die Säckel!
Doch ziehet nicht zu stark am Faden,
Sonst könnt' es Deutschlands Zukunft schaden!«

76 L. von Elliot: *Vater Jahn, der Demokratenvertilger,* Holzstich, 1848. Mit dem eisernen Kreuz geschmückt, den Prügel in der Rechten und das Leitseil der Guillotine in der Linken, zieht Jahn (»Napoleon war arg, aber die Roten sind ärger«) den strengbewachten Karren, an den Pastoren und Intellektuelle gekettet sind.

Das Professorenparlament

»Zum ersten Mal erschien auf dem politischen Schauplatz in größerer Anzahl jenes unglückliche Element, das der deutschen Bewegung von 1848 in ihrem parlamentarischen Theil einen halb komischen, halb tragischen Anstrich gegeben hat — die deutschen Professoren. Es gab unter ihnen auch tüchtige Leute — die übergroße Mehrzahl aber wäre besser auf ihrem Katheder geblieben, statt mit ihrem albernen Geschwätz die Zeit zu vertrödeln, in welcher Thaten erforderlich waren, wenn die freiheitlichen Errungenschaften gewahrt werden sollten.« Wilhelm Blos, der Schreiber dieser Zeilen, ab 1877 selbst Reichstagsabgeordneter, zu Zeiten der Weimarer Republik sogar Präsident des Landes Württemberg, war ein Fachmann der Satire: in den 1880er Jahren gab er die SPD-nahe Karikaturzeitschrift *Der Wahre Jacob* heraus. Bei aller Übertreibung war sein Sarkasmus nicht unbegründet. Von 541 Abgeordneten des Jahres 1848 waren 75% Akademiker, darunter 107 Lehrer und Gelehrte, 182 Juristen und 115 Staats-, Gemeinde- und Privatbeamte. Über 150 ehemalige Burschenschafter saßen in der Nationalversammlung. Kein Wunder, daß wir hier viele kurz zuvor noch als »Demagogen« verfolgte Bekannte wieder frei versammelt finden: Die Franzosenfresser und »drollige Gattung Bluthunde« (Heine) Arndt und Jahn z. B., worüber der *Münchner Punsch* spöttelte: »Die Fürsten haben Teutschland ausgezogen; das Parlament ist nun beisammen, um ihm die Turnjacke anzulegen, damit es ein wenig springen und voltigieren könne.« Ebenso den Hambacher Fest-Redner Wirth und von den »Göttinger Sieben« die inzwischen konservativen Brüder Grimm und den Historiker Dahlmann.

Schon am 31. 3. 1848 war das »Vorparlament« in Frankfurt zusammengetreten, dem der Heidelberger Professor Mittermaier präsidierte. Bereits zu diesem Zeitpunkt hatte sich gezeigt, wie groß die Kluft zwischen den Fraktionen war: als Dr. Gustav von Struve energisch sein Programm für eine deutsche Republik vorgestellt hatte, war dies vielen Anwesenden, die noch an die Monarchie von Gottes Gnaden glaubten, als ein ungeheuerlicher Frevel erschienen. Erschrocken hatte Prof. Mittermaier nur entgegnen können, Struve habe die festgelegte Redezeit überschritten. Das größte zukünftige Problem, das war hier schon klar, würde die Frage der Zentralgewalt werden. Enttäuscht erklärten sich nach diesen ersten Sitzungen einige Abgeordnete, vor allem die Doktoren Hecker und Struve, für die Fortführung des bewaffneten Aufstandes. Am 18. 5. trat die aus Wahlen hervorgegangene Nationalversammlung feierlich in der Frankfurter Paulskirche an. Präsident wurde der ehemalige Heidelberger Burschenschafter Heinrich von Gagern, der (laut Blos) den Damen auf der Galerie wegen seiner buschigen Augenbrauen imponierte und vom Abgeordneten Moritz Hartmann in der *Reichschronik des Pfaffen Mauritius* als der mit der »Persönlichkeitsbewußtseinsaufgeblasenheit« bespöttelt wurde. Gagern gehörte zu den Delegierten, welche die Monarchie befürworteten, und hatte einige Professoren hinter sich: Dahlmann und Droysen etwa, oder Georg Beseler, der wegen seiner langweiligen Reden zu den sogenannten »Hausleerern« zählte. Auch die Hälfte der ehemaligen Burschenschafter gehörte zu den sogenannten »Erbkaiserlichen«. Die Linke, die sich um Robert Blum sammelte, hatte zwar auch Burschenschafter (etwa Jacob Venedey oder den 1826 zu 15 Jahren Haft verurteilten Arnold Ruge) und Professoren (z. B. die Naturwissenschaftler Julius Fröbel und Carl Vogt) auf ihrer Seite. Aber trotzdem konnte Blum nicht umhin, in seiner *Reichstagszeitung* 1848 zu klagen:

> Fünfundsiebzig Bureaukraten —
> Schöne Worte, keine Thaten!
> Fünfundsiebzig Professoren —
> Vaterland, du bist verloren!

Bei aller wichtigtuerischen Redseligkeit bewies man also Humor. Das tat auch not, denn der Angriffe gab es viele. So zürnte ein »Mann aus dem Odenwald« auf einem anonymen Flugblatt: »Die vornehmen Herren und die Schriftgelehrten schwätzen und zanken so viel über das Wohl und Weh des Volkes. Da kommen sie hinter ihren alten staubigen Büchern hervor und wollen auf einmal wissen, was uns fehlt. Wir wissen, was uns fehlt, und brauchen keine Amtsmänner und keine Professoren . . . wenn wir ein Parlament wählen, so wollen wir keine Fürsten über uns, weil wir uns selbst regieren wollen, weil sie unsere Blutsauger sind . . . drum fort mit den Fürsten!!!«

Bericht über eine Sitzung der Nationalversammlung in Frankfurt a. M.

(Entnommen aus einer amerikanischen Zeitung des laufenden Jahres).

Acht Uhr. Itzstein sitzt allein im Saale. Die Gallerien füllen sich unter heftigen Quetschungen. Man bemerkt den greisen Demokraten. Bravo! und Beifallklatschen.

Stimme. Wenn's immer so wär', dann hätten wir schon die Majorität!

9 Uhr. Es dringen zwölf Dutzend Hofräthe herein, so daß sich das Schiff der Kirche auf die rechte Seite neigt. Vogt, Zitz und Simon erscheinen und bringen das Gebäude wieder mehr auf die Linke, bis Soiron am Steuer das

Gleichgewicht durch eine breite Basis wieder herstellt. Der Vater Jahn turnt fröhlich über Bank und Stühle, ohne sich

irgend niederzulassen. Vater Arndt reibt sich vor Freude die Hände, daß so viele Teutsche da sind.

77 Anonymer Holzstich, 1848.

78 Ernst Schalk: *Wie ein Professor des Staatrechts seinen Schülern eine derbe Lection gibt.*
Lithographie, 1848.
Karikatur auf Prof. Welcker mit langem »alten« Zopf.

79 Anonyme Lithographie, 1848.
Karikatur auf Prof. Dahlmann.

80 Alfons von Boddien, Karikatur auf drei Abgeordnete der Nationalversammlung, die Professoren Mittermaier, Beseler und Dahlmann, Lithographie, 1848.
Satire auf die professorale Gesetzesmacherei am grünen Tisch, die von Schlafmützen (dem typischen Attribut des »deutschen Michels«) betrieben wird. Rechts lugt Robert Blum herein.

Nach der Aufhebung der Pressezensur schossen solche satirischen Ergüsse wie Pilze aus dem Boden. 800 lithographische Einblattkarikaturen (also ohne Zeitschriftenbilder) konnten allein auf das unschlüssige Professorenparlament gezählt werden. Der seit 1525 als Bauernbursche in Bildern nachgewiesene »deutsche Michel« bekam hier endgültig die seitdem so typische Schlafmütze aufgesetzt. Die Zeichner arbeiteten morgens in der Paulskirche und gaben die Blätter noch am gleichen Tag zu den auf Karikaturen spezialisierten Verlegern, damit sie beispielsweise der »Fliegende Händler« Simon, der seinen Verkaufsstand direkt vor dem Parlament hatte, baldmöglichst anpreisen konnte. Der Frankfurter Verleger H. Umpfenbach gab in einer Werbebroschüre eine für die politisierenden Akademiker recht unrühmliche Begründung, warum man eine »Carricatur« bei ihm kaufen solle: »Mit unerbittlicher Geißel verfolgt diese die Lächerlichkeiten und Thorheiten der handelnden Personen auf der Schaubühne des Tages; sie deckt die Blößen auf, welche die öffentlichen Blätter oft kaum andeuten. An keinem Orte Deutschlands hat diese Kunst des Spottes und des Humors einen so ergiebigen Boden gefunden, als gerade in unseren Tagen hier in Frankfurt, wo sich in der zahlreichen Versammlung in der Paulskirche eine große Auswahl der originellsten Persönlichkeiten darbietet, deren hervorstechenden Eigenheiten und Schwächen . . . mit köstlichem Witze abkonterfeyet und gegeißelt werden.« Der Prospekt beschrieb weiter, wie die Abgeordneten eigene »Collectionen« anlegten oder die stenographischen Berichte mit ihnen illustrierten und empfahl dies der Nachahmung.

Die vielen Spottbilder jeder politischen Couleur wurden aber nicht etwa nur von außenstehenden Beobachtern gezeichnet, sondern sogar von den Abgeordneten selbst! Man karikierte den politischen Gegner und fand sich gegenseitig lächerlich. Die Fraktionen wurden nach ihren Stammgaststätten benannt, und im reaktionären »Café Milani« malte Alfons von Boddien besonders fleißig, wodurch er sich den Titel des deutschen »Reichspinsels« erschwang. In einem anderen Gasthaus formulierten einige Professoren den Artikel »Unterrichtsfreiheit« für eine humoristische Verfassung: »Der Lernzwang ist verboten.«
Ähnliches schien für die 1200 Studenten zu gelten, die Mitte Juni 1984 beim Eisenacher Studententag über ihre Forderungen berieten. Der Teilnehmer Carl Schurz, Student der Philologie und Geschichte in Bonn, von wo aus er mit seinem Lehrer und Freund Prof. Kinkel den Zeughaussturm in Siegburg mitgemacht hatte, bezichtigte die Anwesenden des »unzulänglichen Dilettantismus«. Immerhin einigte man sich auf die unbedingte Lehr- und Lernfreiheit, auf Mitbestimmung bei der Besetzung der Lehrstühle, auf ein zentral verwaltetes Vermögen (während man vorher vom Landesfürsten abhängig gewesen war) und sogar auf die Aufhebung der akademischen Gerichtsbarkeit, die zwar Privilegien versprach, jetzt aber unzeitgemäß erschien.
Auch 123 Hochschullehrer aus 18 Universitätsstädten versammelten sich im September in Jena zu einer Reformkonferenz, die sich vorsichtig als »beratende« verstand und erst einmal darüber stritt, ob das Latein weiterhin Unterrichtssprache bleiben sollte. (»Der studio kann eher ohn' Latein als ohne ein Kommersbuch sein.«) Zu einer Zeit,

wo die deutsche Sprache von ihrer poetischen Aussagekraft Zeugnis ablegte, wo die Deutschtümelei im Schwange war, sprach sich eine Mehrheit für das Latein aus. Es half nichts, daß ein Teilnehmer vorschlug, sofort ein lateinisches Colloquium anzustellen, damit man sehe, daß diese Sprache die Gedankenarmut hinter schönen Wortphrasen begünstige. Revolutionärer war da schon die gemeinsame Willenserklärung, der gesamte *corpus academicum* möge Rektor und Senat wählen, was die Gleichberechtigung der Nichtordinarien und Privatdozenten bedeutete. Man forderte einmütig Lehr- und Hörfreiheit, betonte die Autonomie der eigenen Einrichtungen, wetterte gegen die Vollzugsbeamten der Karlsbader Beschlüsse und stritt noch ein wenig, wie überall in Deutschland, über die zukünftige Form der Regierungsgewalt.

Während die Professoren im Parlament und anderswo die Zeit verplauderten, fanden die Kämpfe an einigen Orten noch kein Ende. Besonders in Baden, wo mit Feudalabgaben kurz zuvor noch Riemen aus der Haut der Bauern geschnitten worden waren, schenkte man der Nationalversammlung kein Vertrauen. Auch im Parlament selbst brach ein offener Konflikt aus, weil sich eine knappe Mehrheit aus Angst vor der Volksbewaffnung mit den alten Mächten arrangierte. Die Linke rief zum Aufstand; am 17. und 18. September 1848 gab es Barrikadenkämpfe in Frankfurts Straßen. Doch die Professoren im Parlament, die es versäumt hatten, sich eine Militärmacht zu genehmigen, riefen die Bundestruppen zu Hilfe — preußisches und österreichisches Militär stellte die Ruhe wieder her. Die Geister der Reaktion, die man rief, wurde man nicht mehr los.

Vom raschen Ende der Hörfreiheit

Durch die Spaltung und Zersplitterung der »Bewejung«, an der die Angst des Bürgers vor dem »vierten Stand« nicht unerheblichen Anteil hatte, konnte die Reaktion schon bald wieder auf den Plan kommen. In einer Zeit, wo man es zuließ,

„Was kommt heran in kühnem Gange?
Die Waffe blinkt, die Fahne weht;
Es naht mit hellem Trommelklange
Die Univerſität . . . .

Die Stunde iſt des Lichts gekommen;
Was wir erſehnt, umſonſt erfleht,
Im jungen Herzen iſt's entglommen
Der Univerſität.

Das freie Wort, das ſie gefangen,
Seit Joſef, arg verhöhnt, geſchmäht,
Vorkämpfend ſprengte ſeine Spangen
Die Univerſität . . . .

Und wendet ihr euch zu den bleichen
Gefallnen Freiheitsopfern, ſeht:
Bezahlt hat mit den erſten Leichen
Die Univerſität . . . ."

Dr. Ludwig August Franke, im März 1848 während der Wache geschrieben, erschienen als erstes zensurfreies Blatt der Revolutionszeit in Wien.

daß sogar der Demagogenjäger v. Kamptz in Berlin Unter den Linden mit der schwarzweißroten Kokarde spazierte, nahm man auch nicht weiter daran Anstoß, daß ein radikaler Student wie Gustav Adolf Schloeffel bereits im April verhaftet wurde oder der *Demokratische Studentenverein* in Heidelberg wegen »republikanischer Propaganda« sich im Juli einem Verbot beugen mußte. Schloeffel konnte entkommen und schloß sich den Aufständischen in Baden an. In der militärischen Führung taten sich dort Laien aus dem akademischen Umfeld hervor: die Rechtsanwälte Friedrich Hecker und Gustav von Struve, der Student Karl Blind und der Sohn des Heidelberger Medizinprofessors Friedrich Tiedemann. Der Vegetarier Struve, »der den Abscheu vor Thier-

81 Anonym: *Richter: »Man beschuldigt Sie, das Proletariat durch Communistische Lehren aufgeregt zu haben.«* Zeichnung, 1848.
Karikatur auf den Presseprozeß gegen den radikaldemokratischen Berliner Studenten Gustav Adolph Schlöffel, Herausgeber des »Volksfreundes«, in dem er gegen die »gestörten Knödel- und Sauerkrautherzen im Dienste ihres liberalen Königs« wetterte. Er wurde mit dem Marat der Französischen Revolution, dem Herausgeber des »L'ami du peuple« verglichen, und als eines der ersten Opfer der Reaktion bereits im April 1848 verhaftet.

Ein schönes neues Lied
von dem weltberühmten Struwwel-Putsch.

Nach de: bekannten neuen Modemelodie mit Orgelbegleitung eingerichtet.

Sehr kläglich zu lesen und zu singen.

Melodie

Nachspiel

1.

Wälzen möcht' ich mich vor Trauer
Und zerraufen meinen Bart,
Weil das Schicksal mir die schauer-
liche Mähr noch aufgespart.
Ach! ich kann ja gar nicht weinen,
Todtenbleich muß ich erscheinen,
Meine kalte Stirne schwitzt —
Denn der Herr von Struwwel — sitzt!

2.

Ach! wohl hat er schon gesessen
Zu Säckingen in dem Loch,
Brod und Wasser nur gegessen,
Wieder frei ward er jedoch.
Freiheit, Wurzeln, wie auch Kräuter,
Er begehret ja nichts weiter,
Lebt als Turner frei und frisch,
Und ißt weder Fleisch noch Fisch.

3.

Und als offen ward sein Zwinger,
Floh er in das Ellenfaß,
Und schrieb krumm sich alle Finger,
Bodenleer manch Dintenfaß;
Und bewies mit vielen Gründen,
Heil und Glück könn' er nur finden
In der rothen Republik;
Das bewies er Stück für Stück.

4.

Schrieb's, und zog voll Gluth und Eifer
Seinen Damascener raus,
Und rief einen Scheerenschleifer
Sammt dem Karren in das Haus;
Er that selbst am Rade drehen,
Rrrr that der Schleifstein gehen,
Bis der Sarras ganz und gar
Scharf wie ein Scheermesser war.

5.

Orgeln tönen ohne Rasten,
Bertrands Abschied, Polens Noth;
Putschinell in seinem Kasten
Schlägt mit Prügeln Alles todt;
Hunde tanzen, Affen springen,
Harfendamen hört man singen,
Und aus Böllern Krach auf Krach,
Denn 's ist Jahrmarkt in Lörrach.

6.

Horch! 'was schreit mit schrillem Tone
Dort aus dem Gemeindehaus?
Schau! wer steht auf dem Balkone
Und streckt beide Arme aus?
Einen Säbel in der Rechten,
Thut er durch die Lüfte fechten,
Seine Schärp' ist feuerroth,
„Freiheit, schreit er, oder Tod!"

7.

„Freiheit, ruft er abermalen,
„Wohlstand, keine Steuern mehr,
„Ihr braucht nichts mehr zu bezahlen,
„Drum gebt euer Geld mir her!
„Seht da: Heckers alte Garden,
„Italiener, Savoyarden,
„Polen, und noch Allerlei
„Steht mir heute treulich bei!"

8.

Alle Harfendamen schwiegen,
Alle Orgeln standen still;
Putschinell muß sich verkriechen,
Weil kein Mensch ihn hören will;
Alles lauscht mit neuem Jubel
Auf den Mund der Frau v. Struwwel,
Die im schwarzen Atlaskleid
Auf den Balkon tritt und schreit: —

9.

„Hört, ihr Jungfern und ihr Frauen,
„Ihr dürft auch nicht müßig seyn;
„Geht an's Barrikadenbauen,
„Macht Patronen drauf und drein;
„Helfet uns die Freiheit retten,
„Bringt mir Hemden und Servietten,
„Ich verschmähe so was nie,
„Das giebt treffliche Charpie."

10.

Damit war Madam zu Ende.
Er rief, „Ist kein Peter da?"
Sieh, nun recket man die Hände,
Hundert Stimmen schreien „ja!"
„Ich — auch ich — und ich, — rief Jeder,
„Kann statthaltern grad wie Peter."
Also griff er blind hinein
Und setzt' die Regierung ein.

11.

Und man baute Barrikaden,
Holte Schuhe, Hemden, Geld.
Wurst, Patronen, Carbonaten,
Alles wurde rasch bestellt.
Lörrachs große freie Geister
Packten Amt und Bürgermeister,
Struwwel packt' die Kassen ein
Und ließ Lörrach — Lörrach seyn.

12.

Denn er eilte hin gen Staufen,
Weilt in Müllheim eine Stund;
Blankenhorn mußt' los sich kaufen,
Tausend Gulden zahlen rund;
Mußt', als theures Angedenken,
Ihr auch seinen Wagen schenken,
Und vier Pferde obendrein —
Und Sie dankte, und stieg ein.

13.

Vorwärts geht es, immer weiter,
Alles muß im Sturm herbei,
Wein und Waffen, Roß und Reiter,
Kisten, Kasten, Geld wie Heu;
Feuerzeichen, Sturmgeläute,
Freies Leben, Lust und Freude;
Und wenn die Begeist'rung glüht,
Singt man Schillers Räuberlied.

14.

Rumbumbum, die Trommeln gehen,
Und in Staufen zieht man ein.
Züge, kaum zu übersehen,
Zehentausend mögen's seyn! —
Um den Hals die goldne Kette,
Vor den Augen die Lorgnette,
Liegt zur angenehmen Schau
Breit im Wagen Struwwels Frau.

15.

Hinterm Wagen her da kamen
General Löwenfels und Blind,
Siegel, und wie all die Namen
Dieser tapfern Struwwler sind.
Struwwel eilte, um die Kassen
Für die Freiheit abzufassen,
Aber eh' er sich's versah
Waren schon die Badner da.

16.

General Hoffmann, der „verthierte",
Der „entmenschte" General,
Der griff an und kanonirte
Wie ein wahrer Kannibal.
Struwwel rief: „Mein Schatz, aus Staufen
„Woll'n wir im Galopp jetzt laufen;
„Der könnt' so barbarisch seyn,
„Schöß' uns heut' noch kurz und klein."

17.

Von den Barrikaden schossen
Alle Struwwler scharf hinaus,
Aber die Haubitzen gossen
Ströme von Kartätschen aus;
Rauch erhebt sich, Häuser brennen,
Struwwler fallen, andre rennen,
Und vor Allen Er und Sie,
Oft im Dr — bis an die Knie.

18.

Aus war's mit den Barrikaden,
Alle riß und schoß man ein,
Und die stürmenden Soldaten
Drangen in die Stadt herein.
Frau v. Struwwels Hut und Mantel
Fanden sie in einem Kandel (Rinne),
Und ein Söldling war so frech,
Riß das schöne Futter weg;

19.

Denn der große Herwegh könnte, —
Das bildt' sich der Esel ein —
Unser Herwegh könnt' am Ende
Eingenäht dazwischen seyn!
Und der sitzt doch warm und trocken;
Aber Struwwel ließ sich locken,
Ging dem Oberamtmann Schey
Jetzt zum zweiten Mal in's Gäu.

20.

Hart und schwer durch Wald und Felder
Schleppt die rothe Republik
Ihre Wintervorrathsgelder
Nach der schönen Schweiz zurück.
Ach, wie mühsam und wie sauer
Ward's dem Struwwel, Betz und Bauer,
Und dem Dusar und dem Blind,
Und Madam dem guten Kind!

21.

„Polen ist noch nicht verloren"
Sang Madam zwar Anfangs noch,
Aber bald hat sie's gefroren,
Denn ihr Strumpf bekam ein Loch;
Ach vor Frost that sie erbleichen,
Ließ mit Schminck sich roth bestreichen
Und den Schminktopf nahm nachher
Amtmann Schey ihr ab in Wehr.

22.

Ja in Wehr ward sie gefunden,
Unsre ganze Republik,
Eingefangen und gebunden
Kam sie von der Grenz zurück;
Als sie grad sich wollt erquicken,
Mußte Bürgerwehr anrücken,
Und der Oberamtmann Schey,
Auch noch Dieser kam herbei!

23.

Ach im Mund war kaum der Löffel,
Als man sie ergreifen that!
Heiliger Sanct Zitz und Schlöffel,
Heiliger Sanct Blum schaff Rath!
Ich muß hier mein Lied beschließen,
Meine heißen Zähren fließen,
Meine kalte Stirne schwitzt,
Denn der Herr v. Struwwel — sitzt!

24.

Ich der Spielmann bei den Hessen,
Der das Heckerlied erdacht,
Hab nicht minder unterdessen
Diesen Putsch in Reim gebracht.
Wer dabei nicht war in Laufen;
Braucht nur dieses Lied zu kaufen,
Dann hat er es schwarz auf weiß,
So gewißlich als ich heiß

Johann Schmitt.

82 Anonyme Lithographie, 1849.
Karikatur auf Dr. von Struve. Text vom Heidelberger Advokaten Karl Gottfried Nadler.

leichen predigte, glaubte ein verborgenes militärisches Talent, vielleicht mittelst phrenologischer Schädelmessungen an sich entdeckt zu haben« (Wilhelm Blos), und wurde vom »Roten Hecker«, der die Phrenologie als »dummes Zeug« abtat, so lange verlacht, bis Struve dessen Schädel untersuchte und ihn überzeugte. Er muß sich vermessen haben — die badische Revolution war zum Scheitern verurteilt und Struves im September in Lörrach ausgerufene Republik schon Tage später beseitigt, obwohl es noch 1849 zu weiteren blutigen Scharmützeln kam. Der Student Schloeffel fiel hierbei.

Auch in Wien entbrannten am 6. Oktober 1848 die Kämpfe erneut, während derer der Kriegsminister Latour unter Beteiligung der Akademischen Legion einer grausamen Lynchjustiz zum Opfer fiel. Gegen die mit 60 000 Mann anrückenden kaiserlichen Truppen hatten die Legionäre jedoch keine Chance. Als am 29. 10. eine Deputation vom Feldherrn Fürst Windisch-Grätz die Beibehaltung der Akademischen Legion forderte, antwortete dieser nur: »Nein, diese Rotzbubenwirtschaft muß aufhören!« Eine Fünfer-Abordnung der Linken des Frankfurter Parlaments eilte

83 Anonyme Lithographie, 1848.
Der Frankfurter Abgeordnete Robert Blum in der Uniform der Wiener Akademischen Legion, als dessen Träger er am 9. 11. 1848 standrechtlich erschossen wurde.

84 W. Storck: *Alte Professoren der alten Geschichten wollen dem jungen democratischen Deutschland ihre verschimmelte Idee eines erblichen deutschen Kaisers aufdringen.* Einzelblatt, 1848. Vier Professoren der Frankfurter Nationalversammlung setzen mit Szepter, Reichsapfel und Krone (den alten deutschen Reichsinsignien) einen Esel auf den Thron. Es handelt sich um die Historiker Droysen (oben links), Giesebrecht (oben rechts), Dahlmann (unten rechts) und Waitz, welche die Frage nach der zu bildenden deutschen Zentralgewalt mit einer erblichen konstitutionellen Monarchie beantworten wollten.

den Legionären zu Hilfe, darunter Robert Blum, Moritz Hartmann und Julius Fröbel, ehemaliger Professor der Mineralogie. Blum selbst hielt auf der *Aula* eine begeisternde Rede und beteiligte sich persönlich an den Kämpfen. Nach der Übernahme der Stadt durch Windisch-Grätz' Truppen wurde er hierfür trotz seiner Immunität als Gesandter am 9. 11. 1848 in der Brigittenau standrechtlich erschossen. Dasselbe Schicksal erlitten am 23. 11. die Führer der »Doktorenrevolution«, Dr. Jellinek und Dr. Becher.

In Berlin wurde die preußische Nationalversammlung aufgelöst, und Friedrich Wilhelm IV. oktroyierte am 5. 12. 1848 seinen eigenen Verfassungsentwurf. Trotzdem entschied sich das Professorenparlament in Frankfurt am 28. 3. 1849 dafür, gerade ihn als erblichen Kaiser an die Spitze des Reiches zu rufen. Der lehnte die Krone, die ihm eine Delegation von einigen Akademikern

Juristisches Examen.

„Wie zeigt sich unser gebesserter Rechtszustand in Deutschland?“
„Daß wir in allen Staaten gemeinschaftliches Recht besitzen.“
„Wie nennt man letzteres?“
„Das Standrecht.“

85 Anonymer Holzstich, 1849.

feierlich antrug, jedoch ab, weil ihr nur der »Ludergeruch der Revolution« anhaftete, wie er an seinen Freund, Prof. Robert Wilhelm Bunsen, schrieb, und blieb so nur der »Tintenkaiser«, als den ihn Prof. Gervinus beschimpfte. Georg Herwegh sollte mit seinem verbitterten Spottgedicht recht behalten:

Die Professoren reißen
Uns weder Thron noch Altar ein.
Auch ist der Stein der Weisen
Kein deutscher Pflasterstein.

Am 30. Mai 1849 tagte die gescheiterte Nationalversammlung zum 230. und letzten Mal. Ein kleines »Rumpfparlament« von weiterhin unerschrockenen Abgeordneten übersiedelte nach Stuttgart, darunter Dr. Johann Jacoby, Karl Hagen, Professor für Geschichte in Heidelberg und der Dichter Ludwig Uhland, ehemaliger Professor der Germanistik aus Tübingen. In letzter Verzweiflung wurde eine »Reichsregentschaft« aus fünf Mitgliedern gebildet, der Uhland und die ehemaligen Burschenschafter Schüler und Simon angehörten. Doch auch sie wurden von den anreitenden württembergischen Truppen nach Hause geschickt.

In der Folgezeit verloren Vogt und Hagen ihre Professuren in Gießen bzw. Heidelberg und Rudolf Virchow seine Stelle an der Berliner *Charité*. Der Historiker Theodor Mommsen wurde in Leipzig amtsenthoben und ging nach Zürich, wohin auch Ludwig Simon floh, der *in contumaciam* zum Tode verurteilt worden war. Der Theologe Prof. Gottfried Kinkel, der sich rühmte, »die Bibel mit der Muskete vertauscht« zu haben, wurde zu lebenslanger Festungshaft verurteilt. Sein Schüler Carl Schurz bestach einen Wärter, befreite ihn aus dem Zuchthaus in Spandau und floh selbst nach Amerika, wohin schon etliche Revolutionäre entwichen waren — darunter beispielsweise Hecker, Struve und der vom Frankfurter Hauptwachensturm bekannte Dr. Körner — und wurde an der Seite Abraham Lincolns ein erfolgreicher Politiker.

1852 wurden die vom Parlament verabschiedeten *Grundrechte des deutschen Volkes* für ungültig erklärt und auch die Hörfreiheit an den Universitäten wieder aufgehoben. An den Kathedern herrschten aufs Neue die alten Zöpfe. In Heidelberg äußerte ein Prof. Leonhard: »Vor Kammer und vor Parlament bewahr’ mich Gott bis an

Leipzig.

Die Hörfreiheit ist aufgehoben.

86 Anonymer Holzstich, 1852.
Eine Hauptforderung von 1848 wird vernichtet.

mein End!« In Berlin vertraten der Advokat Friedrich Julius Stahl und der Theologe Ernst Wilhelm Hengstenberg (einst selbst Burschenschafter) wieder die Theorie vom Gottesgnadentum der Monarchen. Johann Gustav Droysen, ein ehemaliger »Erbkaiserlicher« unter den Parlamentsprofessoren, avancierte 1877 zum »Historiographen des Hauses Brandenburg», und Prof. Heinrich von Treitschke propagierte den Machtstaat (»Männer machen Geschichte«).

In der Studentenschaft traten die Korps in den Vordergrund, die sich 1848/49 in der Mehrzahl als Stützen von Altar und Thron erwiesen hatten. Im *Kösener Senioren-Convents-Verband* (SC) schufen sie sich 1855 eine nationale Dachorganisation. Vor allem zu Zeiten Kaiser Wilhelms II. prägten sie das satirische Bild der Universität, sorgten aber auch schon vorher für Aufsehen. Ihre Attacken galten jedoch nicht den Fürsten und Königen, sondern wie eh und je den Philistern. Als beispielsweise 1856 der Theologe Schenkel in Heidelberg Prorektor wurde, suspendierte er für ein Semester ganze fünf Korps, weil sie sich bei einem Auszug nach Ladenburg mit den Bürgern geprügelt hatten (die Stadt fuhr damals auf 99 Jahre in »Verruf«). Im *Kladderadatsch* schrieben »Einige ausziehende Musensöhne« der »Frau Ruperto Carolina zu Heidelberg« das anzügliche Gedicht:

> Du bist zwar alt, doch ewig jugendschön,
> Und reizumflossen schienst du stets uns allen,
> Doch jetzt, seit deinen Schenkel wir gesehn,
> Kannst, alma mater, uns nicht mehr gefallen.

Heidelberger Studenten,

wie sie vor dem 16. Juli aussahen, | und wie sie jetzt aussehen sollen.

87 Herbert König, Holzstich, 1856.
Auflösung der Korps in Heidelberg. Rechts ein Wingolfist, der den Zweikampf mit der Waffe aus religiösen Gründen verwarf.

Offenbar war dies nur jugendlicher Übermut; an der Staatstreue war dadurch kein Rütteln. Zwei Jahre später reimte der *Kladderadatsch* nämlich schon über die studentische Mentalität:

> Heute Feindschaft dem Philister,
> Der gehorsamst denkt und schweigt,
> Morgen vor dem Herrn Minister
> Demutsvoll das Haupt geneigt.

Neuestes Lied der Marburger Studenten.

Ein lustiger Studente spazierte einst zur Nacht. O tempora, o mores!
Da kam ein Polizißte, ein Meister von der Wacht. O tempora o mores!
Der schlug ihn mit dem Säbel, wer weiß wie das geschah?
O tempo-tempora. Juheisassa! Juchhei!
Gelobet seist du jederzeit, Frau Polizei!

Frankfurter Latern, 1862.

Die Pflanzschule der Büreaukratie.

Erster Bursch. „'N Rausch g'habt gestern!"
Zweiter Bursch. „Ich — auch."
Erster Bursch. „Wie viel Glas?"
Zweiter Bursch. „Zwanzig, wie viel du?"
Erster Bursch. „Fünfundzwanzig." —

¼ Stunde Pause
Erster Bursch. „Du!"
Zweiter Bursch. „Was?"
Erster Bursch. „Schauen die Philister herüber?"
Zweiter Bursch. „Nein! sie trauen sich nicht, wir imponiren Ihnen zu sehr."

88 Karl Steuber, Holzstich, 1851.

O alte Burschenherrlichkeit!

Kanzler, Kaiser, Korps . . .

Die Forderung der nationalrevolutionären Studenten nach einem geeinten Deutschland, die in den Märzunruhen 1848 ihren Höhepunkt gefunden hatte, versandete nach dem Kriege gegen Frankreich (1870/71), der unter der freiwilligen Beteiligung eines Drittels der deutschen Studentenschaft gewonnen wurde, in der sogenannten »kleindeutschen Lösung«. Ohne zu merken, wie sie eigentlich um ihre ursprünglichen Ziele betrogen wurden — und wenn es nur das Verschwinden der Burschenschaftsfarben schwarzrotgold war, die gegen schwarzweißrot unterlagen — nahmen die Studenten das Resultat dankbar auf und beanspruchten wie die Korps und andere Verbindungen Reichskanzler Bismarck als den Ihren. »Der Gott, der Bismarck werden ließ«, verdichtete sich Wilhelm Berger frei nach Ernst Moritz Arndt, »hat's gut mit uns gemeinet«, und fuhr fort:

> Da schrieb Alldeutschland im Verein,
> zum Schreck der Afterweisen,
> sich in die Weltgeschichte ein
> mit Schrift von Blut und Eisen.

Die ausbrechende Begeisterung deutete Hermann Bahr von der *Deutsch-Nationalen Studentenschaft Österreichs* sogar als »sehnsüchtiges Harren des deutschen Erlösers«.

Wie gefährlich sich diese Sehnsucht gute 60 Jahre später auch entwickeln sollte — der Erlöser hieß zunächst Bismarck. Dieser bekundete als ehemals waffentragender Student, als welcher er sich 1832—35 lieber der schlagenden Verbindung *Hannovera* denn dem Studium der Rechtswissenschaften gewidmet hatte, den Korporationen sein Wohlwollen. Für ihn waren laut einer Parlamentsrede von 1850 die Burschenschaftsfarben nur »Farben des Aufruhrs und der Barrikaden«, und sein unter Kultusminister Falk geführter »Kulturkampf« förderte die antiliberalistischen Tendenzen in den schlagenden Studentenverbindungen — gegen den schwachen Protest der Duelle ablehnenden Teile der Studentenschaft.

Die Bismarck-Ehrungen häuften sich. So sammelten 3000 Studenten für einen goldenen Bierhumpen, den sie am 10. 8. 1891 feierlich überreichten und wurden zum Dank dafür von Bismarck als »Träger des nationalen Gedankens auf den deutschen Hochschulen, die den prometheischen Funken des Nationalgefühls auf die kommenden Geschlechter übertragen«, gelobt. Als am 2. April 1895 etwa 5000 Studenten zu einer Huldigungsfahrt anläßlich Bismarcks 80. Geburtstag nach Friedrichsruh aufbrachen, konnte der *Sozialistische Akademiker* nur spotten: »Dummheit, Dünkel und Feigheit, das ist die Trias, die sich anschickt, den ›Ehrentag der deutschen Nation‹ festlich zu begehen. Und die Jugend, die Hoffnung Deutschlands — in großgezogener Knechtseligkeit, mit früherloschener Freiheitsbegeisterung steht sie auf seiten der Betrüger und Betrogenen.« Die Sozialdemokraten hatten Grund für solche Verbitterung. Waren sie doch von 1878 bis 1890 von Bismarcks Sozialistenjagd betroffen, die sich u. a. dadurch hatte legitimieren lassen, daß eines der Attentate auf Kaiser Wilhelm I. von dem wirren Fanatiker Dr. Karl Nobiling, »Student der Landwirtschaft«, verübt worden war, der als Werkzeug der SPD hingestellt wurde. Das *Sozialistengesetz* vom 21. 10. 1878 machte nicht wenigen Professoren und Studenten das Leben schwer, und auch nach Bismarcks Entlassung (1890) sollten sie bald wieder vor ähnlichen Problemen stehen.

An der Bismarcksäule.

Chargierter: Und hier, Kommilitonen, wollen wir den Schwur erneuern: Das Bier muß wieder so billig werden, wie zu Bismarcks Zeiten!

89 Hans Abeking, 1900.

In den Spottbildern auf die Bismarck-Verehrung steht ein Symbol an erster Stelle: der Bismarck-Turm, Wallfahrtsort der deutschen Studenten mit gleichzeitig sakralem und militaristischem Charakter. In fälschlicher Auslegung einer Idee des alten Arndt war nach dem Tode Bismarcks (1898) in der Studentenschaft die Vorstellung entstan-

90 Erick Wilke, 1906.
Bismarck-Feier.
Und so lodre denn empor, Flamme! — Ach, bitte, meine Herren, stellen Sie sich etwas dichter herum, damit man's in Berlin nich sieht.

den, mittels der Säulen »in schlichter Anspruchslosigkeit das zu beschreiben, wozu die unvergängliche Liebe und Verehrung zu dem Schöpfer der deutschen Einheit die Herzen der Studentenschaft in heiliger Begeisterung fortriß«, wie sie 1899 proklamierte. Daß die Denkmäler vielerorts die gleiche, trutzige Form aufweisen, ist auf die Idee des Bildhauers Lehr zurückzuführen, »nicht ein einzelnes Monument zu errichten, sondern möglichst viele schlichte Grabsteine von gleicher Form aus dauerndem Material zu erbauen, von deren Spitzen an dem geplanten Gedenktage mächtige Feuerflammen weithin durch die Nacht lodern sollten.« Bei der Ausstellung der Modelle wunderte sich der Kunsthistoriker Prof. Bruno Meyer in der *Kunsthalle* von 1899 allerdings über die »armseligen Vorschläge« und »geschmacklosen Ungeheuerlichkeiten« und wünschte: »Hoffentlich geht das Geld zu diesem Unfug bald aus.«

Sogar auf Seiten der Korps gab es Widerspruch, wohl als Affront gegen die besonders baufreudigen Burschenschaften. In den *Academischen Monatsheften* nannte ein Herr von Hopfen die Säulen schlicht »qualmende Pechpfannen«. Allen Unkenrufen zum Trotz wurden bis zum Beginn des 1. Weltkrieges auf den Anhöhen von über 300 Gemeinden solche Türme erbaut, wie z. B. auf dem Heiligenberg bei Heidelberg oder dem Hamberg bei Friedrichsruh, wo die Studenten am 21. 6. 1903 sangen:

Horch, Weihegesang
Horch, Waffenklang!
Voll Inbrunst betet die Schaar:
Dir, Bismarck, Dir, Dir opfern wir
auf flammendem Säulenaltar.

Daß die Regierung in Berlin dies nicht gerne sah, verdeutlichen die Karikaturen — schließlich war der Reichskanzler in Ungnade entlassen worden.

Zeitungsnachricht: In Halle veranstaltete die Studentenschaft am Freitag einen Fackelzug zu Ehren Bismarcks. Die Polizei ertheilte jedoch nicht die Erlaubniß, in dieser Versammlung unter freiem Himmel Reden auf Bismarck zu halten. Als gegen Schluß des Fackelzuges ein Student ein Hoch auf den Kaiser ausbringen wollte und hierzu gerade ansetzte, wurde ihm dies von dem Polizei-Inspektor untersagt, trotz seiner Erklärung, daß es sich um ein Kaiserhoch handle.

Das verbotene Kaiserhoch

oder des

Corpsburschen Klage.

Corpsbursche: Jetzt darf ich nicht einmal mehr mit hoher obrigkeitlicher Genehmigung patriotisch sein.

91 Anonym, 1899.

92 Anonym, 1904.
Karikatur auf die Bildungspolitik der Zentrumspartei.

93 Bruno Paul, *Na, sei man froh, daß du nich in München aktiv geworden bist. Es soll dort Korps geben, die billiger sind als Burschenschaften.«* 1906.

Seit der Reichsgründung von 1871 wuchs Deutschland zu einer der führenden Industrienationen heran. Im universitären Bereich äußerte sich dies u. a. darin, daß die Polytechnika zu größter Bedeutung gelangten. Die meisten wurden bis zur Jahrhundertwende zu *Technischen Hochschulen,* was ihnen das Promotionsrecht sicherte, so der Fall in Karlsruhe, Darmstadt, Aachen, Braunschweig, Stuttgart und Hannover. Die Studentenzahlen wuchsen von 1871 bis 1904 um etwa das Dreifache auf über 60 000 an. Das Abitur, 1788 in Preußen eingeführt, entschied über akademische Zukunftschancen mehr denn je, obwohl auch hier Ausnahmen die Regel bestätigten: weil Wilhelm Conrad Röntgen durch das Abitur gefallen war, wurde seine Habilitation in Bayern abgelehnt, was ihn nicht hinderte, 1901 Nobelpreisträger für Physik zu werden.

Neben den Naturwissenschaften wurde das Jurastudium immer wichtiger, da es eine Karriere in der staatlichen Verwaltung versprach. Dies galt vor allem für eine Gruppe: die Korps. Die hatten zudem besonderen Grund zur Begeisterung, als Wilhelm II. 1888 auf den Thron kam. Hatte doch der Kaiser selbst studiert und — mehr als das — er war Mitglied eines Bonner Korps, der *Borussia,* gewesen. Ihr und anderen exklusiven Korps, wie der Heidelberger *Saxo-Borussia, Guestphalia, Rhenania, Vandalia* und *Suevia,* der Göttinger *Saxonia* und Tübinger *Suevia,* gehörten die Prinzen regierender Häuser und die Söhne der Plutokratie an. Nach Angabe ihres Organs, den *Academischen Monatsheften* vom 15. 5. 1899, hatte der Dachverband, der *Kösener SC,* bei 2596 aktiven und inaktiven Mitgliedern 211 Adelige zu verzeichnen. Unter zwölf Ministern im preußischen Staatsministerium des Innern in den Jahren 1888—1914 waren drei »Kösener«; von 35 Regierungspräsidenten im Jahre 1903 gar 21 ehemalige Korpsstudenten.

Eine säbelrasselnde Rede Wilhelms II. vor dem Bonner SC am 6. 5. 1891 hatte auch den anderen »Corpsiers« Verheißungsvolles versprochen: »Ich hoffe, daß dereinst viele Beamte und Offiziere aus

94 Bruno Paul, *Jetzt sind Sie noch Mulus, heute abend können Sie Korpsbruder von Majestät sein!* 1906.
Ein Erstsemester (Fuchs) wird ge»keilt«, d. h. geworben, hier wahrscheinlich für die »Bonner Borussia«, der sowohl der Kaiser als auch die Prinzen regierender Häuser und die Söhne des deutschen Geldadels angehörten.

95 Thomas Theodor Heine, *Die Freiheit der Wissenschaft. Euch Professorenbande will ich schleifen, bis ihr mich nicht mehr von einem Kultusminister unterscheiden könnt!* 1900.

ihrem Kreise hervorgehen.« Kein Wunder, daß die Gesellschaftsfähigkeit deutscher Bürgersöhne erst dann perfekt war, wenn man sich neben dem Studium auch noch das »Einjährige«, das Offizierspatent, geholt hatte.
Der *Wahre Jacob*, 1889 gegründetes Karikaturblatt der SPD, ereiferte sich dann auch 1894 über die Diskrepanz zwischen den hohen Ausgaben für die Rüstung (durchschnittlich 36% des Haushaltes in den Jahren 1900—1913) und den niedrigen für die Wissenschaft (7% im selben Zeitraum):

> Es ist ein Bruder Liederlich,
> Der nennt sich »Deutsches Reich«,
> Er häufet Schulden fürchterlich,
> Kein Andrer thut's ihm gleich.
> Ist alt erst drei und zwanzig Jahr
> Und pumpte mit Genie
> Zweitausend Milliarden baar,
> Und er verputzte sie.
> Nach Bildung, Kunst und Wissenschaft
> Hat wenig er Begehr,
> Er widmet seines Lebens Kraft
> Allein dem Militär.

Wilhelm II. hatte in der oben erwähnten Rede übrigens auch den Kritikern widersprochen: ». . . wer über die deutschen Corps spottet, der kennt ihre wahre Tendenz nicht.« Der Spötter gab es freilich viele, allen voran der *Simplicissimus.* 1896 gegründet, machte er sich fotomechanische Reproduktionsverfahren zunutze und damit

96 Albert Weisgerber, 1904.

dem Problem ein Ende, eine zeichnerische Vorlage originalgetreu in den Druck zu übersetzen (weshalb in diesem Buch ab hier auch die Hinweise auf die grafische Technik der Bilder zumeist entfallen können). Mit flächigem, plakativem Farbendruck bot der *Simplicissimus* schneidenden Spott auf Offiziere und Studenten, ohne die seine Zeichner Bruno Paul und Eduard Thöny regelrecht brotlos gewesen wären. Der *»Simpl«* führte die schon seit der Restauration von den *Fliegenden Blättern* aufgegriffenen und von den *Lustigen Blättern* seit 1886 übernommenen harmlosen Studentenkarikaturen auf ihren satirischen Höhepunkt. Zusammen mit ihm ritt die 1896 erstmals publizierte *Jugend*, die wegen ihres ornamentalen Bildschmucks einer ganzen Stilrichtung den Namen gab, scharfe Attacken gegen die militanten und arroganten Vertreter des »junkerlichen Obrigkeitsstaates« (Ernst Niekisch). Der *Wahre Jacob* verhielt sich indes gegen den *Klassenfeind* eher bildabstinent und widmete seine Bilder bedrohten liberalen Professoren.

Wilhelm II., der selber gerne kitschige Schlachtschiffe malte und Kriegsdenkmäler entwarf, zählte solche Erzeugnisse zur »Rinnsteinkunst«. Originalton des Kaisers: »Wenn nun die Kunst, wie es vielfach geschieht, weiter nichts tut, als das Elend noch scheußlicher hinzustellen, wie es schon ist, dann versündigt sie sich damit am deutschen Volke.« Folgerichtig wurden besonders bissige Ausgaben der Karikaturzeitschriften des öfteren beschlagnahmt, Verleger und Zeichner (z. B. Albert Langen und Th. Th. Heine) zu Festungshaft bzw. Geldstrafen verurteilt.

Auch die Literaten hielten kein Blatt vor den Mund. Das SPD-Organ *Vorwärts* etwa bemängelte 1892, daß Wilhelm II. den juristischen Ehrendoktortitel der Berliner Universität bekam, wo er doch eher den Dr. h. c. der theologischen Fakultät verdient hätte, weil seine Reden an religiöse Predigten erinnerten. Das Ausland beäugte die Vorgänge an Deutschlands *alma mater* ebenfalls mit Skepsis, wie 1907 der Italiener Giovanni Diatollevi in *Die Deutschen der Gegenwart,* wo er von »Pseudo-Rittertum« und der »den deutschen Studenten eigenen Wichtigkeitspose, jenem Überbleibsel lächerlich und abgeschmackt gewordener Traditionen« schrieb. Am schärfsten kennzeichnete der Philosoph Ernst Bloch 1911 in *Der blühende Spießer* die Lage der Nation: »Was für Kopien, was für Vorbilder in diesem Land? . . . Die Oberschicht ist brutal, geistlos, zynisch. Korpsstudent und Gardeleutnant, das ist der tonangebende deutsche Geist geworden, mit Wilhelm II. an der Spitze. Hei, wie das rasselt, wie das blitzt, wenn Roß und Reiter zu Pferde sitzt. Der vorhandene Adel karikiert allermeist nur den wirklichen, der in einigen Gestalten einmal gewesen ist. Wilhelm II. agiert halb als gekrönter Geschäftsreisender, halb als Schauspieler der Macht.

Auch noch die Macht besieht sich in einem schmeichelnden, überhöhenden Spiegel, den sie aus innerer Unsicherheit vor sich aufhängt. Desto eitler, desto gefährlicher, desto selbstzweckhafter tritt der neudeutsche Machtprotz auf.«
An diesem Spiegelbild der wilhelminischen Gesellschaft wollten auch die schlagenden Verbindungen teilhaben, die sich gegen die *Finkenschaft* (1900 zum Gesamtverband zusammengeschlossen) und die *Freistudenten* (ab 1906) scharf abgrenzten. Selbst die katholischen Verbindungen traten mit Farben und Waffen auf. Der *Kyffhäuserverband der Vereine deutscher Studenten* (VDS, 1881) hatte seine Vorbilder in Hofprediger Adolf Stoecker und Prof. Heinrich von Treitschke, der wegen seiner antisemitischen Politik mit Prof. Theodor Mommsen in Streit geriet. Auch die ehemals als progressiv angesehenen Burschenschafter und ihr Dachverband, der *Allgemeine Deputirten-Convent* (ADC), gebärdeten sich nationalistisch und darüberhinaus antisemitisch, mit dem Ergebnis, daß im Wintersemester 1894/95 erstmals keine Juden mehr in den Mitgliederverzeichnissen waren. Diese gründeten nolens volens eigene farbentragende Verbindungen, wie etwa 1890 die *Badenia* in Heidelberg.
Den Korps war der »Radauantisemitismus« allerdings zu unfein, da war man schon eher a- denn antisemitisch, brachte es mit der programmatischen politischen, religiösen und wissenschaftlichen Toleranz sogar dahin, dem 1900 verstorbenen Sozialdemokraten und *Vorwärts*-Chefredakteur Wilhelm Liebknecht, ehemaligem Korpsier der *Hasso-Nassovia* Marburg, das Korpsband in das Grab zu werfen und die letzte Ehre zu erweisen. Trotz des weitgehenden inhaltlichen Konsensus waren die Korps zurückhaltender als die Burschenschaften, die den sozialdemokratischen Studenten etwa 1898 in ihren *Blättern* entgegenwarfen: »Voran die deutsche Burschenschaft in zielbewußter Feindschaft, dann der ihr nah verwandte Kyffhäuserverband (Vereine deutscher Studenten), die stramm national gesinnten Korps, Landmannschaften u.s.w., alle diese bilden einen uneinnehmbaren Wall gegen die zersetzende Kraft der Sozialdemokratie.« Schließlich hatte man das Verdienst, das »Vaterland« einst selbst entdeckt zu haben, sammelte Listen alter Burschenschafter und »Achtundvierziger«, wobei ein ehemaliges Mitglied wie der Arbeiterführer Ferdinand Lasalle kaum zu stören schien.

97 Rudolf Wilke, *Patriotischer Festkommers*, 1905.

Der *Sozialistische Akademiker* hatte aber 1895 einen ganz anderen Vaterlandsbegriff definiert, der eben nicht in »jenem Stückchen Erde, das ein beutegieriger Fürst, das ein absatzhungriger Unternehmer als Stammsitz unserer › Nation ‹ erken-

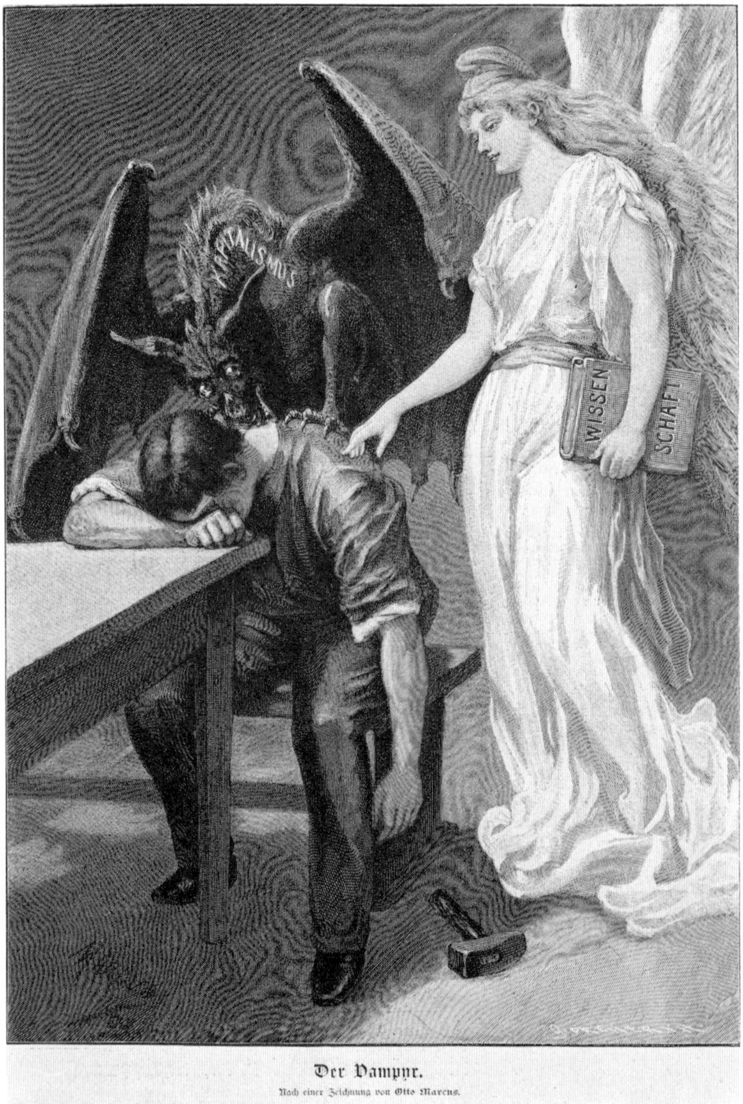

98 G. Dreher, Stich, 1894.
Eine »bissige« Allegorie auf den Vampir Kapitalismus, der von einer sozialdemokratischen alma mater (die trotz roter Jakobinermütze vorsichtshalber noch mit christlich-symbolischen Engelsflügeln versehen ist), am Aussaugen des Arbeiters gehindert wird.

nen will«, bestand, worauf die *Burschenschaftlichen Blätter* dies als »internationale vaterlandslose Bestrebungen« beschimpften. Eine Gruppe *Catalinarier* bescheinigte den Gegnern ihrer Weltanschauung dafür im *Sozialdemokraten* von 1894 »angeborene Verstandesschwäche«, während sich diese wiederum in einer *Studenten-Proletariat* genannten Schrift, 1894 unter dem Pseudonym Eckart erschienen, zur Wehr setzten: die Wissenschaft sei keine Dirne, die jeder beschränkte Bursche, der sich mit Mühe und Not durch die Klassen gequetscht habe, ohne Gewissensbisse prostituieren dürfe. Der *Sozialistische Akademiker* (der für eine Minderheit von nur 1% der gesamten Studentenschaft schrieb), nahm das Bild auf und konterte, die »uralte Milch frommer Denkungsart« sei sauer und ungenießbar geworden, man wolle jetzt andere Speisen haben.

Doch der *alma mater* wurde es höchst obrigkeitlich verwehrt, solche auch zu liefern, stand doch in den Diensten des preußischen Kultusministeriums 25 Jahre lang ein strammer Untertanenmacher, der vielkarikierte »Kultustrompeter« Geheimrat Friedrich Althoff, für den die obersten Aufgaben eines Professors Staatstreue und Gehorsam waren.

Besonders der »Katheder«- oder »Universitätssozialismus« eines Gustav Schmoller, Adolph Wagner und Lujo Brentano waren ständiger Stein des Anstoßes für die konservativen Kräfte. 1895

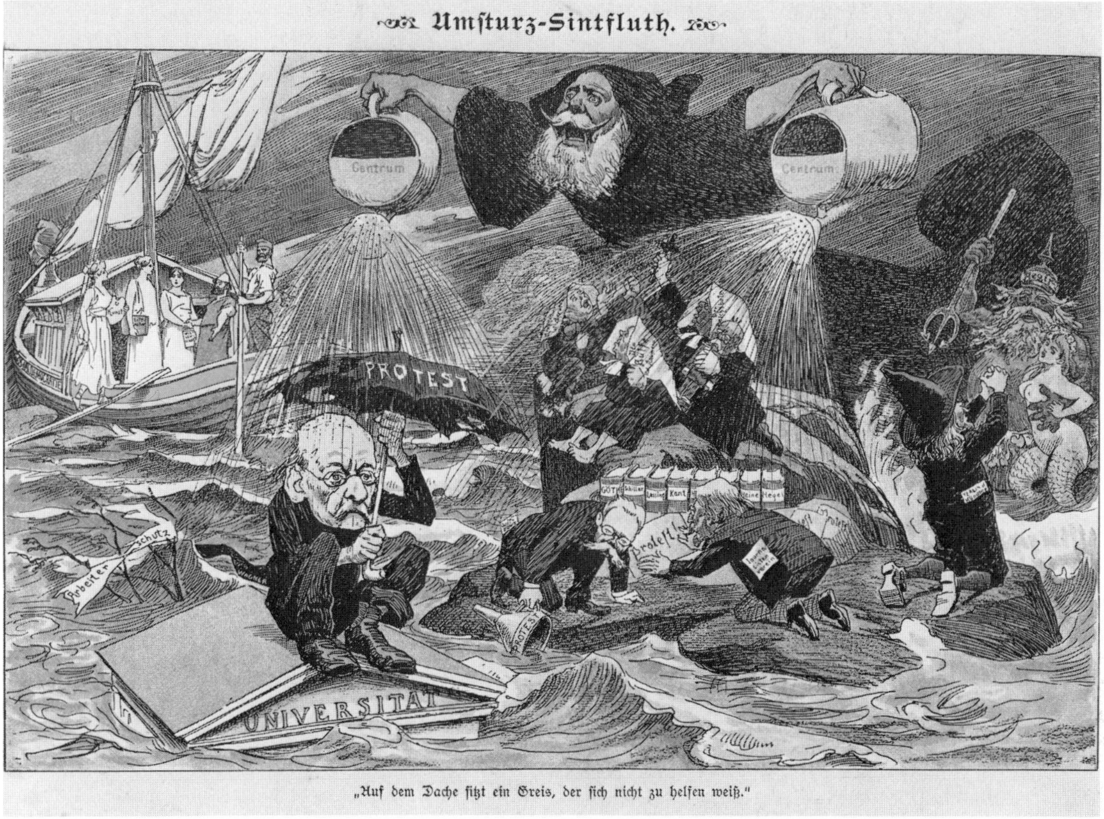

99 Anonym, 1895.
Die »Umsturzvorlage« von 1894/95, hier als von der Zentrumspolitik ausgelöste Sintflut dargestellt, läßt Prof. Wagner, seit WS 1895/96 Rektor der Berliner Universität, mit dem Hochschulgebäude untergehen. Von links hinten naht auf einem sozialdemokratischen Fährschiff ein neues Haus, zu dem sich die Musen der Kunst, Literatur und Wissenschaft gerettet haben.

wurde mit einem Gesetzesänderungsantrag, der sogenannten *Umsturzvorlage,* versucht, »die freie wissenschaftliche Forschung und das Geistesleben der gebildeten Klassen in Fesseln zu schlagen«, wie es Maximilian Harden in seiner *Zukunft* interpretierte. Die Professoren Brentano und Paulsen zogen Parallelen zu den Karlsbader Beschlüssen. Auf Druck der Öffentlichkeit, wozu auch die »Zentrums-Sintflut«-Karikatur des *Wahren Jacob* gezählt werden muß, wurde die Vorlage jedoch zurückgezogen.
Ein Disziplinierungsverfahren gegen den Berliner Prof. Hans Delbrück wegen einer unliebsamen Publikation sorgte für weiteres Aufsehen, bis dann der Fall des Privatdozenten Dr. Leo Arons in die Schlagzeilen kam. Der Sozialdemokrat und Erfinder der »Arons'schen Röhre« (die kennzeichnenderweise heute nur als Neonröhre bekannt ist), »frecher Verhöhner staatlicher Einrichtungen« nach Wilhelm II., sollte diszipliniert

100 Anonym, 1899.
Karikatur auf die Folgen der »Lex Arons«.

werden, und dafür mußten gesetzliche Mittel geschaffen werden. Im Juni 1898 erklärte die sogenannte *Lex Arons* die Privatdozenten (in Berlin fast die Hälfte aller Hochschullehrer) zu Staatsbeamten und regelte die Disziplinarverhältnisse dahingehend, daß mißliebigen Vertretern jetzt ein Schnürstiefel angelegt werden konnte. Proteste ordentlicher Professoren wie Wagner, Schmoller, Dilthey, Planck, Paulsen und Delbrück halfen nichts; Arons wurde 1900 entlassen.

Zum Eklat zwischen hoffärtigen Malern und modernen Künstlern mußte es bei dem angedeuteten Geschmack des Kaisers auch kommen. Anläßlich der ersten Ausstellung des offiziell eingeladenen Norwegers Edvard Munch im Jahre 1892 gab es Proteste, die zur Schließung der Räume führten. Als sich dann Maler aus dem Kreis um Max Liebermann öffentlich gegen solche »dem üblichen Anstand zuwiderlaufende« Methoden verwahrten, intrigierte »Hofmaler« Prof. Anton von Werner so lange, bis die drei Künstler Heyden, Vogel und Skarbina dazu gedrängt wurden, ihre Professuren an der Kunstakademie niederzulegen, was dann zur Gründung der *Berliner Secession* führte. Der Soziologe Max Weber monierte die Zustände 1908 mit der Bemerkung: »Tatsache ist doch, daß die angebliche ›Lehrfreiheit‹ offenkundig erstens an den Besitz hof- und salonfähiger Ansichten und überdies zweitens daran geknüpft ist, daß man ein bestimmtes Minimum staatlicher Gesinnung betätigt und eventuell erheuchelt.« Der »rote Geheimrat« Prof. Dr. Wilhelm Ostwald z. B., Nobelpreisträger der Physik von 1909, gesellte sich nicht zu den »Heuchlern«, indem er 1913 mit dem promovierten Juristen und SPD-Reichstagsabgeordneten Karl Liebknecht bei einer großen Berliner Demonstration gegen den wilhelminischen Militarismus auftrat und sprach.

»Geistiges Leibregiment des Hauses Hohenzollern« zu sein, wie es der Rektor der Berliner Universität, Emil Dubois-Reymond, formulierte, blieb vielmehr den Mitgliedern des 1894 gegründeten *Alldeutschen Verbandes* vorbehalten, dessen Nationalismus maßgeblich von Hochschullehrern vorangetrieben wurde, und im mindestens gleichen Maß dem Lieblingsobjekt der Karikaturisten, dem waffenklirrenden, kaiserlich protegierten und damit hof- und salonfähigen Teil der deutschen Studentenschaft.

101 Ludwig Stutz (?), *Anton von Werner hat der modernen Malerei den Krieg erklärt und daher zur Empfehlung eines neuen Akademielehrers hervorgehoben, daß dieser Landwehroffizier sei, der noch heute jährlich seine Übung mitmache, was gewiß für die Tüchtigkeit des Mannes bürge. Verschiedene Militäreffecten-Handlungen sehen freudig der neuen Kunstära entgegen.* 1894. Karikatur auf die Entlassung dreier Kunstprofessoren. »Hofmaler« Prof. Anton von Werner sperrt Prof. Skarbina aus.

102 Anonym, 1907 (Ausschnitt).

Schmisse ins Gesicht, denn auf dem Hintern sieht man's nicht! *(Ludwig Thoma)*

Die Art von akademischer Freiheit, die eine *alma mater* mit straff angezogenem Korsett gestattete, war nach Meinung ihrer Kritiker und Karikaturisten nur noch die einer Sauf- und Rauffreiheit. Besonders letztere unterschied den Korporierten vom »Nachtstuhl«, den des Kaisers hehre Worte nicht inspirieren konnten. Wilhelm II. hatte nämlich in der oben angeführten Rede dem Zweikampf das Wort gesprochen: »Ich hoffe, daß, so lange es deutsche Corpsstudenten gibt, der Geist, wie er in Corps gepflegt wird und durch den Kraft und Mut gestählt werden, erhalten bleibt und daß Sie zu allen Zeiten freudig den Schläger führen werden.«

Am deutlichsten nach außen hin sichtbar konnte der schlagende Verbindungsstudent seinen Mut auf dem »Paukboden« stählen, denn hier holte er sich die begehrten Spuren, die von seiner Kaisertreue zeugten — die Schmisse. Je mehr Schmisse im Gesicht, desto unerschrockener mußte es der

103 Bruno Paul: *Was gaffen Sie mich denn immer an? Ich verbitte mir das! I hab' Sie net beleidig'n woll'n, Sie Rindviech!* 1906.

104 Rudolf Wilke, *Sehn Sie nur den Studenten an! So 'n Gesicht gehört doch in die Hose.* 1908.
Spottbild auf die Schmißlosigkeit.

»Paukant« dem Gegner hingehalten haben. Das reaktionslose Hinnehmen der Hiebe hatte deshalb zwangsläufig das fintenreiche Fechten auf Stoß bis zum Ende des Jahrhunderts fast verdrängt; bei unveränderlichem Abstand und Fixierung des Oberkörpers mit »Schulterzwang« ließ sich schnell erkennen, wer da etwa kneifen wollte. So manch einem war danach. Ein Kieler Student schrieb einem Zittauer Arzt 1913 ein merkwürdiges Anliegen, der es an die Berliner *Tägliche Rundschau* weiterleitete: »Als Student möchte ich der lieben Eitelkeit wegen und auch noch aus anderen Gründen einige Schmisse zur Schau tragen. Was mich davon abhält, sie mir auf der Mensur zu holen, würde ich Ihnen eventuell persönlich mitteilen. Würden Sie daher so freundlich sein, mir einen resp. einige Renommierer beizubringen.«

Das inhaltschwere Wort.

„Du willst wissen, wie ich zu meiner letzten Paukerei kam? Sehr einfach! Ich saß im Bräuhaus und trank meine Maß. Da vernahm ich, daß am Nebentisch das Wort „dummer Jung" fiel. Kaum hörte ich von einem dummen Jungen, da riß es mich unwiderstehlich empor, ich sprang auf, und — wir waren fertig."

105 Anonymer Holzstich, 1853.

Fein abgeführt.

Student (zu einem Gast, der im Vorbeigehen an dessen Stuhl gestoßen): „Esel!" — Gast (sich vorstellend): „August Müller!"

106 Hermann Schlittgen, Holzstich, 1882.

107 Walter Caspari, 1900.

108 G. Storck, 1898.

Auf alle Fälle

(Zeichnung von Bruno Paul)

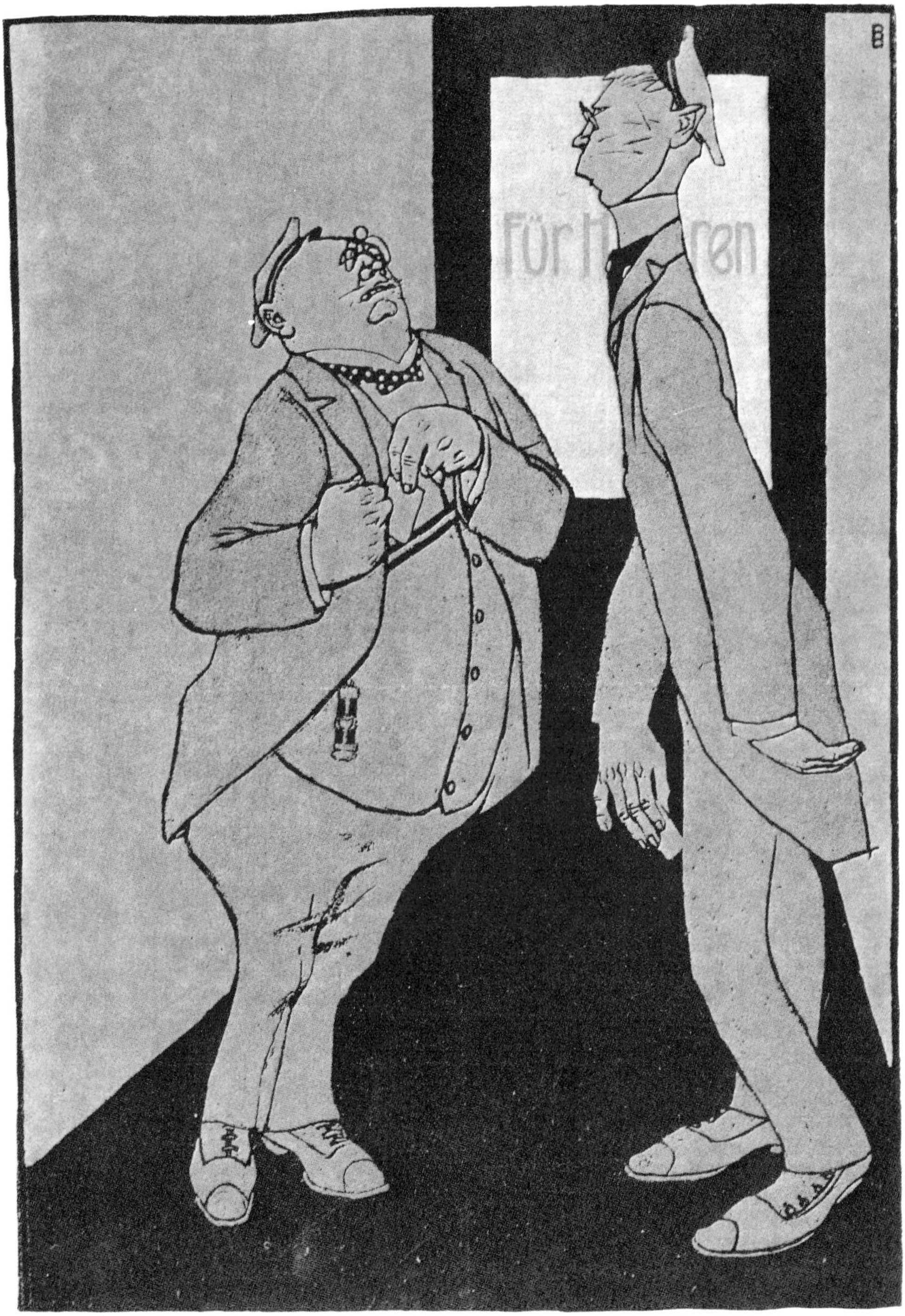

„Mein Herr, Sie haben mich fixiert." — „Ist mir gar nicht eingefallen." — „Also lüge ich — ich bitte um Ihre Karte."

109 Bruno Paul, 1902.
Beliebteste Orte für Rempeleien mit Folgen waren die Restaurants, und dort vor allem bestimmte Örtlichkeiten.

Akademische Schlachtschüssel

(Zeichnung von Bruno Paul)

„Beiderseitig kein edlerer Teil verletzt!"

110 Bruno Paul, 1900.

111 R. Grieß, 1902.

Wer sich einen reellen »Durchzieher« holen wollte, wurde — und hier zeigen sich Anklänge an den Pennalismus früherer Jahrhunderte — zunächst als »Fuchs« einem persönlichen »Leibburschen« unterstellt, der ihn, zusammen mit dem »Fuchsmajor«, auf die erste Mensur (von lat. *mensura,* Maß) vorbereitete, um deren »kommentgerechtes« Schlagen es jahrelange Zwistigkeiten gab. Der Gegner des Fuchses wurde einfach von den »Chargierten« der Verbindungen bestimmt, denn die vormals obligatorische Beleidigung war nicht mehr die einzige Voraussetzung für eine Kontrahage, obwohl auch sie einige Blüten trieb, streng reglementiert war und eine Verletzung der Regeln mit »Verschiß« und Satisfaktionsunfähigkeit geahndet wurde. »Man kann sagen, was man will ... Formen sind kein leerer Wahn«, ließ Heinrich Mann einen Korpsburschen in seinem Roman *Der Untertan* von 1914 feststellen. Die formale Korrektheit zog in der wilhelminischen Gesellschaft die inhaltliche eben nach sich, und der ehemals harmlose »dumme Junge« war jetzt die gröbste Beleidigung, die unbedingt zum Zweikampf führte — sofern der Gegner von seiner sozialen Stellung her überhaupt satisfaktionsfähig war. Besonders Eifrige suchten sich die Gegner in Restaurants und provozierten sie so lange, bis sie zu Beleidigungen bereit waren und Gefahr liefen, sich auf dem Paukboden eine »Abfuhr« zu holen. Der Zeichner Erich Wilke beeilte sich nicht von ungefähr, unter eine besonders drastische Studentenkarikatur in der *Jugend* von 1905 die Bemerkung zu setzen: »Herr Wilke schlägt sich nur auf entkorkte Sektflaschen!«

Die »stylvollen Schmisse« eigneten sich vortrefflich für die Art von Karikatur, die mit der Methode der Reduktion auf die wesentlichen Markmale arbeitet und das Dargestellte als Selbstzweck erscheinen läßt. Hunderte von Mensur-, Beleidigungs- und Schmißkarikaturen boten die satirischen Blätter den Lesern um die Jahrhundertwende. Der *Simplicissimus* und die *Jugend* verbanden sie mit gesellschaftlicher Kritik, während die *Lustigen* und die *Fliegenden Blätter* humoristischere Bilder zeigten. Sozialdemokratische Blätter wie der *Süddeutsche Postillon* und der *Wahre Jacob* konnten mit dieser Karikaturgattung erstaunlich wenig anfangen und blieben bei ihrer symbolistisch überladenen Weltuntergangsbildstimmung. Auf dem vorprogrammierten Weg zum ersten Schmiß geriet der Fuchs nicht selten in fieberhafte Erwartung des großen Tages, an dem er zum »Burschen« werden sollte. Dazu mußte er zunächst in den wattierten »Paukwichs« steigen, in dem schon unzählige aufgeregt schwitzende Füchse vor ihm die ersten Weihen erhalten hatten. Otto Julius Bierbaum beschrieb 1902 in dem Stück *Die erste Mensur* die Reaktion des Fuchses beim Anlegen des Paukwichses: »Fui Deiwel, stinkt die Halsbinde. Äh, mir wird schlecht.«

Gab es nicht genügend Beispiele von Blutvergiftung, an der z. B. 1913 der Münchener Student Max Synderhauf starb? Hatte nicht der Heidelberger Paukarzt Hofacker in seinen 24 Jahren Tätigkeit und bei seinen 20 000 miterlebten Mensuren auch so manche abgeschlagene Nasenspitze wieder annähen müssen, wie Prof. Kußmaul in seinen Erinnerungen berichtete? Das konnte ihm natürlich nur gelingen, wenn nicht eine der bei den Studenten in Mode geratenen deutschen Doggen, die sich an dem vergossenen Blut auf dem Paukboden gütlich taten, das Körperteil vor ihm geschnappt hatte. Wir finden beide Szenen auch als häufiges Karikaturthema wieder. Mark Twain beschrieb in seinem *Deutschen Studentenduell,* wie

112 Feodor Czabran, 1906.
„Weg da, Tyras! Frühschoppen ist nachher!"

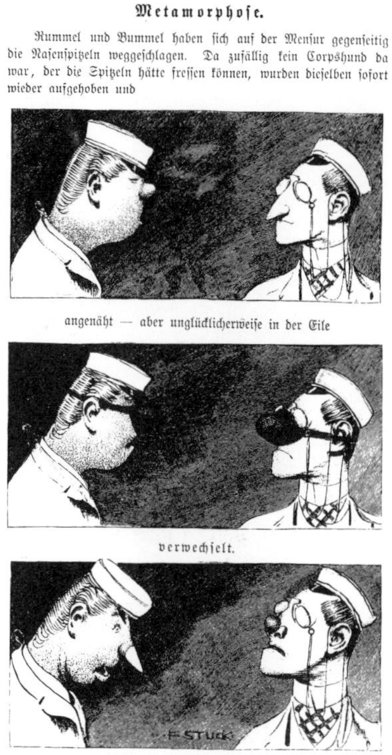

113 Franz von Stuck, 1891.

114 Rudolf Wilke: *Ein anderer Wind. Ja, alter Leibfuchs, was waren wir einmal für schneidige Korpsburschen! Und jetzt sind unsere Söhne bei einer katholischen Blase! Sie wollen eben auch Karriere machen.* 1904.

Auf die Mensur!

Mit obiger Zeichnung von A. Schmidhammer

(Im bayrischen „Vaterland" tritt ein geistlicher Herr lebhaft dafür ein, daß die katholischen Studentenverbindungen Mensuren schlagen sollen.)

Der Kooperator Münsterer,
Das ist einmal ein schneid'ger Herr!
Er meint sogar, es würde nur
Durch die Erlaubniß der Mensur
Der christkatholische Student
Erst fix und fertig und patent.
Und wird dann wieder hundsgemein
Verhöhnt ein heiliger Verein,
Dann fliegen, statt der früh'ren Sitten,
Nur so umher die PP-Suiten, —

Wenn auch im Korbe liegt alsdann
Als Märtyrer der letzte Mann!
Und, meint Koprator Münsterer,
Empfehlen würd' es sich gar sehr,
Konfessionelle Streitigkeiten
Dem Schläger stets zu unterbreiten.
Sitzt eine christkathol'sche Quarte
Dann in der lutherischen Schwarte,
Dann ist bewiesen bis aufs Haar,
Daß Luther nur ein Schweinpelz war,

Das Zentrum deutsch ist und so
weiter —
Ich glaube selbst, so wär's gescheiter,
Doch glaub ich auch, so kommt es kaum,
'S ist alles nur ein schöner Traum,
Es zieht der heilige Student,
Wenn noch so schneidig und patent,
Vor, wie bisher, ihr werdet's sehn,
Am Paukboden — vorbeizugehn.

Kilian

115 Arpad Schmidhammer, 1906.

er schaudernd zusah, als einem der Paukanten »die Nase aus dem Gesicht gehauen wurde«. Mit Erstaunen konstatierte er: »Offenbar sind die jungen Leute im höchsten Grade stolz auf ihre Schmisse, denn man begegnet ihnen überall in frisch verbundenem Zustand, unbekümmert um die Folgen für ihre Gesundheit. Sollen doch manche unvernünftig genug sein, ihre Schmisse im Gesicht von Zeit zu Zeit wieder aufzureißen und mit Rotwein einzureiben, damit dieselben schlecht heilen und eine möglichst sichtbare Narbe hinterlassen!«
Den katholischen Verbindungsstudenten, die sich 1867 zum *Cartell-Verband* (CV) zusammengeschlossen hatten, blieb die Paukerei ab 1890 verwehrt: die Kirche erklärte die Mensur zur Sünde.

Du Schwert an meiner Rechten,
hab keine Angst, wir wollen nicht fechten,

hieß der Spottreim über die Verbindungen, die zwar Waffen trugen, sie aber nicht benutzten. Das Duellverbot sorgte für neues Spottmaterial über die »konfessionellen Couleurs«, jedoch nicht für den Untergang des CV. Schon 1904 beklagte sich die Aachener Studentenschaft: »Die katholischen Korporationen treiben Zentrumspolitik, sie vermehren sich wie die Kaninchen und bedrohen unsere Existenz.« Von den über 40 000 korporierten Studenten und ihren 170 000 Alten Herren mit den wichtigen Beziehungen zu guten Positionen gehörten im Jahre 1980 (!) etwa 33 000 dem CV an. Zufall schrieb sich nicht nur früher oft mit C und V.

Die Wirkung der ästhetischen Studien auf das Leben.

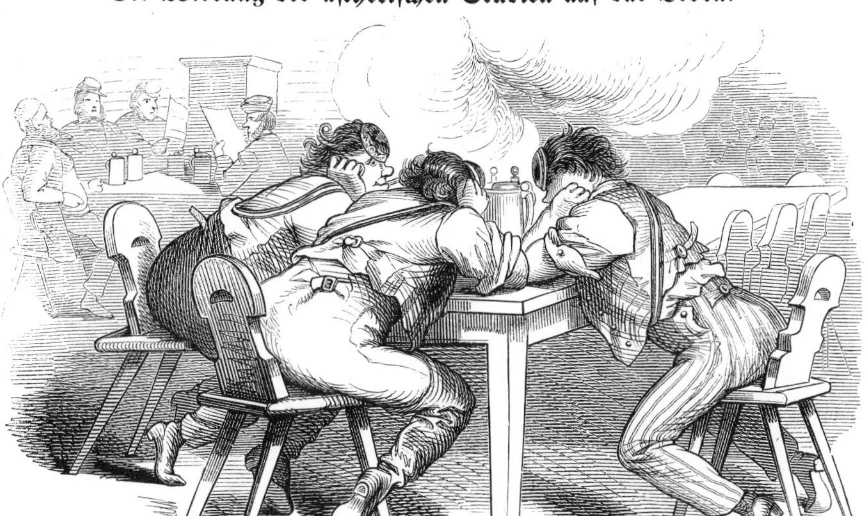

Erster Bursch: „Studirst Du 'was, Fuchs?" — Fuchs: „Ja! Aesthetik und griechische Formenlehre." — Erster Bursch: „Famos! Das wär' auch mein Lieblingsstudium." — Zweiter Bursch: „Das mein' ich auch, denn der Schönheitssinn wird dadurch ungeheuer ausgebildet."

116 Anonymer Holzstich, 1863.

Der Philister im Bierglas

Nach der Mensur war Kleiderwechsel: zu Festen und Feiern ging es mit Schärpe, Pescheke, weißen Lederhosen, Kanonenstiefeln und Barett oder Zerevis auf dem Kopf; zum Renommierbummel legte man den »Vollwichs« wieder ab und machte sich mit Vatermörder und gestärkter Hemdbrust gesellschaftsfähig, wobei — und dies besonders in Berlin mit seinen über 200 Verbindungen, die jede ihre eigenen Farben, Wappen, Zirkel (jene schwungvoll verschlungenen Buchstaben) und Kneipen hatte — auch das Monokel nicht fehlen durfte, das vorschriftsmäßig nur bei Gesprächen mit Adel oder Militär im rechten Auge getragen wurde.

Den Eindruck, den die Korporierten vor allem nach Besuch von Kneipe und Kommers bei einem »klingenscheuen« Nichtverbindungsstudenten hinterließen, schilderte der *Vorwärts* 1892: »Die Rohheit und Rauflust der Corpsburschen paart sich mit einer Aufgeblasenheit und Einbildung, die ihres Gleichen suchen und die einen neuen Beweis für den engbegrenzten Horizont der Herrchen abgeben. Wer hat diese nicht schon durch die Straßen der Universitätsstädte stolzieren sehen, jene schneidigen Jünger der Wissen-

117 Bruno Paul: *Am Ziel. Ich glaube, ich habe bald ausstudiert. Ich werde von nichts mehr besoffen.* 1901.

118 Adolf Oberländer, 1884.

119 Edmund Harburger, 1894.
Starke Einbildung. „Was machen Sie denn da?“ – „Ich geh' heim!“

120 Max Hagen: *Leibbursch, steh auf, der Geldbriefträger ist da!* 1899.

schaft mit ihren bis in den Nacken gescheitelten und mit einigen Büchsen Pomade vollgeschmierten Haaren, ihren hochgetragenen bekneiferten Nasen, ihren feingedrehten Schnurrbärten, ihren enganliegenden Höschen, kurzen Jäckchen und spitzen Schuhen, ihren aufgedunsenen bornierten Gesichtern und ihren feinen Rohrstöckchen oder dicken Knüppeln, mit denen sie nachts, wenn sie aus ihren Kneipen kommen, wo sie ihrer geistigen Zurechnungsfähigkeit vollständig verlustig gegangen sind, die Laternen einschlagen, die friedlichen Bürger belästigen und die Nachtwächter durchprügeln?«

Auf den Kneipen und Verbindungshäusern, von denen die meisten um 1900 mit den Geldern der wohlsituierten Alten Herren und zwar vorzugsweise in romantischer Hanglage gebaut wurden, waren den Burschen die Trinksitten genauestens vorgeschrieben. Man trank *Schmollis,* wenn man sich die Duzfreundschaft anbot, durchbohrte beim *Landesvater* einander die Hüte, rieb beim *Salamander* geräuschvoll die Gläser auf dem Tisch und trank auf Kommando, wobei diese letztere Sitte einmal um 1840 als *Pereat* für den Universitätsrichter von Salomon in Bonn entstanden sein soll und nun zur Ehren einer Person getrunken wurde.

121 Rudolf Wilke, *Ferienarbeit. Was hast du denn die ganzen Ferien getrieben? – Ich habe meinem Papagei das Rülpsen beigebracht.* 1906.

122 Rudolf Wilke, *Laßt uns den Verstand versaufen,*
Wozu nützt uns der Verstand?! 1906.

123 Bruno Paul, 1897. *Chorus*

124 Theodor Grätz, 1893.

In Heidelberg mit Sums und Braus
Bricht oft ein Salamander aus,
Damit Herr Studio dann und wann
Durch Reiben ihn besänftigen kann.,

dichtete ein Anonymus in den *Fliegenden Blättern* von 1902. Silentium! Ad exercitium salamandris! Nicht ganz so wohlwollend faßte Adolf Ey, selbst ehemaliger Burschenschafter, das vorschriftsmäßige Gebaren des wilhelminischen Verbindungsstudenten in der *Jugend* von 1908 in ein sati(e)risches Gedicht:

Weit öffnen sich der Hochschul' Tore,
Und Mulus weiß nicht wie und wo,
Da faßt ihn bei dem langen Ohre

125 L. Theuerkorn, 1902.

Rechtzeitig Bruder Studio;
Und eh er sich nur kann erholen,
Steckt er in bunter Liverey,
Haut um sich, sauft, wie's ihm befohlen,
Und wiehert stolz: Der Bursch ist frei!

Selbstironie nach der Goethe-Weisheit: »Wer sich nicht selbst zum Besten halten kann, gehörte nimmer zu den Besten«? Gestatte mir Hochachtungsschluck!
Die meisten nahmen ihr Geschäft bierernst. Selbst ein wohlgesonnener Hochschulhistoriker wie Prof. Dr. Paul Ssymank, Verfasser der bisher einzigen Geschichte der Studentenkarikatur (s. Lit.verz.), Begründer des Instituts für Hochschulgeschichte, sah eine große »Sinnlosigkeit« im exzessiven Alkoholkonsum um 1900 und erkannte in den Karikaturen auf die betrunkenen »Musensöhne« ein »sehr wenig erfreuliches, unheimliches Krankheitsbild.« Schon seit 1815 war im *Bier-Comment* des Heidelberger SC festgelegt, wer wann wieviel trinken mußte. Dort war auch genau die Bedeutung von *Bierstaat, Bierverschiß* oder *Bierskandal* niedergeschrieben: »Wirft einer

Ein Unikum.

„Du, Vater, da ist ein Student, der ein Glas Milch verlangt!" — „Wo ist er? Den muß ich mir anschau'n!"

126 Walter Caspari, 1906.

beim Bier-Scandal ein Glas um, so ist er eo ipso angeschissen, außer wenn er noch aufstellen kann, ehe sein Gegner fertig ist. Das nämliche gilt, wenn er einen Philister im Glase läßt. Philister ist, wenn Bier den Boden des Glases bedeckt.« Hier wurde also der Erbfeind des Studenten einfach verschluckt, auf daß er keine weitere seiner noch ausstehenden Rechnungen mehr präsentieren konnte. Die feinen Sitten gingen an das Portemonnaie. Friedrich August, König von Sachsen, hatte 1909 schließlich für den gehobenen Lebensstil plädiert: »Ein Student, der bloß Himbeerlimonade trinkt, das ist kein rechter Student.« Einige

Verzweifelter Schritt.

Student: „Alles hab' ich versetzt, alle Mittel sind erschöpft, — ich bin zum Äußersten entschlossen! Komm', mein letzter Freund, erweise mir den letzten Dienst und — geh' auch Du in's Leihamt!"

127 Anonymer Holzstich, 1882.

Beim Einzug.

„Heda . . . Achtung . . . meine Sachen kommen hinauf!"

128 Anonym, 1905.

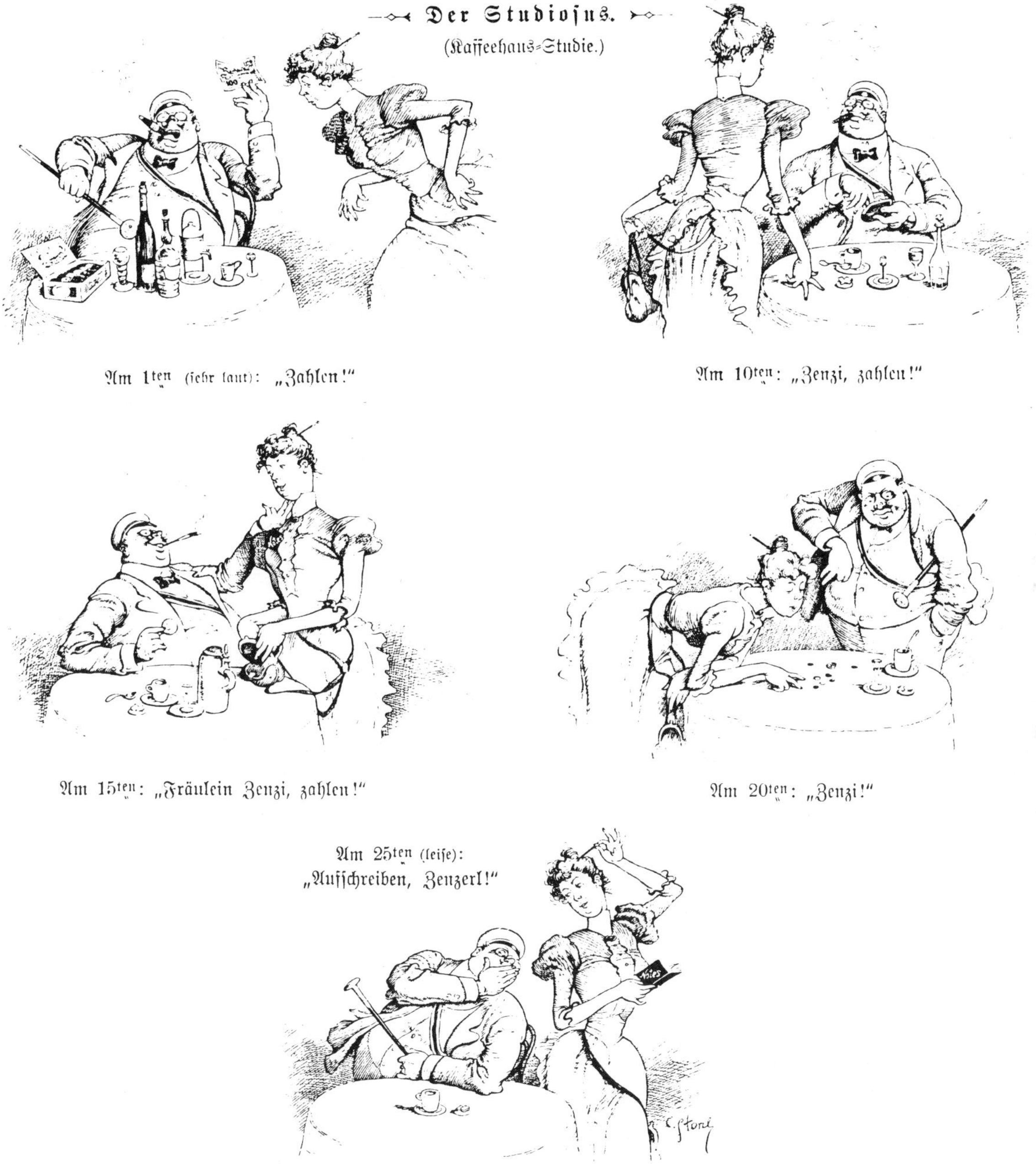

129 C. Stone, 1906.

vornehme Corps hielten es schon gar nicht mehr für nötig, das als *Mulus* ankommende Erstsemester am Bahnhof für die eigene Verbindung zu »keilen«, bevor dies die Konkurrenz tat. Ohne Empfehlung ging da nichts, sonst hätte man sich womöglich noch jemanden mit mangelhaften Vermögensverhältnissen geholt.
Trotz bürgerlicher Abstammung der meisten war die Geldnot der ständige Begleiter des Studio, der alles zum Pfandleiher trug, womit sich Geld machen ließ, wenn man den Karikaturen Glauben schenken will. Einer Zeichnung der *Fliegenden Blätter* zufolge ließ sich ein Student bei seinem Umzug von der Zimmerwirtin seinen Geldbeutel herunterwerfen, wobei ihm aber zu allem Malheur auch noch diese einzige Habe mangels

Die kostbare Bibliothek.

„Also das ist Deine für mich so kostbare Bibliothek?! natürlich ist da auch die Deines Herrn Stubenburschen dabei."

130 Anonymer Holzstich, 1853.

Der sparsame Studiosus.

„. . . Erlaub'n Se mer, Herr Studiosus, wenn mer nicht kann beßahlen, muß mer sich ebbes einschränken!"
„Thu' ich auch — hab' seit einem halben Jahr keine Rechnung mehr bezahlt!"

131 Edmund Harburger, 1890.

132 Theodor Grätz, 1900.

Gewicht davonflatterte. So mancher Vater staunte bei seinem Besuch nicht schlecht, wie wenig Bücher die von ihm finanzierte Bibliothek tatsächlich umfaßte. Wie die *Fliegenden* in einer anderen Karikatur berichteten, gab es 1880 in Jena einen Volksauflauf, weil ein exotisches Exemplar von Student ganze 10 Mark — auf die Sparkasse trug! Die Spottblätter hatten ihre Standardnamen für die immer wieder auftauchenden Bummelstudenten: *Süffel, Bummel* oder *Spund* — die entsprechende Figur des *Kladderadatsch* z. B. hieß *August Biermörder, studiosus cerevisiae,* oder kurz *stud. cer.*

Sollte es ausnahmsweise einmal vorkommen, daß er einem der vielen »Manichäer« die Rechnung endlich bezahlte, so geschah dies nicht selten noch mit begleitender Schikane. In Jena zwang ein Student 1880 seinen Schneidermeister, folgende Quittung zu unterschreiben: »Für ein paar extrafeine Sonntagshosen, welche ich für den Herrn Candidaten X angefertigt habe, empfing ich soeben mit vielem Danke den Preis von 24 Mark, obgleich ich dieselben hätte billiger herstellen können.«

Die akademische Gerichtsbarkeit war seit 1878 zwar aufgehoben, doch für leichtere Vergehen, etwa unter Alkoholeinfluß, noch zuständig, so daß der Karzer bis 1914 zur Verwendung kam. Was der Herrlichkeit keinen Abbruch tat, durften die Inhaftierten doch die Vorlesungen besuchen, Visiten empfangen und von Gasthäusern verpflegt werden, wie z. B. in Heidelberg, wo einer um 1900 mit der Kerze dem Spruch an die Wand rußte: »Es ist zwar alles da, muß aber warm consumirt werden, da der Sektkühler fehlt.« Dementsprechend fidel waren die karg eingerichteten, aber während der »Haftzeit« phantasievoll

133 Anonyme Lithographie, 1865.

ausgemalten Räume des Heidelberger Karzers benannt: *Grand Hotel, Palais Royal* und *Sanssouci* hießen die Zellen, *Thronsaal* die Toilette. Heine hatte sich auf der *Harzreise* diebisch gefreut, als er einem ignoranten Wanderer das *Hotel de Brühbach* in Göttingen als erstes Haus am Platz empfehlen konnte.

So manch ungezählter Studentenulk wurde von der privilegierten Schicht der Akademiker in spe noch getrieben, die sich einer sorglosen Zukunft gewiß sein konnten, zumal wenn sie sich rechtzeitig der Protektion eines Alten Herren versichert hatten. »Man schluckte: und da hatte man es schon zu etwas gebracht . . . hatte sein Examen so gut wie bestanden«, beschrieb die Hauptfigur in Heinrich Manns *Untertan,* der Korpsstudent Diederich Heßling, die Erwartungen an die »Verbindung«. Deren Alte Herren konnten nämlich unter Umständen auch noch bei der letzten und schwierigsten Hürde auf dem Weg ins Philisterleben helfen — dem Examen.

Im Examen fragen Narren, worauf Weise keine Antwort wissen. *(Oscar Wilde)*

134 Anonymer Holzstich, 1882.

135 Anonymer Holzstich, 1872.

Lasciate ogni speranza Voi che entrate — »Beim Eintritt hier laßt alle Hoffnung fahren«, steht, noch heute sichtbar, der im 16. Jahrhundert angebrachte Anfangsvers zum *Inferno* in Dantes *Göttlicher Komödie* über dem Prüfungszimmer der Universität Leiden. Bereits im 13. Jahrhundert hatte Robert de Sorbon die Prüfungen mit dem Jüngsten Gericht verglichen, mit dem Unterschied, daß die akademischen Richter wesentlich gestrenger als die himmlischen seien. Und noch das *Burschicose Wörterbuch* von 1846 vermerkte unter dem Stichwort »Examen«: »die Höllenprobe«, oder »das Fegefeuer, durch welches die versoffenen Geister der Musensöhne in das Paradies der Versorgung wandern.« Aber auch: »die Hirnentzündung vor dem Durchfall.«

136 Eduard Thöny: *Referendar-Examen. »Sie haben das Examen bestanden, Herr Kandidat. Ihre schriftliche Arbeit war leider nicht ausreichend, Ihr mündliches Examen war auch nicht genügend. Wir glaubten jedoch kompensieren zu können. Grüßen Sie, bitte, Ihren Herrn Papa!«* 1908.

Stoßseufzer.

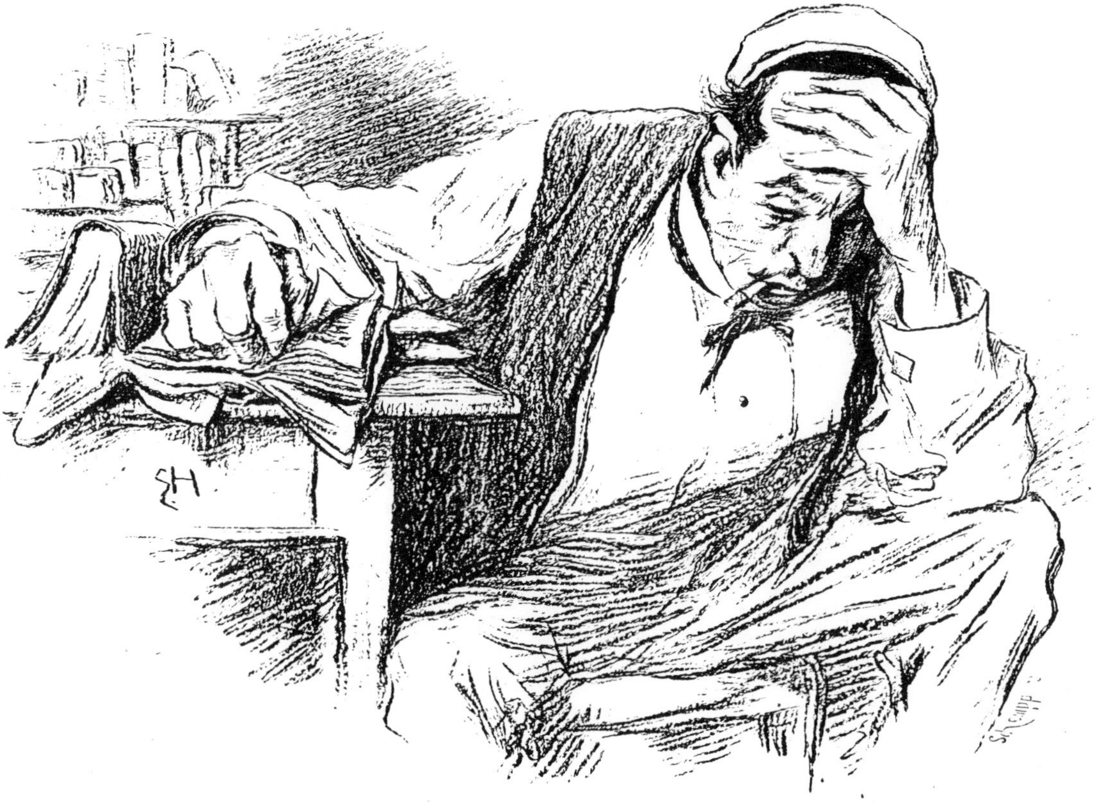

„Ach das Examen — das ist eine Prüfung!“

137 Edmund Harburger, 1904.

Professor: „Herr Candidat, thun Sie doch Ihren Cylinder unter dem Stuhl herauf; wenn Sie durchfallen, ist ja der schöne Hut auch noch caput!“

138 Anonym, 1881.

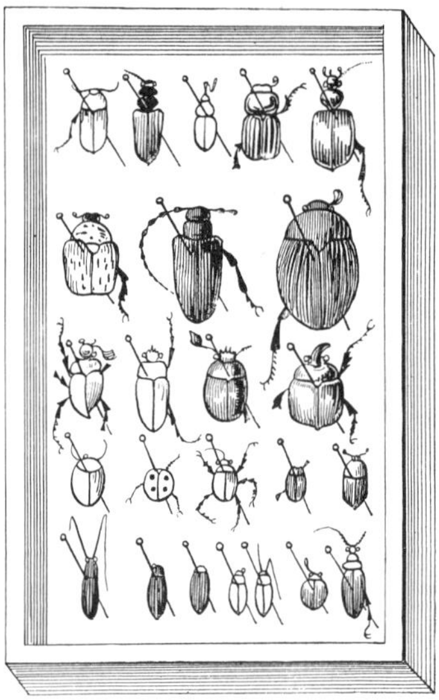

139 Anonymer Holzstich, 1888.

In der Tat haben neuere Untersuchungen ergeben, daß weiche Knie, Erhöhung des Blutdrucks, verstärkte Adrenalinausschüttung, Verlust des geistigen Überblicks und Störungen der Magen-Darmfunktionen und der Muskelkontraktion zu den Begleiterscheinungen gehören, die so manche Prüfung in die Hose gehen lassen. Über Sinn und Unsinn der Hochschulprüfungen sind schon ganze wissenschaftliche Abhandlungen geschrieben worden. Eingerichtet wurden sie, weil in der Welt des Mittelalters auch andere Gilden Aufnahmerituale durchführten und sich die *universitas* der fixierten Ständeordnung anpassen mußte, indem sie eigene Initiationsriten schuf: die Beherrschung der lateinischen Sprache, die Disputation, die Verleihung von Insignien wie Talar, Schulterkragen, Doktorhut und Doktorring, die die Gelehrten zu Edelmännern machten.

Mit den hohen Kosten für den Doktorschmaus hielten sich die karg dotierten Professoren nicht solvente Kandidaten stets vom Leibe. Im 16., 17. und 18. Jahrhundert gerieten die Prüfungen auf den fürstlichen Landesuniversitäten oft genug allein deshalb zur Farce, weil die Promotionsfeiern (lat. *promotio,* Aufstieg) in der Hauptsache in repräsentativer Weise zelebriert werden sollten und daher derjenige, der genügend Prüfungsgebühren zahlte, auch durchkam. Zur Not sogar, wenn er selbst nur durch Abwesenheit glänzte. Ein Kritiker schrieb: »Wo einer ein Jahr oder zehen auf Universitäten gefressen oder gesoffen . . ., so wendet er seines Vaters letzten sauren Schweiß daran, und kauft einen Magister, einen Licentiaten, einen Doctor dafür.« So ließe sich dann »aus Eseln Doctores machen.« Das legt die Vermutung nahe, die Höhe der Gebühr und das Ausmaß der Prüfungsangst könnten in einem reziproken Verhältnis gestanden haben.

Je größer indessen der Bedarf an geschultem Verwaltungspersonal wurde, desto mehr machten die neben den internen Prüfungen eingeführten Staatsexamina der professoralen Bestechlichkeit ein Ende. In Preußen wurden sie im ausgehenden 18. Jahrhundert, und zwar vor allem für Juristen

Der gefährliche Candidat.

Commissär: „Sie werden zu der Prüfung nicht zugelassen!"
Candidat: „Und warum nicht?"
Comm.: „Weil Sie denunzirt sind, auf der Universität ein solches Leben geführt zu haben, das Sie durchaus unwürdig macht, jemals in den geistlichen Stand aufgenommen zu werden." —
Cand.: Das hab' ich nicht erwartet; ich sage Ihnen aber auch, daß diese Abweisung Manchem das Leben kosten kann."
Comm.: „Was soll diese Drohung bedeuten? Was wollen Sie damit sagen?"
Cand.: „Nun so wissen Sie: ich studire jetzt Medizin."

140 Anonymer Holzstich, 1856.

eingeführt. Aber auch hier sicherte man sich gegen unvermögende Bewerber ab, indem man ein unentgeltliches Referendariat schuf.
An die Stelle der mündlichen Disputation über die Thesen des Kandidaten traten zur Zeit des Absolutismus auch die schriftlichen Thesen — im englischen und französischen Sprachgebrauch heißt unsere damals entstandene »Dissertation« (lat. *dissertatio,* Erörterung) noch heute »thesis« bzw. »thèse«. Im Jahr 1701 bewies ein Student in Jena, wie skurril der schriftlich untersuchte Gegenstand sein konnte: er erlangte die juristische Doktorwürde über die studentische Unsitte des Fenstereinwerfens — *De excussione fenestrarum.*
Die Gewalttätigkeit der Studenten hatte bereits 1501 die Heidelberger Universität in der Examensordnung festlegen lassen, daß es verboten sei, lange Messer in die Prüfung mitzubringen. Mancherorts ließ man sich eidlich vom Prüfling versichern, daß er bei Nichtbestehen von einer Rache Abstand nehmen würde. Der anonyme Holzstich von 1856 zeigt, wie wenig sich dieser Professorenwunsch gelegentlich durchsetzen konnte. Die meisten der Karikaturen auf das Examen, dessen Mangel an Validität, Reliabilität und Objektivität inzwischen nachgewiesen ist, entstanden in der Blütezeit der satirischen Zeitschriften des ausgehenden 19. Jahrhunderts. Ihre Witztechnik ist einfach: da verkehrt sich die Intelligenz, die man eigentlich erwarten könnte, in ihr Gegenteil, ob nun auf der Seite des Prüfers oder des Kandidaten, dem dann nicht selten Protektion zum Erfolg verhilft. Da schlägt die Angst ins Lächerliche um, vor allem, wenn die Dummheit des Prüflings dies berechtigt. Die schlauesten Prüfungen scheinen die zu sein, in denen sophistische Wortverdrehungen ungeahnte Wendungen ermöglichen und die Absurdität der Szene unterstreichen, wie z. B. in den *Fliegenden Blättern* von 1884: »Was ist Betrug?« — »Betrug ist, wenn Sie mich durch das Examen fallen lassen!« — »Wieso?« — »Weil sich nach dem Strafgesetzbuch derjenige eines Betrugs schuldig macht, welcher die Unwissenheit eines anderen benützt, um diesen zu schädigen!«

141 Hans Glaser, Holzschnitt, um 1550.
Allegorie des Weisen, der im Alter zum Kind wird und in einem Laufstuhl Gehversuche macht. Sanduhr und Totenschädel, die traditionellen memento-mori-Symbole, zeigen, daß seine Zeit abgelaufen ist und er geradewegs auf sein Grab zuläuft.

Der zerstreute Herr Professor

Wer genau hinschaut und sich dabei gegebenenfalls noch die Brille zurechtrückt, entdeckt sehr rasch, was den in diesem Buch abgebildeten Gelehrten gemeinsam ist: das von zu vielem Lesen und Studieren verdorbene Augenlicht. Dieses erst macht die Professoren zu ihresgleichen und zwingt sie zur Benutzung eines optischen Hilfsmittels – der Brille. Sie ist das Erkennungszeichen, und wenn ein Professor in einem der Bilder gerade keine Brille aufhat, hat er sie bestimmt nur für den Moment verlegt. Sie ist ja auch schon seit ihrer Erfindung im Mittelalter insofern ein hilfreiches Instrument für die Zerstreuten, als sie sich schützend zwischen Träger und Gegenüber schiebt und die eigene Welt noch besser abschirmt. Und ihre Abwesenheit ist darüber hinaus von noch größerem Nutzen, weil sie einen so vortrefflich indisponiert sein läßt.
Was sich hinter dem Spott auf die Bücherwürmer mit den geschliffenen Gläsern verbirgt, ist aber nicht nur deren so oft belächelte Weltfremdheit, sondern mehr noch geringschätziges Mitleid mit denjenigen, die sich für ihre geistige Arbeit aufopferten und dafür nicht einmal entsprechend belohnt wurden. Über die acht Stunden Lehrverpflichtung, die ein Hochschulprofessor heute im Durchschnitt hat, wäre man in früheren Jahrhunderten überglücklich gewesen. Kant mußte im 18. Jahrhundert noch 20–24 Stunden pro Woche auf einem schlechtbesoldeten Lehrstuhl lesen, und die »reine Ideé der Wissenschaft« setzte sich erst nach 1800 unter Humboldts Einfluß durch. Ob der geahnt hat, daß er mit seinen Vorstellungen vom in »Einsamkeit und Freiheit« forschen-

142 Hans Frank, Holzschnitt, 1518. Der beschäftigte Gelehrte läßt sich weder vom Geschrei der Kinder noch durch die Buhlerei seines Weibes stören.

den Gelehrten die Spitze des Elfenbeinturmes ganz in den Wolken verschwinden lassen würde? Seither jedenfalls kamen die Spottbilder auf die in höheren Regionen schwebenden Professoren immer mehr in Mode, wozu natürlich das verbesserte Druck- und Pressewesen auch beitrug.
Umso schlimmer stand es um die, die schon im Mittelalter glaubten, sich der Hochschullaufbahn verschreiben zu müssen. Forschung stand noch nicht auf dem Programm; die reine Sachverwaltung christlicher Dogmen war vornehmste Aufgabe. Man war zwar in den rittermäßigen Stand erhoben und damit von Steuern, Militär- und Kleiderzwang befreit, doch in der Regel vom Gehalt der Kirche oder des Landesherren abhängig, das gerade für die Jüngeren oft genug zu niedrig ausfiel und zu Nebenverdiensten zwang. An den Hochschulen, wo Studiengebühren eingeführt waren, setzte ein solcher Wettbewerb um Studenten ein, daß, wie im Leipzig des 15. Jahrhunderts, zur Vermeidung von Streitigkeiten sogar Taxatoren eingesetzt werden mußten, die die Honorarfragen entschieden. Seit 1502 durfte dort während der gratis gelesenen, öffentlichen Lektionen auch kein Magister privatim unterrichten. Schließlich gab es um 1500 nur knapp 4000 Scholaren in deutschen Landen, pro Universität also etwa 300. Heidelberg soll 1526 sogar mehr Professoren als Studenten gehabt haben. Die Abhängigkeit der Lehrer von ihren Studenten gab den Ausschlag für die Bemerkung: »Die Universität kann nur Bemittelte gebrauchen«, so geschrieben im *manuale scholarum* aus dem gleichen Zeitraum. Ein armer Student hätte ja nicht einmal den Doktorschmaus bezahlen können, den er seinen — übrigens erst seit dem 15. Jahrhundert so benannten — Professoren für die Promotion schuldig war. Kostete doch allein die Prüfungsgebühr für Theologen schon das Jahreseinkommen eines Handarbeiters! Der Heidelberger Rektor sprach sich 1467 nicht von ungefähr gegen die Karzerstrafe aus, weil diese ja den Zulauf zu seiner Universität erheblich beeinträchtigt hätte.
Ein »Studentenproletariat« ließ man also möglichst gar nicht erst aufkommen. Man besserte lieber das eigene Gehalt auf, indem man Depositionsgebühren verlangte oder Studenten in Kost und Logie nahm. »Gastwirte« nannte der Historiker G. A. Craig dann auch die Professoren des 17. Jahrhunderts, die »zum jeweiligen Fachwissen noch Wein und Bier verkauften.« Als die Tischwirtschaft gegen Ende des 18. Jahrhunderts aufgehoben wurde, war die Abhängigkeit von den nunmehr Kolleggelder zahlenden Studenten nur noch größer. So kam es zu dieser Zeit auch zu den zahlreichen Erlassen »wider die Studirsucht unterer Classen«.
Finanzielle Beweggründe brachten 1802 den Göttinger Prorektor zu der Feststellung: »Selbst eine mäßige Zahl von fleißigen, untadeligen, aber armen Leuten sei ein großes Übel, während man den Herren von Stande sowohl Duell als Hasard-Spiel ihrer Erziehung gemäß erlauben müsse.« Man wollte einfach keine Studenten, die einen um Nachlaß oder Stundung angingen, sondern lieber solche, die es sich leisten konnten, die extra

143 Wilhelm Busch, um 1865.

144 C. E. D.(?), Holzstich, 1846.

honorierten *Privatissima,* nichtöffentliche Lesungen für einen kleinen Kreis, zu besuchen.
Die Professoren wurden nicht selten zum Spielball studentischer Launen. In Halle kam einmal der Senior einer Verbindung mit einem Fuchs zum halbtauben Professor Hoffbauer, donnerte zuerst mit den Kanonenstiefeln gegen die Tür, klopfte nach dem Eintreten dem erstaunten Gelehrten kräftig auf die Schulter und rief: »Prosit, altes Haus, hier ist ein junges Hühnchen, das du rupfen sollst!« Lichtenberg klagte 1775 in seinen *Sudelbüchern*: »Was ist denn ein deutscher Gelehrter? Nichts, gelbe winddürre Seelen-Gehäuse, deren Westen mehr Falten schlagen als andrer Leute ihre Mäntel. Gliedermänner, nach denen man zeichnen und die man herumzerren kann, wie man will.« Ernst August, König von Hannover, unterstrich dies 1838 während der Affäre um die »Göttinger Sieben« mit der Bemerkung: »Professoren, Huren und Ballettänzerinnen kann man überall für Geld haben.« Er stand damit in bester Tradition der Landesfürsten des 18. Jahrhunderts, die Akademien auflösten und Professoren als Hofnarren verwendeten, wodurch diese finanziell allerdings nur gewinnen konnten. Friedrich Wilhelm I. beispielsweise verhöhnte die Professoren der Universität Frankfurt a. O., indem er sie zwang, in Narrenkostümen über das Thema *Gelehrte sind Salbader und Narren* zu disputieren.

145 G. Bott, Holzstich, um 1850.

146 Ferdinand Unger. Bilderbogen in Holzstichtechnik nach 1874, nach Zeichnungen von 1850.

Es kann also kein Zufall gewesen sein, daß im Parlament von 1848 so viele politisierte Professoren saßen, deren Spottbilder ebenfalls weiter vorn behandelt worden sind. Nachdem die Revolution jedoch gescheitert und wenig Dauerhaftes geblieben war, zog man sich wohl oder übel »aus der politischen Arena in die Welt der Gelehrsamkeit« (Craig) zurück – die Humboldtsche Idealvorstellung des vergeistigten Professors auf dem »Leuchtthurm der Wissenschaft« begann mit 50jähriger Verspätung seine Wirkung zu zeigen. Seine Rolle wurde jedoch würdiger, als gegen Mitte des 19. Jahrhunderts die Studentenzahlen allmählich zunahmen (von etwa 7000 im Jahr 1800 über 16 000 um 1830 bis 29 000 im Jahr 1890), und der einzelne Student von nicht mehr so großer Wichtigkeit war. Dadurch gewann auch der Privatdozent an Ansehen und Prestige, der seinen Beruf aus reiner Wissenschaftsliebe betrieb. Die Privatdozentur war für jüngere Hochschullehrer vorgesehen, die, ohne festes Gehalt, ausschließlich von den Kolleggeldern ihrer begreiflicherweise wenigen Hörer bezahlt wurden, um sich zu einer Professur zu qualifizieren.

Der Privatdozent.

„Wie gesagt, Herr Kollege, nur über unsere Elsa geht der Weg zur Professur.“

147 Gino von Finetti, 1905.

Professor (zu seiner alten Köchin): „Sie sind heute 25 Jahre in meinen Diensten, Regina. Zur Belohnung für Ihre Treue habe ich die kürzlich von mir entdeckte neue Wanze nach Ihnen benannt!“

148 Hans Stockmann: Anerkennung, 1908.

Haussuchung. Professor Meyer: „Sie sind zwar im Irrtum, der Anarchisten-Meyer wohnt nebenan — aber seien Sie herzlich willkommen, vielleicht finden Sie meine Brille!“

149 Käthe Olshausen-Schönberger, 1920.

150 Mauder: *Dieser Mann hat die fixe Idee, er könne nicht sterben. Nun, meine Herren, unsere Aufgabe hier in der Klinik wird es sein, ihn vom Gegenteil zu überzeugen.* 1923.

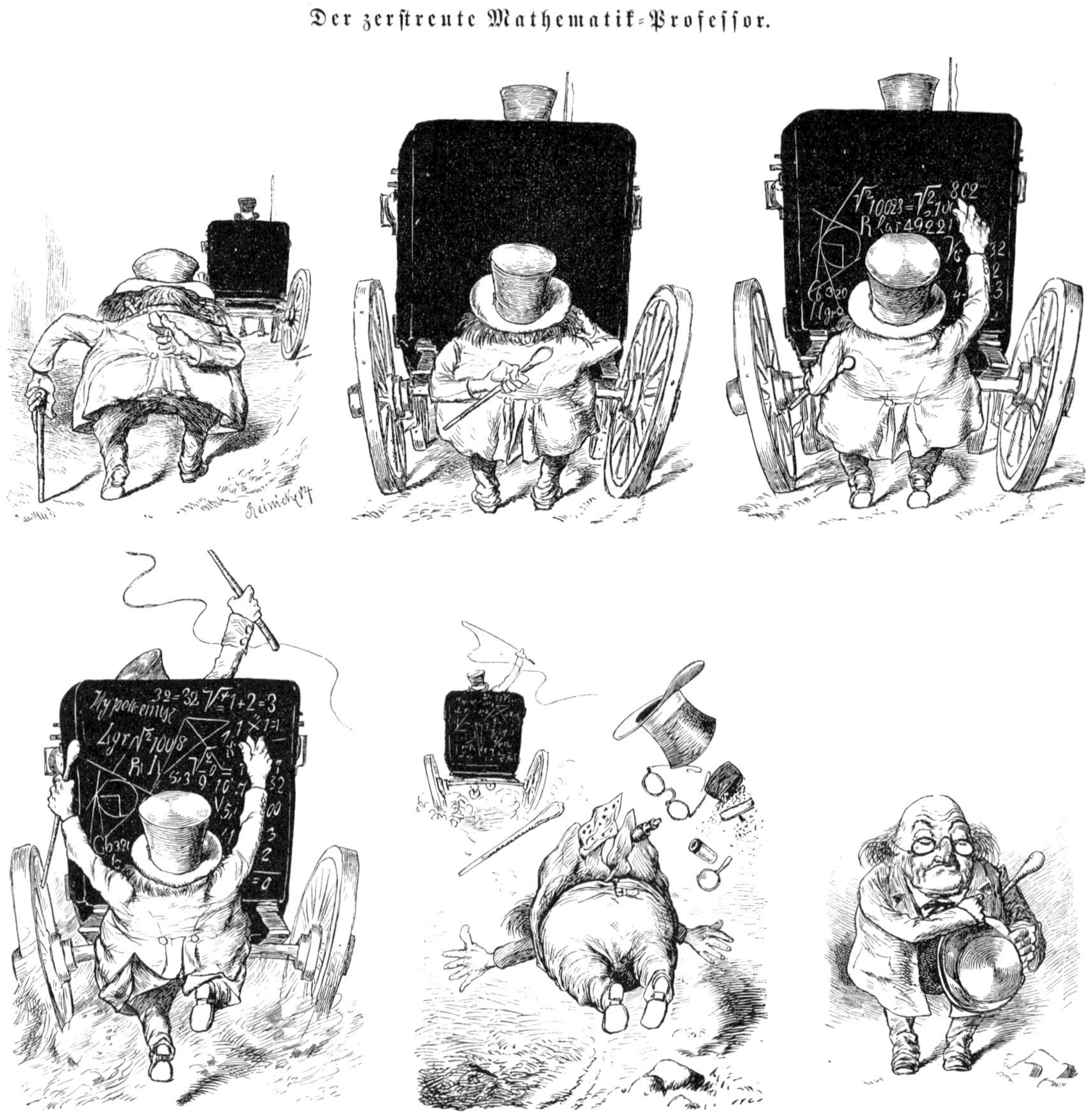

151 Emil Reinicke, 1884.

Doch mußten sie dazu ab 1900 noch einen Vermögensnachweis erbringen, und das bei ohnehin schon schlecht dotierten Ordinariaten! Obendrein wurden die Privatdozenten 1898 in Preußen per Gesetz zu Staatsbeamten erklärt, was ihre Freiheit noch mehr einschränkte und der staatlichen Disziplinargewalt noch größeren Einfluß einräumte. Kaiser Wilhelm II. hatte nämlich 1897 unmißverständlich verlauten lassen: »Ich dulde keine Sozialisten unter meinen Beamten, also auch nicht unter den Lehrern unserer Jugend an der Königlichen Hochschule Berlin.« Im *Wahren Jacob,* der SPD-nahen Karikaturzeitschrift, stand schon 1895 das Gedicht *Die deutschen Professoren:*

Hochkritisch wird jetzt unsere Zeit,
Die Freiheit geht verloren;
Man fragt: Sind denn nicht hilfsbereit
Die Herren Professoren?

Der Herr Professor Duckedich
Wär' Hofrath gern geworden,
Und läuft er jetzo wider'n Strich
Entgeht ihm auch ein Orden . . .

Drum gebt Euch so viel Müh' nicht heut
Mit diesen Professoren;
Mit ihnen ist zu jeder Zeit
Das Vaterland verloren!

152 Rudolf Wilke, *Erst durch die Zusammensetzung des tetrastylen Tempels A plus dem pyknostylen Tempel B erfand der hellenische Geist jene herrliche Spirale, welche wir mit rg bezeichnen.* 1904.

Allen Unkenrufen zum Trotz kamen deutsche Professoren um 1900 zu Weltgeltung. Die späte Industrialisierung verlangte besonders nach naturwissenschaftlichen Innovativkräften, und so gingen aus der Berliner Friedrich-Wilhelms-Universität bis 1914 insgesamt 14 Nobelpreisträger hervor.

Die Blütezeit der Gelehrtenkarikatur ist trotz vereinzelter früher Vorläufer im Zeitraum vor und um 1900 anzusiedeln. Die Menge der Spottbilder wird spätestens dann unüberschaubar, wenn man in Betracht zieht, daß viele der akademischen Berufe, wie z. B. die der Advokaten, Theologen, Mediziner, Schulmeister und Lehrerweiber ebenfalls eine große Anzahl von Karikaturen gezeitigt haben. Da diese Zerrbilder bereits in einigen eigenständigen Monographien behandelt wurden, beschränken wir uns hier auf die allgemeiner ge-

153 Thomas Theodor Heine: *Endlich ist es mir gelungen, auf chemischem Wege einen Menschen herzustellen. Nun wollen wir aber mal ganz energisch gegen die Unsittlichkeit vorgehen!* 1897.

haltenen, unbekannteren Arbeiten, die bezüglich ihrer Aussagekraft allerdings in nichts nachstehen.
Die Zeit der Jahrhundertwende ist auch der Frühling der Kathederblüte. Ließ doch die *Jugend* von 1902 einen Professor über Sebastian Brants satirische Erzeugnisse stolpern: »Aus der Literatur des Mittelalters bleibt dann noch das Narrenschiff zu erwähnen, auf das ich noch kommen werde.« In dem Sammelband *Die lustige Alma mater* stand 1905 folgende *Kleine Verwechslung:* »Nachdem der Herr Professor mittelst der Uhr den Pulsschlag des Frosches beobachtet hat, wirft er seine neue goldene Ankeruhr in den Fluß und steckt den Frosch in die Westentasche.«
Die Karikatur wandte sich vom Beginn des 1. Weltkrieges bis zu den 1960er Jahren immer wieder neuen Prototypen des zerstreuten Profes-

154 A. Paul Weber: *Die Komplizen,* Lithographie, 1956.

soren zu: zuerst dem militant-nationalistischen, dann dem völkischen (oder seinem Feindbild, dem jüdischen), und zuletzt dem verstaubten Träger des Talars.

Die lächerlichen Auswirkungen der Humboldtschen Idee von der Freiheit der Wissenschaft lassen sich in den bösen Bildern des *Simplicissimus,* der *Lustigen* und der *Fliegenden Blätter* am besten beobachten. In diesen Karikaturen werden von besessenen Forschern auch schon unmenschliche Taten im Dienst der Wissenschaft begangen, beispielsweise der Homunkulus im Labor erzeugt. Sollte dies, auf neuere Verhältnisse übertragen, ein Hinweis darauf sein, daß die akademische Freiheit es nicht rechtfertigt, keinen inhaltlichen Unterschied mehr zwischen der Erfindung der Luftpumpe und der Atombombe zu machen?

Blaustrümpfe

Im Sinnbild der *alma mater*, der Nährmutter der Universität mit den ergiebigen Brüsten, und einigen Allegorien wie etwa der *Frau Grammatik* oder der *Philosophia* finden sich lange Zeit die einzigen Hinweise auf das weibliche Geschlecht an der Hochschule. Endgültig zum Studium zugelassen wurden Frauen erst zu Beginn unseres Jahrhunderts. Von den wenigen vor dieser Zeit immatrikulierten Frauen kann man nur als Ausnahmen sprechen.

Das hatte indes nichts mit ihren Leistungen zu tun. Unter den gelehrten Nonnen des 10. Jahrhunderts ragte Roswitha von Gandersheim heraus, die als erste deutsche Dichterin gilt. Die heilige Hildegard verfaßte im späten 12. Jahrhundert medizinische und wissenschaftliche Schriften, und die Äbtissin Herrad von Landsberg schrieb zur gleichen Zeit ein mittelalterliches Konversationslexikon, den *Hortus deliciarum* (*Lustgarten*). Im Italien der Renaissance predigte die Professorin Boulonnois Theologie; Magdalena Buonsignori und Novella d'Anrea wurden berühmte Rechtsgelehrtinnen ihrer Zeit. Doch der männliche Maßstab wurde ihnen zum Verhängnis: »Das Ruhmvollste, was damals von den großen Italienerinnen gesagt wird, ist, daß sie einen männlichen Geist, ein männliches Gemüt hätten« (Jakob Burckhardt).

Die Hexenprozesse im 16. Jahrhundert schreckten die Frauen von der »Gelahrtheit« ab, denn sie richteten sich auch und vor allem gegen heilkundige Ärztinnen. Daß die Kölnerin Anna Maria von Schürmann, die in sämtlichen Fakultäten bewandert war und fast ein Dutzend verschiedene Sprachen beherrschte, im 17. Jahrhundert in Utrecht dozieren konnte, machte sie zu Lebzeiten zur Legende. Auch die schlesische Astronomin Maria Cunitz, die 1650 mit *Urania Propitia* ihr Lebenswerk veröffentlichte, oder Karoline Herschel, die um 1800 neue Kometen entdeckte, erlangten europäischen Ruhm. Die Biologin Maria Sybilla, Tochter des Künstlers Merian, war im Amsterdam des ausgehenden 17. Jahrhunderts sogar staatlich stipendiert. Es gab weitere Ausnahmen, wie etwa jene zwei um 1650 in Ingolstadt immatrikulierten Frauen — die damit aber lediglich der akademischen Privilegien teilhaftig werden wollten —, oder Anna Maria Balthasar, die 1750 von der Universität Greifswald die Ehrendoktorwürde verliehen bekam. Doch wurden diese genauso wie Dorothea Erxleben geb. Leporin, die 1754 als erste Frau in Deutschland den medizinischen Doktortitel der Hallenser Universität erlangte, als »Wunder des Jahrhunderts« skeptisch beäugt und belacht.

An den deutschen Hochschulen herrschte das Patriarchat. Natur- und damit gottgewollt hatte selbstverständlich allein das starke Geschlecht die geistigen Voraussetzungen für wissenschaftliche Leistungen und scheute sich nicht, den »physiologischen Schwachsinn des Weibes« mit einem kleinen ausgebildeten Großhirn (wie noch 1872 der Anatom Prof. von Bischoff) oder anderen biologistischen Argumenten zu beweisen. Der Berliner Arzt Dr. Henius versuchte 1899 in der *Deutschen medizinischen Wochenschrift* den Betroffenen »mit rein fachlichen Überlegungen« nahezubringen, daß sie beim Studium »nervös, blutarm und kraftlos« würden und ihre Menstruation den Arztberuf unmöglich mache, da sie eine »gewisse Gefahr« für die Kranken mit sich bringe. Noch 1912, als mit Marie Elisabeth Lüders längst die erste Frau den Doktor in Staatswissenschaften *summa cum laude* abgelegt hatte, geiferte der Heidelberger Privatdozent Arnold Ruge über das Frauenstudium, da die Frau als Sexualwesen rein zweckhaft und dem »Geist der Universität ohne Zweck« nicht gewachsen sei, und er prophezeite »entweiblichte, entkörperte, bebrillte Frauen« in schlechten Kleidern.

Man sieht: der Frauen Körper war wichtiger als ihr Kopf. Da machen nicht einmal die fast ausschließlich männlichen Karikaturisten eine Ausnahme. So wurde der Begriff *Blaustrumpf*, der seine Entstehung im späten 18. Jahrhundert dem schöngeistigen Londoner Zirkel um die tatsächlich blaubestrumpfte Mrs. Stillingfleet verdankt, in ganz Europa zum Schreck- und Schimpfwort für die Frauen, die sich trotz ihrer nachweislich angeborenen Dummheit erdreisteten, als »Intelligenzbestien« aufzutreten und für eine höhere Bildung zu kämpfen. Denn nicht etwa der Staat ebnete die Wege, sondern die Selbsthilfe der Frauenvereine ließ die Höheren Mädchenschulen gegen Ende des 19. Jahrhunderts entstehen, die als vorbereitende Institutionen immer unabdinglicher wurden, allerdings erst 1896 aus den Gymnasialkursen Helene Langes die ersten sechs Abiturientinnen entließen — worüber sich das männliche Kollegium vor Lachen verbog.

So hieß es eben von den Studentinnen: die einen wollten sich nur einen Akademiker angeln, und

155 Honoré Daumier: *Die Vorsitzende schreit sich die Kehle aus dem Hals. Meine Damen! Sie verletzen ausdrücklich Artikel drei unserer Satzung . . . denjenigen, der besagt, daß nie mehr als fünf Akademikerinnen auf einmal reden dürfen! Ich ermahne Sie zur Ruhe . . . still jetzt! Da ich mit meiner Glocke machtlos bin, hebe ich die Sitzung auf und nehme meinen Hut! Werfen Sie doch ruhig Ihre Jakobinermützen vor die Hunde!*
Lithographie aus der Serie »Die Blaustrümpfe«, 1884.

die anderen studierten, weil sie zu häßlich waren, einen Ehemann zu kriegen. Das bis in die Gegenwart gängige Vorurteil hat sich wegen des früher tatsächlich existenten Mißverhältnisses zwischen heiratswilligen und glücklich im Hafen der Ehe gelandeten Frauen eingebürgert, waren doch 1867 in Bremen über die Hälfte der Frauen zwischen 16 und 50 Jahren unverheiratet, in Berlin von 1000 Frauen nur 533 unter der Haube, und noch um 1900 etwa 5 Millionen deutscher Frauen eines Mannes ledig. Unter diesen Umständen mußte es die Frauen zu qualifizierterer Ausbildung drängen, zumal die wachsende Industrialisierung die familiäre Arbeitswelt völlig umstrukturierte.
Und sie kämpften für dieses Recht, allen männlichen Widernissen zum Trotz. Das Revolutionsjahr 1848 hatte ihnen Mut gemacht. In Hamburg wurde 1850 die *Frauenhochschule* ins Leben gerufen, und Luise Otto-Peters gab die *Frauen-Zeitung* heraus. Um diesen Zeitraum traten auch die ersten Akademikerinnenkarikaturen auf, nachdem sich schon Jahrhunderte zuvor der Kampf um die Hosen als Bildklischee etabliert hatte.

Die Studentin.

156 Anonymer Holzstich, 1847.
Eine gar erschröckliche Zukunftsvision einer pfeifenrauchenden, waffentragenden Studentin vor einem Wirtshaus, der Brutstätte aller zwielichtigen Gestalten.

Coiffure à la Socrates,

auch eine Zukunfts-Errungenschaft für Damen der Wissenschaft und des Studiums.

157 Anonymer Holzstich, 1877.

Von der Zukunfts-Universität.

„Was ist denn dort für ein Höllenspektakel?" — „Studentinnen bringen einem Professor, anläßlich seiner Hochzeit, eine Katzenmusik, weil er keine von ihnen geheiratet hat!"

158 Theodor Grätz, 1910.

Mittel gegen Schwatzhaftigkeit.

Nimm 2 Streifen englisches Pflaster, befeuchte dieselben auf der gummirten Seite mit Eau de mille fleurs und klebe sie dann kreuzweise auf den betreffenden Rosenmund.

Ausgerechnet der ansonsten politisch progressive Meister der Lithographie, Honoré Daumier, widmete den Blaustrümpfen, die bei ihm nur Epigoninnen des schriftstellernden Mannweibs George Sand waren, ganze Serien frauenfeindlichen Inhalts. Auch die ersten Prophezeiungen einer schröcklichen, indes noch nicht wirklich existierenden Gelehrtinnenzunft entstanden. Diese warnenden Antizipationen beinhalten bereits das ganze methodische Spektrum der Blaustrumpfkarikatur, an dem sich in der Folge nichts mehr änderte. Durch das Mittel des Rollentausches sollten bestimmte Verhaltensweisen, die von den männlichen Studenten einfach übertragen wurden — Rauchen, Kneipen, Duellieren u.ä. — als frauenunspezifisch bloßgestellt werden. Der Witz dieser Karikaturen fällt eigentlich nur auf die Vorbilder zurück. Ließ die Frau sich von der geistigen Arbeit durch solche Vergleiche nicht abschrecken, so lag der Grund für die Karikaturisten augenscheinlich darin, daß sie wegen ihrer ausgesprochenen Häßlichkeit entweder keine andere Wahl hatte, oder aber spätestens nach der Aufnahme des »vergeistigenden« Studiums dem antithetischen Ideal unweigerlich entgegensteuerte. Entsprach sie wider allen Erwartungen doch den gängigen Schönheitsvorstellungen, so setzte sie ihren Körper als unlautere Waffe ein, oder bekam zumindest per Spottbild zu verstehen, daß

„Die Wirkung des Ewig-Weiblichen habe ich persönlich nie an mir erfahren . . .“

159 Rudolf Großmann, 1924.

Mlle Chauvin: — Und nun zum Schluß, meine Herren Geschworenen, hier meine letzten und besten Beweise!

160 Adolphe Willette: *Plädoyer des ersten weiblichen Advokaten,* 1897.

sie ihre Reize am falschen Platz vertat und beispielsweise die schwarze Robe des Richters für sie nicht kleidsam wäre.

Wenn das Wesen der Karikatur nach Freuds *Witz*-Abhandlung von 1905 darin besteht, »Personen und Objekte, die Autorität und Respekt beanspruchen, in irgendeinem Sinne erhaben sind«, herabzusetzen, so drückt sich in den Zeichnungen der Männer nur deren ganze Angst vor den zukünftigen Autoritäten weiblichen Geschlechts aus, die an der Vormachtstellung rüttelten und deren Emanzipationsbestrebungen es auch per Karikatur zu unterdrücken galt.

161 Eduard Thöny: *Nee. Jus mag ich nicht studieren — ich kann mich nicht mein ganzes Leben lang in der schwarzen Robe sehn.* 1921.

162 Special-Artistin, Holzstich, 1872.
Anspielung auf die fortschrittliche Rolle der Universität Zürich.

163 Georg du Maurier: *Das ist ja ganz schön lahm hier! Laß' uns ein Bier trinken gehen!* Holzstich, 1872. Karikatur auf die »Tea-Parties« der sogenannten »Girl-Graduates«.

164 Charles Léandre, 1903.
Der Besuch einer Kunstakademie ohne Anstandsdame ist gefährlich! Frauen taugten ja nur als Modell — »Malweiber« aber ernteten den Spott der Kollegen und durften den Aktzeichensaal lange nicht betreten.

165 Thomas Theodor Heine: *Frauenstudium. Kandidatin, sagen Sie mir, was fällt Ihnen an der Patientin auf? – Daß das Mensch einen seidenen Unterrock anhat.* 1901.

Verfolgen wir die Stationen und Argumente des zwischengeschlechtlichen Intelligenzstreites: In den Jahren der Restauration nach der 1848er Revolution wurden die Frauenvereine bald verboten und die *Frauenhochschule* bereits 1852 wieder geschlossen. Doch die Bewegung bekam durch Neugründungen wie der des *Frauenbildungsvereins* (1869) wieder Auftrieb. Zum Vorbild wurde das schweizerische Zürich. Bevor dort als eine der ersten deutschen Frauen Ricarda Huch 1891 zum Dr. phil. promovierte und Rosa Luxemburg 1897 das juristische Doktorexamen bestand, hatten bereits im Jahr 1867 eine Russin und eine Amerikanerin die Doktorwürde der Zürcher Universität erlangt. Wohl beeindruckt von dieser Tatsache, ließen Heidelberg und Leipzig 1871 wenigstens einige Gasthörerinnen zu. Doch während die anderen europäischen Staaten und Nordamerika den Frauen die Türen zur *alma mater* vollends zu öffnen begannen, konnte sich die Kulturnation Deutschland noch beherrschen.

Nur die Sozialdemokraten setzten sich entschieden für die Belange der Frauen ein, allen voran August Bebel (»Die Zukunft gehört dem Arbeiter und der Frau.«), was aber die ganze Sache nur umso verdächtiger machte. Die sogenannten »staatserhaltenden« Parteien waren sich des Untergangs des Vaterlands bei Einrichtung eines Frauenstudiums gewiß. Als 1893 eine Petition über die Freigabe des Medizinstudiums für Frauen mit 60 000 Unterschriften im Deutschen Reichstag vorlag, wurde dies von der Männerwelt einfach geringschätzig ignoriert. Man hielt es lieber mit Raumers *Geschichte der Mädchenbildung* von 1880, laut der »Bildung bei Mädchen niemals in Wissenschaft ausarten darf, sonst hört sie auf, echte weibliche Bildung zu sein. Nach Männerart in der Wissenschaft gründlich zu sein, danach könnte nur ein ganz unweibliches Wesen vergebens streben, da ihm Kraft und Talent des Mannes mangelt.«

Nachdem sich jedoch die ersten Mädchengymnasien durchgesetzt hatten, waren die Voraussetzungen endlich auch formell geschaffen. In den badischen Universitätsstädten Freiburg (1899: fünf Frauen) und Heidelberg (1901: vier Frauen) durf-

166 Adolph Münzer: *Studentenbude im Zukunftsstaat. Die weiblichen Wesen unserer Vorfahren widmeten sich fast ausschließlich ihrer sogenannten »Bestimmung«, der thierischen Fortpflanzung. Aeußere atavistische Merkmale dieser, für denkende Wesen erniedrigenden Gepflogenheit sind bei Dir, liebe Commilitonin, leider stark zu bemerken.* 1904.

ten sich die Blaustrümpfe per Ministererlaß zum ersten Male gleichberechtigt einschreiben; Preußen zog 1908 nach. Berlin hatte allerdings schon 1898 seine erste Doktorandin, eine Schülerin Max Plancks. Der *Kladderadatsch* reimte über sie:

Neumann heißt sie, Fräulein ist sie,
Doktor wird sie nächstens sein,
Puh, in so ein hübsches Köpfchen,
Was geht da nicht all hinein!
Nur noch dieses möcht' ich wissen,
Ob sie lieben kann und küssen;
Kann sie's, will ich ihr verzeihn,
All ihr Griechisch und Latein.

Daß die altsprachlichen Kenntnisse von den männlichen Akademikern eben nicht verziehen wurden, läßt sich einer Textstelle aus Rudolf Stratz' Pseudoemanzipationsroman *Alt-Heidelberg, du Feine* von 1902 entnehmen. Hier muß sich nämlich die Heldin, eine Studentin im 1. Semester, von einem Professor, für den sicher ein lebendens Vorbild Pate gestanden hat, sagen lassen: »Im alten Rom pflegten die Gänse auf dem Kapitol nicht lateinisch zu schnattern, obwohl Cicero, der alte Esel, täglich an ihnen vorbeiging. Aber heutzutage — nein — in mein Laboratorium kommt keine. Nur *eine* Frau kommt in meinen Hörsaal — die Scheuerfrau. Ihre Thätigkeit ist die richtige Frauenbewegung!«
Die Bewegung orientierte sich aber in der Folgezeit lieber an den Kommilitonen und gründete nach deren Muster Verbindungen, z. B. die Kölner *Hilaritas* von 1900. Das wurde natürlich von der Karikatur aufgegriffen. Schon 1899 widmete Max Brinkmann einem *Corps Schlamponia* ein ganzes Buch, in welchem die Damen »Landesmutter« stechen, sich mit gepolsterten Schlägern als »Pauktanten« duellieren und auf der Festkneipe

Weibliche Couleurstudenten.

„Auf die Mensur!" — „„Auslage!"" — „Los!" — . . . . . „Eine

Maus — — —!""

167 Eugen Kirchner, 1905.

Kühne Begründung.

Student: „Schau mal Fritz, welch ein netter Käfer!" — Professor: „Wie sind Sie denn auf die unglückliche Idee gekommen, Naturwissenschaften zu studieren? Auf diesem Gebiete werden Sie's nie zu etwas bringen, nachdem Sie im vierten Semester noch eine Gans für einen Käfer halten."

168 Eugen Kirchner, 1922.

Zitronensaft trinken. Vielleicht lag die Motivation, eigene Verbindungen zu gründen, darin, daß sich noch 1898 ein Fräulein Oberlehrerin Marie Martin eine Bemerkung gefallen lassen mußte, von der sie der *Täglichen Rundschau* Bericht erstattete: in der Göttinger Bibliothek habe ihr ein Kommilitone zugesteckt, »neben den abgetriebenen Gesichtern der ochsenden Studentinnen sei ihm das zerhackte Biergesicht eines recht lustigen Studenten im Lesesaal ein wahres Labsal.«

Trotz der Studienbewilligung um die Jahrhundertwende kamen das Habilitationsrecht und die Zulassung zum akademischen Lehramt für Frauen erst mit der Weimarer Republik, wo ja auch das allgemeine Wahlrecht eingeführt wurde. Dennoch waren leitende Stellen für Akademikerinnen immer noch die Ausnahme. Bis 1930 hatten 10 595 Frauen promoviert, doch nur 54 dozierten, davon 24 mit Professorentitel. Die meisten arbeiteten als Ärztinnen oder Lehrerinnen, obwohl sie dort weiterhin niedriger als der heldentatenschwangere, dickbäuchige Herr Kollega bezahlt wurden. Immerhin stieg der Anteil der Frauen unter den Immatrikulierten bis 1932 auf 18,8% an.

Die mühsam und nach langen Kämpfen halbwegs errungene Gleichberechtigung fand mit der nationalsozialistischen Machtergreifung ihr jähes Ende. Das »Doppelverdienertum« galt als subversiv und die kinderlose Frau als entartet. Zu ihrer Bestimmung brauchte sie keine Bildung. In der *Frankfurter Zeitung* hieß es 1933: »Ein Minimum an Intellekt und ein Höchstmaß an physischer Eignung macht die Frau erst zu dem, was sie werden soll: Fruchtschoß des Dritten Reiches« — Gebärmaschine zur rassischen Erhaltung der Volksgemeinschaft. Ab 1933 diente diesem Ziel ein *Numerus clausus* für Frauen: nur 10% der gesamten Studentenschaft durften weiblichen Geschlechtes sein. Der Anteil der Studentinnen ging zur Zeit der Naziherrschaft um 60% zurück. Sie wurden sogar für die Karikaturisten unerheblich, die bis dahin in männlicher Manier den gängigen Vorurteilen Rechnung getragen hatten.

Frauen, die allen Diffamierungen zum Trotz studieren wollten, mußten anhand eines Pflichtenheftes darüber Nachweis führen, ob sie an den Eintopfsonntagen für das Winterhilfswerk gesammelt oder bei der Volkswohlfahrt Büroarbeit abgeleistet hatten; vor der Immatrikulation war ein halbes Jahr Arbeitsdienstlager zu absolvieren und ab 1937 eine Haushaltsprüfung.

169 Gerhard Rossmann, 1962.

Es gab wenig Männer, die protestierten, als die preußische Akademie der Dichtkunst zu Berlin 1933 »gesäubert« wurde. Kätze Kollwitz aber erklärte ihren Austritt. Und am lautesten widersprach der Aufforderung, sich den veränderten Gegebenheiten unterzuordnen, eine der ersten promovierten deutschen Frauen: Ricarda Huch. Sie mißbilligte die Anfrage »auf das Schärfste«. Eine Studentin gehörte zu den ersten Frauen, die den Faschisten zum Opfer fielen. Unter dem Vorwurf prosemitischer Umtriebe zunächst von der Universität relegiert, wurde Lilo Hermann am 26. Juni 1938 wegen Sabotage in einer Rüstungsfabrik hingerichtet.

Am häßlichsten zeigte sich die Perversität der faschistischen Männerwelt in einer Rede des Gauleiters Paul Giesler. Bei der Feier des 450jährigen Jubiläums der Universität München am 13.1.1943 erklärte er, der natürliche Platz der Frau sei nicht in der Universität, sondern in der Familie an der Seite des Mannes. Statt zu studieren, sollten sie sich lieber ihrer Aufgaben und Pflichten als Mütter erinnern und dem Führer jährlich ein Kind schenken. Denjenigen Studentinnen, die nicht hübsch genug seien, einen Mann abzubekommen, würde er gerne einige seiner Adjutanten zuweisen und könne ihnen dann ein freudiges Erlebnis versprechen. Bei der Münchner Studentenschaft, durch die Flugblattaktionen der Widerstandsgruppe *Weiße Rose* ohnehin schon wach geworden, löste er damit allerdings einen offenen Aufruhr aus, wie es ihn in der braunen Universität bis dahin noch nicht gegeben hatte.

Auch nach dem Zweiten Weltkrieg blieb der Nährboden der Universität fruchtbar für die Vorurteile, die akademische Frauen von jeher verfolgt hatten. Eine Umfrage bei der Lehrerschaft von vier Universitäten brachte 1960 das Ergebnis, daß sich 64% gegen ein Frauenstudium überhaupt und sogar 79% gegen weibliche Dozenten aussprachen. Im nämlichen Jahr waren nur 2% der Lehrstuhlinhaber Frauen, obwohl der Anteil der Studentinnen laut Angabe des Statistischen Bundesamtes bei rund 25% lag (heute hat er die 45%-Marke fast erreicht).

Als sich dann 1968 der *Aktionsrat zur Befreiung der Frau* vom *Sozialistischen Deutschen Studentenbund* abspaltete, war dies nicht nur die längst fällige explosive Reaktion auf die akademische Männerwelt schlechthin, sondern auch die Kampfansage gegen den (von der amerikanischen SDSlerin Jane Adams auf den Begriff gebrachten) »männlichen Chauvinismus« in den eigenen Reihen — Ursprung einer neuen feministischen Bewegung, und, wie könnte es anders sein, Angriffsfläche für neue Zerrbilder auf die Töchter der *alma mater.*

»Da siehst Du mal, wo es hinführt, wenn Weiber studieren!«

170 Kurt Halbritter, um 1968.

Studentenbraut wird nie getraut

Das akademische Liebesleben war nie, wie sich vielleicht vermuten ließe, von tugendhafter Zurückhaltung oder gar von unschuldigem, platonischem Geist erfüllt, sondern im Gegenteil fast immer von wollüstigen Ausschweifungen geprägt. Die hohen Schulen waren eine Männerwelt, zu deren Enthemmung auch noch beitrug, daß ein Großteil der Studenten in den Bursen zusammengepfercht war, und ihnen die akademische Gerichtsbarkeit zusätzliche Privilegien für den Fall verschaffte, daß sie nach zuviel Alkoholgenuß einmal mehr auf die Idee gekommen waren, einen »Jungfernraub« vorzunehmen. An manchen Orten führte man vorsorglich gleich in der Stiftungsurkunde auf, daß der Rektor der Universität die — natürlich milde ausfallenden — Strafen zu entscheiden habe: »Doch ob ein studennt oder mer yemand zu vergwelltigen frävellich understund . . ., so sollen sy nach erkanntnus des rectors gestrafft werden.« So geschrieben zu Ingolstadt, wo sich der Rektor 1472 gezwungen sah, seinem Fürsten Georg mitzuteilen: »Die doctores haben vasst alle weyber und achten der ler nit.«
Die Opfer solcher Freuden wurden in der Vagantenlyrik des Mittelalters als »süßes Übel« besungen. Die fahrenden Scholaren waren nämlich nicht nur zwecks geisteswissenschaftlichen Studiums auf die ausländischen Universitäten angewiesen, sondern verschafften sich dort zusätzlich noch einschlägige praktische Erfahrungen auf naturwissenschaftlichem Gebiet, die sie in heimatlichen Gefilden nicht machen konnten, da sie ja in der Regel zu Theologen ausgebildet wurden. So kam die Pariser Universität zu ihrer Bezeichnung als »internationales Parlament der Sünde«, zumal auch die Magister, meistens Unverheiratete, dieselben Bedürfnisse hatten.
Was störte es bei dieser Interessensgleichheit den Lehrbetrieb, daß manche Studienhäuser, die bekanntlich von der Universität nur gemietet wa-

171 Ludwig Hohenwang (?): *Heidelberger Straßenszene mit Ständchen,* Holzschnitt, (1489).
Das Ständchen, das die vier Studenten mit den zwei Singknaben ihrer Angebeteten darbringen, wird von der nackten Dame mit dem Ausschütten des Nachttopfes belohnt.

172 Jacob von der Heyden: *Der verbummelte Cornelius,* Kupferstich, 1608.
Umgeben von den Spuren seiner Vergnügungen, die u. a. im Saufen, Kartenspielen und Musizieren bestanden, sitzt der von Schlägen gezeichnete Cornelius, das Sinnbild des verbummelten Studenten, in einer hoffnungslosen Situation: Rechnungen liegen um ihn herum und hängen an der Wand, die Ratten tanzen auf dem Tisch, der Universitätspedell schreibt die Vorladung vor den Rektor an die Tür (»Dominus citatur ad Rectorem«), und zu allem Überfluß bringt seine Liebschaft noch das unehelich Neugeborene zur Tür herein.

ren, gleichzeitig Bordelle beherbergten? Auch in Köln nahmen die Dirnen ihre Wohnungen wohlweislich in der Nähe der Bursen. Der Student, der sich ins Hurenhaus schlich, traf dort nicht selten auf seinen Professor, zog es dann aber in der Regel vor, sich von der »Privatdozentin« ein *Privatissimum* lesen zu lassen. Bei solchen Gelegenheiten konnte es zu blutigen Schlägereien kommen, wie aus Heidelberger Gerichtsakten hervorgeht. Dort gab es 1422 Schlachten zwischen Studenten und nicht minder forschen fürstlichen Troßknechten, weil ein Student einem der Knappen in »der gemeinen frauwen haus« eine Hand abgeschlagen hatte.

Die allgemeine Enthemmung forderte mit der »Frantzoßkrankheyt« auch ihre Opfer. Der streitbare Humanist Ulrich von Hutten, bekannt auf vielen Universitäten, starb, erst 35jährig, an der Syphilis. Um 1500 soll ein Drittel der gesamten Göttinger Studentenschaft geschlechtskrank gewesen sein. Über Wittenberg reimte man:

> Geht man zu Wittenberg durchs Tor,
> Begegnet einem Schwein, Student oder Hur.

Luther sah sich 1543 genötigt, an die dortige Kirchentür anzuschlagen: »Ihr wollet ja gewißlich glauben, daß der böse Feind solche Huren hieher sendet, die da grätzig, schäbig, stinkend und französisch sind . . . wer ein Hurentreiber sein will, der kann's wohl anderswo tun. Unser gnädiger Herr hat diese Universität nicht gestiftet für Hurenjäger und Hurenhäuser, da wisset euch nach zu richten.« War der Geist auch willig, so bleib das Fleisch doch schwach. Hermann von Weinsberg, Student aus Köln, berichtete, wie er anno 1537 zum ersten Mal in einer Kneipe »verführt« wurde: »Die Unzucht ward also zwischen den Studenten getrieben, der eine sagte, er hätte bei dieser gebuhlt, gelegen, geschlafen, der andere, was er aus- und inwendig angetrieben hatte . . . wie wir sangen und tranken, hat es sich verlaufen, daß ich meine Jungfernschaft verloren habe.«

Infolge der allgemeinen Sittenlosigkeit, die nach dem Dreißigjährigen Krieg ausbrach, war der Student auf Dirnen jedoch nicht mehr angewiesen. Die unteren Volksschichten machten es den wohlhabenden Burschen leicht, und wer sein Zimmer vermietete, gab die Tochter gleich dazu. Folgen hatte dies nur für die Studentenbraut, denn ohne Einwilligung der Eltern wurde der *studiosus* nicht verheiratet, schon gar nicht unstandesgemäß. In der Satzung der Tübinger Universität stand 1575: »Nachdem es sich etlichemale zugetragen, daß junge Studenten sich ohne Vorwissen ihrer Eltern verehelicht, so wird dieses verboten.« Die Zahl der unehelichen Kinder fiel in Universitätsstädten höher aus als anderswo.

Auch Professoren vermieteten an Studenten, und bei dieser »Tischwirtschaft« ergaben sich nicht nur Gelegenheiten zu einem gemeinsamen Mahl. Derselbe Christian Thomasius, der 1687 in Leipzig als erster Professor ein deutsches Kollegium gehalten hatte, ereiferte sich 1693 dann auch in Halle: »Ein wollüstiger Studente schläffet des Morgens gerne lange und verdirbet die beste Zeit, die er zu seinem Studiren anwenden sollte, mit Faullentzen oder doch zum wehnigsten mit liederlichen und unzüchtigen Gedanken. Seine Verrichtung des Tages über ist entweder Spielen, oder Fressen und Sauffen, oder Huren.«

173 Johann Georg Puschner, Kupferstich, 1725.

174 Dendrono: *Natürliche Abschilderung des academischen Lebens,* Kupferstich, um 1725.

175 Thomas Rowlandson: *Jemmy Gordons Posse, oder: Freudentanz im Peter House in Cambridge,* Aquatinta, 1824.

176 Thomas Rowlandson: *Speckgesichtige Gelehrte mit schamlosen Nasen auf dem Weg ins Lasterleben,* kolorierte Radierung, 1811.
Für einige Mitglieder des Oxforder »Brasenose«-College (brazen = schamlos) scheint es nach der Konferenz nichts Interessanteres als die Äpfel der Damen zu geben. Die Nase des Gelehrten ganz rechts wächst förmlich noch mit den Anforderungen der Situation.

Seine Empörung kann kaum auf fruchtbaren Boden gefallen sein, da es 1769 in einem Jenaer Stammbuchvers hieß: »Wenn alles knacken sollte, wenn man in Jena Ehe bricht, hörte man vor Geprassel seine eigenen Worte nicht.« Und in ein anderes Stammbuch schrieb ein Erlanger Studio um 1750: »Ma devise est une fille sans chemise.« In seinem Stück *Der junge Gelehrte* von 1748 empfahl der 21jährige Medizinstudent G. E. Lessing, lieber das »Frauenzimmer« als die Bücher zu studieren; G. Chr. Lichtenberg nannte die akademische Freiheit in diesen Dingen mit einem Seitenblick auf die universitäre Gerichtsbarkeit eine, »die sehr hoch steigen kann, ehe sie unter die Justiz gerät«; W. v. Humboldt führte über die Bordellunkosten seiner »Sinnenlust« pedantisch genau Buch; ja selbst Goethe ließ 1808 den Mephisto im *Faust* alle Fakultäten verhöhnen, um dem ratsuchenden Schüler schließlich auf den Weg zu geben:

> Besonders lernt die Weiber führen;
> Es ist ihr ewig Weh und Ach
> So tausendfach
> Aus *einem* Punkte zu kurieren.

Allzu ernst nahmen solche Aufforderungen wohl die Mitglieder der Konstantisten. Als 1795 ein Mädchen in Halle gleich mehreren der Ordensbrüder ein Töchterchen verdankte, half man sich jedoch elegant aus der Klemme und gab ihm der Einfachheit halber den Namen Konstantia. Ob da noch Zeit für das Studium übrig blieb? Das »fünfte Kollegium«, wie man in Leipzig das Freudenhaus hieß, war doch Anlaß genug für rhetorische Meisterleistungen der Studentensprache. Der *studiosus* unterschied laut Vollmanns *Burschicosem Wörterbuch* von 1846 die Damen in »figgible« und »infiggible Besen« (Bierbesen, Bumsbesen, Knallbesen, Küchenbesen, Marktbesen, Ladenbesen), wobei die erstere noch durch Synonyma wie »Pelzthierchen, Sprizleder, Burschenbüchse und

177 Anonyme Lithographie, 1865.

BURSCHICOSES

WŒRTERBUCH

oder:

Erklärung aller im Studentenleben vorkommenden Sitten, Ausdrüke, Wörter, Redensarten und des Comments, nebst Angabe der auf allen Universitäten bestehenden Corps, ihrer Farben und der Kneipen.

Von

J. VOLLMANN, Dr. rei cneip.,

RAGAZ.

Druk und Verlag von Rudolf Unteregger.

1846.

Puff, 1. das Drauf Drein und Drüber; 2. der Olymp; 3. die blaue Freude; 4. der Parnass; 5. der nasse Hain; 6. das Freudenhaus; 7. das Bordel; 8. die Pelzmühle; 9. die Nabelreibe; 10. die Herz- und Schwanzrestauration.

Puffdirector, 1. der Olymphalter; 2. der Schlauchführer; 3. der Pelzmüller; 4. der Hurenwirth; 5. der Kuppler; 6. der Keuschheitsverwalter.

Puffdirectriçe, 1. die Puffhalterin; 2. die Hurenmutter; 3. die Tante; 4. die Hurenwirthin; 5. die Kupplerin; 6. die Pelzhüterin.

Puffen, 1. stossen; 2. hineinpuffen; 3. bearbeiten; 4. liegen; 5. loslegen; 6. feilen; 7. buzen; 8. bürsten; 9. figgen; 10. knallen; 11. saken; 12. solen; 13. rossen; 14. vögeln.

Wildpret« beehrt wurde und letztere eine war, die die Studenten »abstinken« läßt. Wer seinen »Anker« einmal »appliciren« konnte und dabei richtig »losknallte, nudelte oder bürstete«, oder — nach Kindlebens *Studenten-Lexicon* von 1781 — »raspelte« oder »knaupelte«, mußte aufpassen, daß er ihr keinen »andudelte«. Ging ein Student einmal den umgekehrten Weg als üblich und bot seinerseits einer Zimmerwirtin gewisse Dienste an, so verdiente er sich eben laut Studentenjargon seine »Schwanzdukaten«.

Laukhard berichtete aus dem Gießen des 18. Jahrhunderts, daß in einer Kneipe ordentliche Vorlesungen über *Zotologie* gehalten wurden. Bei einem Protestauszug der Gießener Studenten nach Gleiberg las er selbst als *Professor Zotarum* über *Elementa Zotologiae*, was sogar in den Zeitungen bekannt gemacht wurde.

Sittliche Entrüstung unter Akademikern gab es vor allem zu Zeiten Turnvater Jahns, der mit seiner Sportsplatzphilosophie allzu arge Lust durch Reck und Barren abtötete. 1818 diskutierten Burschenschafter darüber, ob Bordelle in Verruf gesteckt werden sollten; man beschloß, geschlechtskranke Kommilitonen nur in Ausnah-

178 Anonyme Lithographie, 1830. Humoristische Darstellung der Bordelldemolierung am 4. 9. 1830.

mefällen aus der Studentenkasse zu unterstützen. In Jena demolierten Burschenschafter Fenster und Möbel eines »schlechten« Hauses; am 4. 9. 1830 stürmten und plünderten Studenten und Bevölkerung ein Bordell in Leipzig. (Es verfügte über große Champagnervorräte.)
Doch bereits in den 1840er Jahren reimte Heinrich Heine wieder in den *Zeitgedichten:*

> Schlage die Trommel und fürchte dich nicht,
> Und küsse die Marketenderin!
> Das ist die ganze Wissenschaft,
> Das ist der Bücher tiefster Sinn.

In Tübingen trieben Chirurgiestudenten in der Zeit des Vormärz sogar makabre Späße mit einem amputierten Körperteil, das Heine einmal als das »skabröse Requisit des Mannes« umschrieb: sie steckten es einem Kommilitonen in die Tasche, der es auf die Straße warf und dafür vor das akademische Gericht mußte. Er gab zu Protokoll: »Hierbey muß ich noch bemerken, daß mir ein solcher Streich nicht zum ersten Mal gespielt worden ist, denn drei Tage vorher waren mir Hoden in die Tasche gesteckt worden.« Wie Deutschlands Rhetorik-Professor, Walter Jens, in seiner Tübinger Festschrift schilderte, erklärte sich das Gericht für inkompetent, da sich der Vorfall nicht im Bereich der Universität zugetragen hatte.

Weniger elegant, sondern eher tolpatschig zogen sich die Professorenkarikaturen Humboldtscher Prägung aus der Affäre, d. h. — sie gerieten gar nicht erst in solche, wenn man den Bildern glau-

179 Ferdinand von Reznicek: *Ich muß doch noch einmal nachsehen, welches die geläufigsten Liebesworte sind.* 1906.

180 Thomas Theodor Heine, 1922.

ben darf. In diesen waren sie um 1900 viel zu unbedarft und mit wissenschaftlicheren Problemen beschäftigt, um überhaupt in Versuchung zu geraten, und liefen so Gefahr, den akademischen Nachwuchs zu dezimieren.

Sie konnten sich ja auf ihre Studenten verlassen. Um 1900 sangen Verbindungsstudenten auf der Kneipe:

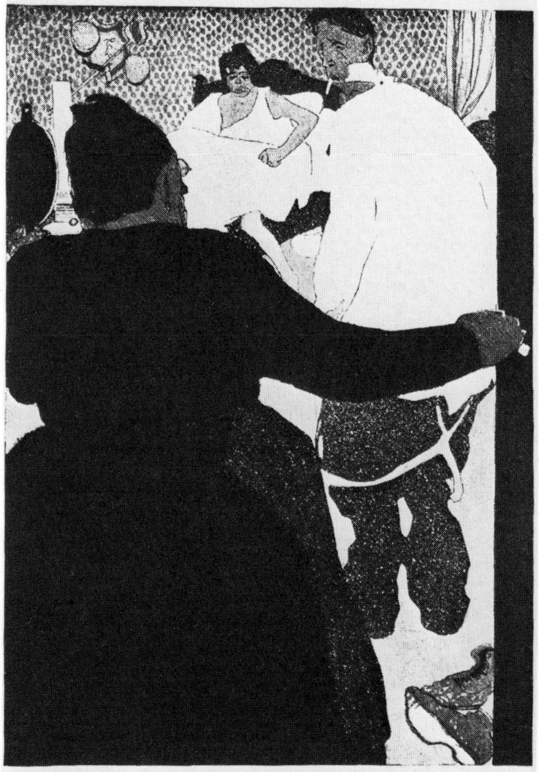

181 Bruno Paul, 1905.

Wer nur eine einzige küßt,
Bis zur Jahreswende,
Und die andern schüchtern grüßt,
Der ist kein Studente.

Auch wenn der Student sich einmal verliebte, was durchaus vorkam, will man den vielen zärtlichen Stammbucheintragungen und poetischen Ergüssen Glauben schenken, so blieb die Frau doch wenigstens bis zum 1. Weltkrieg nur Objekt. Folgerichtig läßt Heinrich Mann im *Untertan* den Korpsburschen Diederich Heßling zum Vater des soeben von ihm verführten Mädchens sagen: »Wenn Sie es durchaus hören wollen: Mein moralisches Empfinden verbietet es mir, ein Mädchen zu heiraten, das mir seine Reinheit nicht mit in die Ehe bringt.« Er rettet somit die Doppelmoral über die Jahrhunderte.

Nach einer Statistik von 1911 verkehrten 40% aller Studenten erstmals mit einer Dirne, deren kulturelles Verdienst demnach ins Unermeßliche geht. Sie wurde genauso bedichtet wie die unvergleichliche Tochter der Wirtsleute: »Denn keine

182 Heinrich Zille, um 1920.

ist *aequalis* der *filia hospitalis.*« Besonders zu Zeiten der Abstinenz wurde ihrer gedacht. In Jena schrieb ein *studiosus* an die Karzerwand: »Das eine ist hier sehr *fatalis,* 's gibt keine *filia hospitalis.*« Die so oft seufzenden Herzens an den Schluß des Lobgesanges gesetzten Worte können allerdings nicht darüber hinweg täuschen, daß auch noch 1906 die Zahl der unehelichen Geburten in den Universitätsstädten über Reichsdurchschnitt lag: in Berlin, Gießen und Tübingen mit über 32%, in Marburg gar mit 37%. In der *Jugend* von 1904 spottete ein Anonymus über Würzburger Verhältnisse: »Und wie sieht es in den Verbindungshäusern aus? Das sind keine Verbindungshäuser, das sind Entbindungshäuser. Da sitzen die Studenten auf den Schößen ihrer Geliebten und reiben mit Wickelkindern Salamander. Die Zahl der Geschlechtskranken übersteigt denn auch alle Grenzen der Statistik. Unter 100 Studenten befinden sich 200 Kranke, also über 170%.«

Im weiter oben erwähnten Buch des *Corps Schlamponia* versuchte frau den Spieß per Karikatur aber schon umzudrehen, wenigstens in humoristischer Weise: hier erlitt der *filius hospitalis* all die Anbändeleien, die sonst von seinem Geschlecht ausgingen. Daß in den 20er Jahren das Verhältnis

„Zeig deinen Puls, Elly, du weisst doch, ich will Mediziner werden.“
„Meinetwegen, aber meine Impfpocken zeige ich dir auf keinen Fall!“

183 Anonym, 1927.

184 Hans Traxler, 1968.

zwischen weiblicher und männlicher akademischer Jugend zu einiger Normalität fand, bleibt zumindest zweifelhaft, wenn man die Spottbilder betrachtet, obwohl sie nicht mehr so häufig auftreten. Die zunehmenden Zahlen der Studentinnen lassen erkennen, daß Frauen ihre Rolle immer mehr selbst bestimmen wollten. Doch durch die Machtergreifung der Faschisten wurden alle ihre Forderungen mit einem Schlage wieder nichtig; Frauen wurden per *Numerus clausus* vom Studium abgehalten, an den häuslichen Herd gebannt und auf die biologische Funktion ihrer Gebärmutter reduziert.
Auch in der Nachkriegszeit änderte sich am Objektverhältnis zunächst nicht viel. Der *Simplicissimus* brachte 1958 ein Studentengespräch, in dem es hieß: »Da laufen die Gänse jahrelang in die Anatomie und säbeln an toten Männern herum, und wenn sie an den ersten lebendigen geraten, stellen sie sich an wie Untersekundanerinnen«, und 1965: »Meine treibt Archäologie. Und im Bett interessieren sie höchstens noch meine Mitesser.«

SCHWERDTNER: Herr Langhans, ich wollte das Thema eigentlich nicht behandeln. Aber weil Sie heute vormittag selbst von sexuellen Schwierigkeiten gesprochen haben, was meinen Sie damit, und auf was bezieht es sich?

LANGHANS: Ja, dabei handelt es sich nicht nur um Kommune-Mitglieder, sondern auch um Sie, das ist nicht eingeschränkt. Das betrifft jeden bei uns, das kommt aus der Erziehung: Wie man mit Mädchen umgeht, Orgasmusschwierigkeiten, Konzentrationsstörungen und Neurosen, die Schwierigkeit ist, mit sich und anderen richtig umzugehen ...

SCHWERDTNER: Wie äußert sich das denn so? Wenn man solche Schwierigkeiten hat, von denen Sie sprechen?

LANGHANS: Können Sie sich das denn gar nicht vorstellen? Oder haben Sie denn keine? Das wäre erstaunlich!

(Vorsitzender wird bleich und schluckt. Gelächter)

Aus den Gerichtsprotokollen des Prozesses gegen Langhans und Teufel, von den Angeklagten selbst zusammengestellt.

So dauerte es bis zu den späten 60er Jahren, daß das akademische Geschlechtsleben wieder für neue Schlagzeilen sorgte. Vorstellungen von zügelloser Promiskuität geisterten durch die Presse, als die *Kommune 1* in Berlin (1967) durch neue Wohn- und Lebensformen mit der üblichen Kleinfamilienstruktur brach und damit das Selbstverständnis des Wohlstandsbürgers erschütterte. Der konnte in seinem selbstzufriedenen Rückblick auf die weggeräumten Kriegstrümmer natürlich nicht begreifen, daß die Jugend mit Forderungen nach Lust und sexueller Freiheit alle mühsam geschaffenen Werte über Bord werfen wollte. Aber das war ja für einige das Ziel: *Sexualität und Klassenkampf* (so ein Buchtitel von Reimut Reiche 1968) zu verbinden, da beides nach Wilhelm Reich, dem zu der Zeit wiederentdeckten psychologischen Mentor, untrennbar miteinander verbunden sein muß.

Doch sozialistische Theorien allein gewährleisteten noch keine Befreiung der Frau. Der zwischengeschlechtliche Streit innerhalb des *Sozialistischen Studentenbundes* zeigt, daß auch dort nach Ansicht der Studentinnen nur »ein Spiegelbild der gesamtgesellschaftlichen Verhältnisse« herrschte. Die schöne alte studentische Sitte der Dichtkunst wahrend, spaltete sich mit dem radikalen Schlachtruf »Befreit die sozialistischen Eminenzen von ihren bürgerlichen Schwänzen!« der sogenannte *Weiberrat* 1968 vom SDS ab und machte mit der jahrhundertelangen, penetranten Unterdrückung — auch in einer Flugblattkarikatur — Schluß. In ihrer Begründungsrede rief die Genossin Helke Sanders dem männlichen Teil der Versammlung zu, er sei »nichts weiter als ein aufgeblasener, konterrevolutionärer Hefeteig«. Anschließend bewarf das süße Übel die Genossen vom Bundesvorstand mit Tomaten.

R E C H E N S C H A F T S B E R I C H T

des weiberrats der gruppe frankfurt

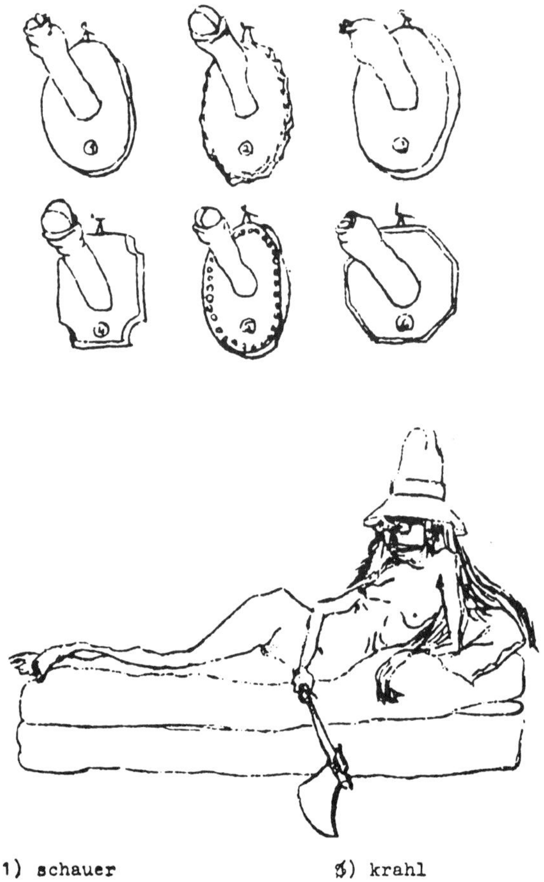

1) schauer
2) gäng
3) kunzelmann
4) krahl
5) rabehl
6) reiche
7) ....

185 Weiberrat der Gruppe Frankfurt, Hektografiertes Flugblatt, 1968.
Untenstehend die Namen männlicher SDS-Mitglieder.

VOM 1. BIS ZUM 2. WELTKRIEG

Academia in Feldgrau

Als der Weltkrieg am 1. August 1914 ausbrach, waren gerade Semesterferien. Doch die akademische Jugend brannte wie besessen auf den Dienst für Kaiser und Reich. Bereits am 3. August schrieb stud. jur. Walter Limmer aus Leipzig: »Hurra, endlich habe ich meine Beorderung: morgen vormittag 11 Uhr in einem hiesigen Lokal. Stunde um Stunde habe ich auf meinen Befehl gewartet. Heute vormittag traf ich eine junge bekannte Dame; ich schämte mich fast, mich in Zivilkleidern vor ihr sehen zu lassen.«
War die lange vorgegaukelte Einheit der Nation plötzlich mit einem Schlage Wirklichkeit, sollte der Krieg tatsächlich die »Krönung des nationalen Einigungswesens durch Bismarck« sein, wie der Historiker Müller es formulierte? Auf jeden Fall trug die jahrzehntelange Erziehung der Studenten im Sinne des Militarismus ihre Früchte. Man glaubte alle sozialen Unterschiede vergessen, Feindlichkeiten zwischen einzelnen Studentenorganisationen wurden unwichtig, der Zeitverlust im Studium war egal: »Gewonnene Semester sind darum die Kriegssemester«, schrieb der Theologe Prof. Deißmann in Berlin, und in ähnlichem Hurra-Patriotismus wollten Professoren wie weiland Fichte ihre *Reden an die deutsche Nation* abliefern und zogen Parallelen zu Lützows verwegener Jagd. Nur: wofür starben sie im Feld? Für ein Vaterland, das von einem fremden Gewaltherrscher (wie 1813 Napoleon) befreit werden mußte — oder für einen übersteigerten Nationalismus?
Sogar die Kunstschaffenden meldeten sich freiwillig an die Front. Die zu Hause blieben, gaben Zeitschriften wie die *Kriegszeit* oder das *Wachtfeuer* heraus, welches den bezeichnenden Untertitel *Künstlerblätter* **zum** *Krieg* trug. Die hier abgedruckten Bilder bezeugen die Wehrfreudigkeit, die diese Blätter propagierten. Selbst der führende Maler der oppositionellen *Sezessionisten,* Prof. Max Liebermann, seit 1912 auch Dr. h. c. der Berliner Universität und Senatsmitglied an der Akademie der Künste, unterzeichnete eine Erklärung von 93 Wissenschaftlern und Künstlern, die der Anklage entgegentrat, Deutschland führe einen Angriffskrieg.
Wohlgemerkt weigerten sich Professoren wie Hans Delbrück, Max Planck, Albert Einstein,

Der deutsche Professor.

Zwar bin ich an Fünfzig und nicht mehr jung,
Doch fühl' ich noch fröhlichen Jugendschwung.
Du weißt, daß der Landsturm gerufen hat,
Der Sturm — bewegt auch ein altes Blatt!

186 Ernst Bischoff-Culm, 1914.

Burschenleben.

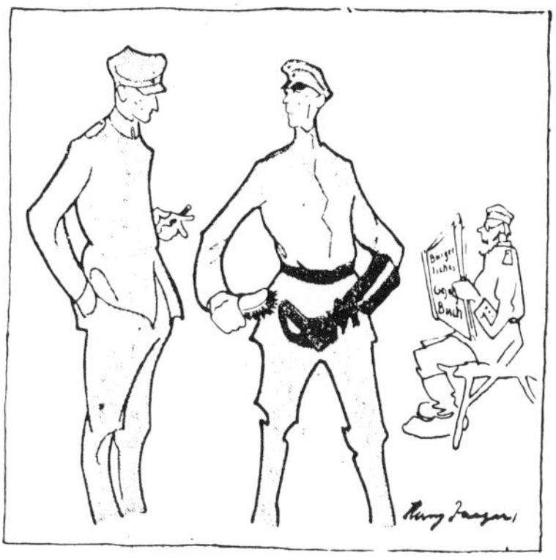

– Aber, Kamerad, Sie putzen sich die Stiefel selbst?
– Psst, still! Mein neuer Bursche ist der Professor,
bei dem ich in den Referendar steigen soll!

187 Harry Jaeger, 1918.

LE PRODUIT DE LA SCIENCE ALLEMANDE, PAR ZISLIN

188 H. Zislin: *Das Produkt der deutschen Wissenschaft,* 1916. Französische Kriegspropagandakarikatur.

Max Weber und Friedrich Meinecke, eines der zahlreichen Pamphlete zu unterschreiben.
In ihrem Bekenntnis vom Oktober 1914 äußerte die Hälfte aller Hochschullehrer gemeinsam den Glauben, »daß für die ganze Kultur Europas das Heil an dem Siege hängt, den der deutsche Militarismus erkämpfen wird«, und setzten ihre ganze Hoffnung auf den »Opfermut des einträchtigen freien deutschen Volkes.« Für die ausländischen Zeichner, vor allem die französischen, gab es keine bessere Zielscheibe des Spotts als diesen deutschen Kulturbegriff. Die Zeitung *La Baîonette* brachte am 9. 12. 1915 als eine Variante auf das Thema die Karikatur eines kriegsgefangenen deutschen Professors, der zur Strafe auf einem französischen Bauernhof mit der Karre Mist ausfahren mußte. Die Unterzeile erklärte die Arbeit: »Ça le connaît, faut du fumier pour la kultur.« (»Darin kennt er sich doch aus: Kultur braucht Dünger.«)
Der allgemeinen maßlosen Selbstüberschätzung leistete besonders der Berliner Germanist Prof. Dr. Gustav Roethe Vorschub, der auch am 1. 2. 1917 unter großem Jubel des ganzen Hörsaals seine Vorlesung mit folgender Begründung ausfallen ließ: »Meine Herren, entschuldigen Sie mich, aber ich kann heute nicht zu Ihnen sprechen. Ich bin zu aufgeregt. Ich kann Ihnen aber die freudige Mitteilung machen, daß soeben der unbeschränkte U-Boot-Krieg erklärt worden ist.« Kommentar Kurt Tucholskys in dem Gedicht *Professoren* von 1918: »Wild fuchtelnd fordert den Krieg bis aufs Messer / der neue Professor.«
Der Schlamm der Schützengräben hatte auch schnell nicht mehr viel von dem Glanz und Gloria der Korps in einer romantischen Universitätskleinstadt: bereits am 10. November 1914 rannte ein eiligst zusammengewürfeltes Regiment von 6000 Akademikern, mit wilder Begeisterung und dem Deutschlandlied des einstmals relegierten Professors Hoffmann von Fallersleben auf den Lippen, bei Langemarck in das englische Maschinengewehrfeuer und fiel — in Eintracht.
Auch stud. jur. Walter Limmer, der es am 3. August schon nicht mehr in Leipzig ausgehalten hatte, starb am 13. September 1914 im Feldlazarett an Wundstarrkrampf — einer von insgesamt 16 000 aus der akademischen Jugend, die bloß Kanonenfutter für eine Materialschlacht waren.

Brotlose Kunst

Nachdem am 9. November 1918 die Revolution ausgerufen und der 1. Weltkrieg beendet worden war, strömte Deutschlands Jugend wieder zurück auf die Universitäten. Bereits im Sommersemester 1923 waren mit 112 021 Studierenden 40 000 mehr immatrikuliert als 1913. Wo hätten die ehemaligen Offiziere der kaiserlichen Armee auch einen ihrer sozialen Stellung angemessenen Platz finden sollen? Schieden doch mit der Begrenzung der Reichswehr auf 100 000 Mann, so festgelegt im Versailler Vertrag, die Militärberufe bald aus, ja führten sogar zu Entlassungen bis dato tätiger Offiziere. Nur: es saß jetzt nicht mehr wie ehedem eine privilegierte Schicht in den Hörsälen – die Weltordnung war durcheinandergeraten.
Wer unter Kaiser Wilhelm II. Geld, Grund und Boden besessen hatte, war selbstredend auch Angehöriger der gebildeten Schicht gewesen. Die Identität von Besitzbürgertum und Bildungsbürgertum war durch die veränderten Verhältnisse

189 Willi Steinert, 1920.

190 Eduard Thöny: *Jaja, vor dem Krieg war das ein Katerfrühstück – jetzt ist's ein Mittagessen!* 1920.

Wohnungsnot

— „Wohnt hier ein stud. med. Meier?"
— „Jawohl, da oben hängt er!"

191 Mauder, 1922.

Wir lernen nicht für die Schule, sondern für das Leben . . .

192 Hans Kossatz, 1931.

aus dem Gleichgewicht gekommen; die Inflation von 1921 bis 1923 fügte das ihrige hinzu und gab gerade dem Stand den Rest, der von jeher die geistige Schicht gestellt hatte. Da auch zu Zeiten der Weimarer Republik die Anzahl der studierenden Arbeiterkinder kaum über 5% hinauskam, versammelte sich eine »gestürzte Klasse« (Friedrich Meinecke) um die *alma mater*, die es jedoch nicht so sehr nach abstrakter geistiger, sondern ganz wörtlich nach eßbarer Nahrung verlangte. Seit das Elternhaus den monatlichen Wechsel nicht mehr schicken konnte, waren an einzelnen Hochschulen 40% der Studenten regelrecht unterernährt und auf Speisung in Studentenküchen, den ersten Mensen, angewiesen. Nur 15% reichte der Zuschuß von zu Hause für das Existenzminimum, der größte Teil war »verarmt«, wie der *Akademische Hilfsbund* feststellte. Die extreme Wohnungsnot zwang zur Miete von feuchten Abstellkammern. In Bahnhofswartesälen übernachtende Studenten waren kein ungewöhnlicher Anblick. Krankheiten wie die Tuberkulose breiteten sich unter diesen Umständen bei Studenten zu einem überdurchschnittlichen Prozentsatz aus.

»Jetzt steht alleweil in der Zeitung, daß dö' gebüldeten Leut so schlecht geht«, mahnte in den *Meggendorfer Blättern* von 1923 ein Vater seine schulpflichtigen Kinder, als die ganze Familie um den Suppentopf versammelt saß, »daß ma' ja von euch keinem einfallt, gebüldet z'werden!« Nicht einmal für die *filia hospitalis* war der *studiosus* mehr interessant. In einer *Simplicissimus*-Karikatur von 1920 gab sie dem werbenden Burschen eine Abfuhr mit den Worten: »Nein, nein, Herr Doktor, die Zeiten sind vorbei, daß man mit einem Studierten anbandelt.« Man half sich selbst mit Gelegenheitsarbeiten; an den Unis entstanden Arbeitsämter für Studenten. *Werkstudent* hieß der neue Typ dieser Generation, und im Wintersemester 1923/24 war seine Anzahl schon auf 60 000 geklettert. An den Unis gehörten 52,8% zu den jobbenden Studenten, an den Bergakademien sogar 88%. Den Lehrkörper der Akademie Chemnitz veranlaßte diese Situation 1921 zu einer Eingabe an das Wirtschaftsministerium: »Wenn junge Leute, wie dies in den letzten Semestern wiederholt vorgekommen ist, wochenlang, ja monatelang Nachtwächterdienst übernehmen oder nachts in den Ölsnitzer Gruben arbeiten und dann tagsüber den Unterricht besuchen, so müssen sich hieraus sowohl in geistiger wie auch in körperlicher Hinsicht schwere Nachteile ergeben.« Den Hochschullehrern ging es mit ihren vergleichsweise niedrigen Gehältern dabei nicht viel besser. Man sprach sogar vom *Werkprofessor*, der sich durch Nebenbeschäftigungen ein Zubrot verdienen mußte. Der *Hochschulverband* stellte 1922 fest: »Die natürlichen Folgen des schlechten Einkommens der Professoren müssen zunächst sein: Verkümmerung des Gesundheitszustandes infolge Verärgerung, Unterernährung, Sorgen und Verschuldung; dann Nachlassen in der Arbeitsfähigkeit und -freudigkeit.«

Da es für Studenten keine geregelte soziale Hilfe gab, entstanden Selbsthilfeorganisationen, die sich zur *Wirtschaftshilfe der Deutschen Studentenschaft*, dem späteren *Deutschen Studentenwerk* zusammenschlossen. Sie konnte die Not etwas mildern, zumal sich die wirtschaftliche Lage um die Mitte der Zwanziger Jahre besserte und 1925 nur noch 10% an Werkstudenten registriert werden mußten.

Indessen bahnte sich ein neues Problem an: die geistigen Berufe waren überfüllt. Auf die jährlich etwa 20 000 frisch examinierten Akademiker kamen nur 9000 ausscheidende Altakademiker, so daß es kaum offene Stellen gab. 1926 verzeichnete man bereits 30 000 arbeitslose Junglehrer; Statistiker prophezeiten für das Jahr 1935 sogar 105 000 unbeschäftigte Jungakademiker. Den Teufelskreis vervollständigte 1929 die Weltwirtschaftskrise, während der Akademiker entlassen und Gehälter gekürzt wurden.

Bei diesen trüben Aussichten schien es keinen Sinn zu haben, sich bis zum Examen durchzuhungern, das den sozialen Aufstieg nicht mehr garantierte. Die existentielle Bedrängnis machte für verführerische Ideen empfänglich: zuerst mußten die schlechten sozialen Verhältnisse geändert werden. Die Lösung schien einfach, der Sündenbock war schon von Anfang an gefunden: schuld am deutschen Verhängnis waren die republikanische Staatsform und vor allem die »Novemberverbrecher« in der Regierung. Wie aus reiner Bosheit hielten die politischen Gegner auch noch die begehrten Arbeitsplätze in den staatlichen Positionen besetzt!

„Spezialisten" in Deutschland

(Zeichnung: JELISSEJEW)

Student: „Seien Sie zufrieden, verehrter Meister, daß Sie wenigstens diese Anstellung bekommen haben."

Professor der Nationalökonomie: „Nun ja, junger Freund, Sie haben doch erst sechs Semester studiert . . . da werden Sie schon noch ein paar Jährchen warten müssen, ehe Sie so weit sind!"

193 K. Jelissejew, 1932.

An der Republik störte die »verarmten Studenten« vieles, selbst wenn es nur Äußerlichkeiten waren. Als 1919 die Urheber des Verfassungsentwurfes auf die von Turnvater Jahn hervorgebrachten Farben schwarzrotgold für die Nationalflagge zurückgriffen, stießen sie damit ausgerechnet bei der Burschenschaft, die ja dieselben Farben trug, auf empörte Ablehnung. So warfen die Münchener Studentenschaften der SPD 1925 in den *Burschenschaftlichen Blättern* vor, sie stünden »in schroffstem Gegensatz zu den nationalen Vorkämpfern der burschenschaftlichen Idee von 1815 und 1848« und stellten fest: »Es ist deshalb eine bewußte Irreführung und Geschichtsfälschung, wenn die Sozialdemokratie für ihre einseitigen Parteizwecke die ehrwürdigen Abzeichen der Burschenschaft und den guten Klang der Namen der Männer mißbraucht, die mit reinem Herzen dem burschenschaftlichen Ideal von Ehre, Freiheit, Vaterland gedient haben.«

Den ablehnenden Stimmen standen nur wenige positive gegenüber. Die republikanischen Studenten, die sich bald nach der Revolution in *Studentenräten* formiert hatten und mit den Arbeiter- und Soldatenräten zusammenzuarbeiten versuchten, verloren nicht zuletzt aufgrund ungeschickter Taktik schnell an Einfluß. In Greifswald hißten die »Revolutionäre« im Jahr 1919 rote Fahnen auf den Universitätsgebäuden — mit dem Erfolg, daß es zu Tumulten kam und die ganze Universität streikte. Das Gleiche passierte in Leipzig, wo der Arbeiter- und Soldatenrat auf die Proteste hin bewaffnete Soldaten schickte. Auf diese Weise verscherzte man sich am Ort der akademischen Freiheit natürlich Sympathien.

Die meisten Studenten weigerten sich, an den jährlichen Feiern der »Judenverfassung« vom 11. August teilzunehmen — zu diesem Zeitpunkt war man sowieso in den Ferien. Dafür wurden die Hochschulen am Tage der Reichsgründung von 1871 und dem Geburtstag des abgedankten Kaisers auch nach 1918 festlich beflaggt; der Tag des Versailler Vertrags sollte als Trauertag begangen werden. Und genauso lehnte man eben die neuen Nationalfarben ab, weil durch sie »das Andenken an die gefallenen Kommilitonen entehrt und die deutschen Reichsfarben in den Staub gezogen würden«, wie die *KC-Mitteilungen* von

Kleine Universitäten

Zeichnung von Willi Steinert

Der Jurist: „Wir müssen unbedingt den alten Staat wieder haben, sonst kann ich alle Kollleghefte, die ich von meinem Leibburschen geerbt habe, ins Feuer schmeißen!"

194 Willi Steinert, 1919.

O academia!

Zeichnung von Kurt Hügelow

„Also Du hast gestern stramm behauptet, die Reichsfarben wären schwarz-rot-gold?"
„Ja, ich war schauderhaft besoffen!"

195 Kurt Hügelow, 1928.

Abfuhr

(Mit der Begründung, „daß örtliche Feiern die einheitliche Kundgebung der Reichsregierung beeinträchtigen könnten“, unterdrückte die preußische Regierung z. Z. die von den Hochschulen angesetzte Trauerfeier am 10. Jahrestag von Versailles. Mit der Begründung, „daß örtliche Feiern die einheitliche Kundgebung der Reichsregierung beeinträchtigen könnten“, lehnte die Studentenschaft ihre Beteiligung an den von der preußischen Regierung gewünschten Verfassungsfeiern der Hochschulen ab.)

Die preußische Regierung: „. . . und ausgerechnet mit meiner eigenen Finte!“

196 Werner Hahmann, 1929.
Republikfeindliche Karikatur. Im Streit um staatliche Feiertage: der deutsche Student und Regierungsmitglied Otto Braun, Gegner von studentischen Mensuren. Er wird sekundiert von Kultusminister Becker und einem Gewerkschaftssekretär.

1926 schrieben. Schwarzweißrot wurde wieder hochgehalten und erinnerte in nostalgischer Verklärung an rosigere Zeiten. Die Streitigkeiten erreichten 1926 anläßlich des Studententages in Bonn mit Aufmärschen von Studentenkolonnen beider Couleur ihren Höhepunkt.

Schwarzweißrote Studenten konnten sich der Unterstützung vieler konservativ eingestellter Professoren sicher sein. Besonders fröhlichen Beifall erntete der Göttinger Staatsrechtslehrer, der seine Vorlesung stets mit der Bemerkung zu unterbrechen pflegte: »Die Reichsfarben — ach, wie sind sie doch, ich habe sie schon wieder vergessen: ach ja, schwarz, rot, gelb sind sie.«

Aus der Perspektive des heutigen Betrachters, der um die Entwicklung der Weimarer Demokratie weiß, läßt sich über viele Karikaturen dieses und der nächsten Kapitel kaum noch lachen. Man darf annehmen, daß dies dem zeitgenössischen Leser leichter fiel. Für ihn waren die Bilder Verunglimpfungen des politischen Gegners und nicht in dem Maße die Gefahr signalisierenden Zeitzeichen, als die sie heute in ihrem Funktionswandel erscheinen. Die Geschichte hat den wachen Zeichnern republikfeindlicher Bestrebungen recht gegeben, was jedoch nicht heißt, daß die Gegenseite schlief: auch die konservative und reaktionäre Karikatur nahm sich des Themas Hochschule an, wie in den folgenden Abschnitten deutlich wird. Einige Karikaturen zeigen den obigen Ausführungen entsprechend den republikfeindlichen Studenten mit derjenigen schwarzweißroten Fahne, die auch von nationalistischen

Eine republikanische Universität

Zeichnung von Willi Steinert

Sollen das unsre zukünftigen Staatsbeamten sein?

197 Willi Steinert, 1920.
Korpsstudenten mit den Fahnen der Monarchie und Stahlhelmen im Hörsaal — kurz vor dem Kapp-Putsch entstanden.

Fanatikern mißbraucht wurde: Kapp zog mit ihr 1920 in Berlin ein, Hitler und Ludendorff versuchten unter ihr im November 1923 den Umsturz in München, und nicht von ungefähr setzte sich die Fahne der Nationalsozialisten aus denselben Farben zusammen. Trauriges Verdienst an der verfassungsfeindlichen Rolle von schwarzweißrot hatte die »Elite der Nation«, und zwar nicht nur, wie wir sehen werden, durch harmloses Fähnchenschwenken.

Immer uff die Republik!

Mit dem Ausgang des Krieges konnte Deutschlands akademische Welt nach all dem Hurra für Kaiser und Reich einfach nicht einverstanden sein. Schließlich war man »im Felde unbesiegt« geblieben, so daß die jetzige Machtlosigkeit nicht rechtens sein konnte. Die Uneinsichtigkeit in die Kriegsschuld und die Propagierung der »Dolchstoßlegende« schwang auch in den Worten des Berliner Rektors Eduard Meyer mit, als er die Regierungsmitglieder »Elemente, in deren Händen gegenwärtig die Leitung liegt«, nannte. Prof. Roethe sprach von einer »platten Revolution, die Deutschland zerstört hat, um den Untüchtigen freie Bahn zu schaffen.« Besonders der Vertrag von Versailles mit seinen Reparationsforderungen rief Entrüstung hervor. Bei seiner Rektoratsrede äußerte ein Greifswalder Theologe, die Deutschen hätten aus Versailles »nur die Narrenkappe heimgebracht«.

Solche Kathedersticheleien gegen die Republik hätte an sich nur ein mitleidiges Lächeln hervorrufen können, wäre da nicht noch der Einfluß der heimkehrenden studentischen Soldaten mit ihrer Schützengrabenromantik gewesen. Diese Auslese, die auf Kaiser und Reich vereidigt war, gab den Geist in den Korporationen an, in denen mehr denn je die Säbel rasselten und klirrten. 60% der männlichen Studenten waren während der Weimarer Zeit korporiert, und viele fühlten sich angesichts der inneren Unruhen berufen, Ordnung zu schaffen. Ihnen standen nur wenige Studenten gegenüber, die den Hochschulgruppen der Weimarer Republik angehörten, wegen ihrer politischen Zersplitterung aber keine straffe Organisationsform fanden. Sie kamen dann auch selbst in der konservativen und reaktionären

„Einen Bonner Borussen hätten sie in der Siegesallee aufstellen müssen, da wäre es mit der ganzen Revolution Essig gewesen!"

198 Kurt Hügelow, 1926.

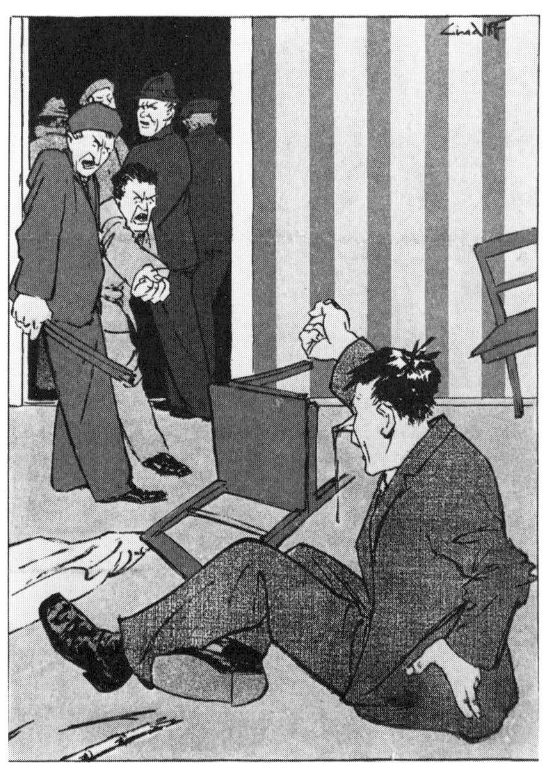

199 Hans Lindloff: *Toulouse. (In der Universität zu Toulouse wurden dort zum Besuch weilende, zur republikanischen Studentenvereinigung gehörige deutsche Studenten von der nationalen französischen Studentenschaft fürchterlich verhauen.)* 1930. Republikanische Studenten tauchen selten in den Spottbildern auf, und wenn, dann wie hier als nationalfeindlich dargestellt.

„Wenn ich auf Mensur stehe, mein Junge, dann is det einzigste, wat ick noch denke: Immer uff die Republik, uff die Republik!“

200 Kurt Hügelow, 1927.

Karikatur kaum vor. *Der republikanische Student* von Lindloff ist insofern eine seltene Ausnahme. Die korporierten Studenten hatten auch ikonographisch leichter darstellbare Merkmale, die schon seit der Mitte des 19. Jahrhunderts in einem bestimmten Zeichenkanon festgelegt waren. In dem erwähnten Buch des Hochschulhistorikers Prof. Ssymank fanden sich bereits 1929 einige dieser Karikaturen mit kritischem Kommentar abgebildet. Ssymank erkannte früh, daß das Zerrbild der Studenten nach wie vor von den Korporierten geprägt blieb, nicht zuletzt deshalb, weil einige durch ihre Aktionen in den sogenannten *Freikorps* auf sich aufmerksam machten.

Im April 1919 forderten die Mitglieder von 37 Hochschulen die Regierung auf, gegen den Bolschewismus zu den Waffen zu rufen. Die Antwort kam prompt mit einem Telegramm an alle Hochschulen: »Reichswehrminister Noske legt Wert auf Feststellung, daß er den Aufruf an die Studenten, unverzüglich in Reichswehr und Ostschutz einzutreten, voll und ganz unterstützt.« Tausende von Studenten drängten in die Freikorps und Zeitfreiwilligenverbände, die ab Dezember 1919 sogar gesetzlich sanktioniert waren. »Für das nächste Semester gehe ich zur Reichswehr«, hieß es in Studentenkreisen ganz offen, und im *Hochschulring deutscher Art* schuf man

DIE DEUTSCHE FRIEDENSINSEL oder: Die belämmerten Pazifisten

201 Erich Wilke, 1920.
Die Verunglimpfung pazifistischer Wissenschaftler begann schon kurz nach dem 1. Weltkrieg. In diesem Bild steht neben dem Schafskopf Woodrow Wilson, Präsident der USA und 1920 Initiator des Völkerbundes, der liberale Nationalökonom Prof. Moritz Bonn — in einer angeblich rüstungsfreien Republik Deutschland, die von waffenstarrenden Nachbarstaaten umzingelt ist. Das »pazifistische Rindvieh« Prof. Bonn mußte seinen Posten als Rektor der Berliner Handelshochschule 1933 verlassen.

sich 1920 eine völkisch orientierte Dachorganisation, die schon 1921 zwei Drittel aller Studenten umfaßte. Selbst stud. theol. Martin Niemöller beteiligte sich als Studentenführer an den Streikbrecher-Freikorps im Ruhrgebiet.

Die Tatsache, daß nicht alle Wehrwilligen zur Reichswehr gehen konnten, die von den Siegermächten in Versailles auf 100 000 Mann reduziert worden war, förderte die Entstehung einer Vielzahl von Organisationen, die, wie z. B. *Organisation Consul* oder *Roßbachbund*, mit Rücksicht auf die Entente im Geheimen operierten, zur Reichswehr aber Kontakt hielten und als *Schwarze Reichswehr* deren Schlagkraft auf 400 000 bis 500 000 Mann erhöhten — wegen der mangelnden Ausrüstung zwar nicht nach außen, aber doch gegen den »inneren Feind«, wie es im Artikel 160 des Versailler Vertrages auch vorgesehen war. Die offizielle und harmloseste Tätigkeit der studentischen *Arbeitstrupps*, die wie Soldaten kaserniert und mit militärischen Graden beehrt waren, lag noch im Einsammeln des verstreuten Kriegsgerätes, wodurch allerdings das republikanische Reichswehrministerium ausgerechnet den Bock zum Gärtner machte.

Die Teilnahme der bewaffneten Unkrautvertilger an den monarchistisch ausgerichteten Freikorps hatte Taten zur Folge, die auch zu dementspre-

202 George Scholz: *Alt Heidelberg, Du Feine,* Aquarell, 1923. Nächtliche Szene am Neckar, im Hintergrund die Alte Brücke und das Schloß während der Schloßbeleuchtung. Titel des Bildes in Anspielung auf ein Lied des Dichters Joseph Victor von Scheffel, der in den 1840er Jahren in Heidelberg studierte. Der Künstler Scholz veröffentlichte im »Eulenspiegel« 2/1929 eine Karikatur mit den gleichen Physiognomien. Dortiger Untertitel: »Ein rechter Mann hat es gottseidank nicht nötig, sein deutsches Antlitz hinter der Maske republikanischer Gesinnung zu verstecken.«

chend bissigen Karikaturen führten, wie z. B. in Bayern: hier beschloß eine Vollversammlung in Erlangen, die Universität dichtzumachen und sich dem *Freikorps Epp* anzuschließen, das sich gerade zur Niederwerfung der Räteregierung in München formierte; sogar im württembergischen Tübingen wurde der Lehrbetrieb eingestellt, weil sich fast die gesamte Studentenschaft an diesem Unternehmen beteiligen wollte. Unter den »Befreiern Münchens« befanden sich auch der Abiturient Heinrich Himmler, der kurz danach zu studieren begann, und Rudolf Heß, wohl mehr auf dem Papier als in Wirklichkeit Student der Wirtschaftswissenschaften in München. Zu ihren Gesinnungsgenossen gehörte ebenso der fanatische Offizier-Student Graf Arco-Valley, der am 21. 2. 1919 den bayrischen Ministerpräsidenten Kurt Eisner kaltblütig ermordete — die große Mehrheit der Münchener Studenten forderte später während der Gerichtsverhandlung seine Begnadigung. Von gleichem Ungeist waren auch die Freikorpsstudenten erfüllt, die am 2. 5. 1919 den Schriftsteller Gustav Landauer, Mitglied der Räteregierung, umbrachten.

Auch am Kapp-Putsch im März 1920 nahmen Studenten und Professoren aktiv teil. Ebenfalls aus Freikorps kamen die Attentäter, die führende Politiker der Weimarer Republik, wie Erzberger und Rathenau, ermordeten. Beim Anschlag auf Außenminister Rathenau am 24. Juni 1922 fuhr der Student Ernst Werner Techow, der schon den Kapp-Putsch in der Brigade Ehrhardt mitgemacht hatte, den Wagen, aus dem heraus die tödlichen Schüsse abgegeben wurden. Die Täter waren vorher von Studenten beherbergt worden, und während der Inhaftierung Techows wurden Liebesgaben in der Technischen Hochschule gesammelt. Syptomatisch für die gespannte Lage zwischen Republik und Hochschule war der darauffolgende Zwischenfall in Heidelberg: als drei Tage nach dem Attentat auf Walther Rathenau in ganz Heidelberg Trauer herrschte, weigerte sich der

203 Willi Steinert, 1920.

Physiker und Nobelpreisträger Prof. Philipp Lenard, die Flagge seines Institutes auf Halbmast zu setzen. Arbeiter stürmten das Gebäude, es kam zur Wasserschlacht, weil Studenten Wasser aus Hydranten gegen die Menge sprühten, und der bedrängte Physiker wurde von der Polizei in Schutzhaft genommen.

Davor schon, im Jahre 1920, hatten Studenten der bayrischen Reichswehr unter Oberst Epp zehn Arbeitersamariterinnen im Ruhrgebiet erschossen. Im gleichen Jahr war es auch zum spektakulärsten Skandal um studentische Attentäter gekommen. Die Streife eines Zeitfreiwilligenverbandes aus Marburger Korpsstudenten, unter der Führung von Fregattenkapitän a. D. stud. phil. Freiherr von Selchow, verhaftete am 25. 3. 1920 fünfzehn angebliche »Rädelsführer«, darunter fünf Mitglieder der *Deutschen Demokratischen Partei* (DDP). Alle Festgenommenen wurden auf dem Marsch in der Nähe des Ortes Mechterstädt »auf der Flucht« erschossen. Auf die Frage, was mit den Leichen geschehen solle, erwiderte einer der Studenten zynisch: »Sie sollen sie nach Marburg schicken, unsere Anatomie braucht Lei-

Angehende Attentäter

Die deutschnationale Kampfliga für Monarchie und Meuchelmord beim Übungsschießen.

204 Alois Florath, 1921.

chen«, wie ein Zeuge später vor Gericht bestätigte.

Wie die Männer der *Schwarzen Reichswehr* warben auch die *Nationalsozialisten* bereits um Anhänger in der Studentenschaft. Die 11. Hundertschaft der SA, der berüchtigten *Sturmabteilung*, von Rudolf Heß 1922 in München zusammengestellt, bestand ausschließlich aus Studenten. Im November 1923 nahmen sie und der erwähnte *Hochschulring* an Hitlers Putschversuch teil. Nach dem Scheitern kam es zu einer Demonstration von über 1000 Studenten, die von der Polizei gestoppt werden mußte. Die *Burschenschaftlichen Blätter* kommentierten: »Am 9. November sind in München zwanzig deutsche Männer für Volk und Vaterland gefallen. Wir bekennen mit Stolz, daß sich in diesen Verbänden Burschenschafter befinden.«

Auch die *Brigade Ehrhardt*, die fast identisch mit der *Organisation Consul* war und schon den Kapp-Putsch mitgemacht hatte, nahm am 9. November in München wieder teil; sie war nämlich so gut wie straffrei geblieben! Auch nach dem Novemberputsch konnte Ehrhardt wieder ganz legal in der Münchener Universität vor begeisterten Zuhörern vaterländische Reden halten. Warum sollten sie auch belangt werden, wenn doch von den Kathedern herunter die schwarzen Organisationen und ihre Fememorde verteidigt wurden?

Der Professor (»Bekenner«) der Rechte Krückmann von der Universität Münster trat in der *Deutschen Zeitung* vom 25. 2. 1928 dafür ein, daß die Täter nachträgliche Anerkennung verdienten, denn »die Macht der Tatsachen hat eine doppelte Rechtsordnung eingeführt.« Ebenso unterstrich sein Kollege Prof. Grimm in einem Rechtsgutachten, daß bei Fememorden Notwehr anzunehmen sei, »wenn die Täter im Interesse der Landesverteidigung so handeln mußten.« Der abgebildete, handgranatenbewehrte Professor ist aber keine Karikatur auf diese Vertreter des doppelten Rechts. Sie stammt aus der Zeitschrift *Phosphor*, die 1919 gegen die Münchner Räterepublik publizierte und mit diesem Bild die geschilderte latente Militanz der Hochschullehrer den Linken zuschrieb — beide politischen Lager zeichneten die Vertreter der Universitäten eben von ihrem Standpunkt. Wir kommen auf die Quellen der Bilder zurück, wenn im nächsten Kapitel der Akademikerkreis ins Blickfeld gerückt wird, der über die geschilderten Vorfälle zu richten hatte — die deutsche Justiz.

Das beste Argument.

Professor der Staatswissenschaften: „Sehen Sie, meine Herren, dies hier ist das politische argumentum ad hominem!"

205 Otto von Kursell, 1919.

Weimars Alte Herren

Zu keinem anderen Zeitpunkt der Hochschulgeschichte tauchten so viele Bilder auf die *Alten Herren* der schlagenden Verbindungen auf wie in der Weimarer Republik. Die Altakademiker hatten mit den korporierten Studenten dasselbe, ikonografisch leicht darstellbare Merkmal: den Schmiß auf der Backe, der noch aus bierseligen Studententagen stammte und den Bund für das Leben auch optisch signalisierte. Der Satiriker Kurt Tucholsky sah die Alten Herren vor allem in der Bildern von George Grosz getroffen und verriet das Rezept: »Das Geheimnis: er lacht nicht nur — er haßt.«
Hatte schon 1908 ein Prüfer trotz schlechter Leistungen des Kandidaten im Examen geglaubt, mit einem Gruß an den Herrn Papa »kompensieren zu können«, so hatte sich daran auch zehn Jahre später nichts geändert. Für die meisten Studenten wurden die Beziehungen eines *A. H.* zu Wirtschafts- und Staatsposten nur umso wichtiger, je ungünstiger sich die Stellenaussichten für Akademiker entwickelten.

„Ich hab meinem alten Herrn gesagt, ehe nicht die letzten Sozis und Demokraten aus den Ministerien gefenstert sind, steig ich nicht ins Examen."

206 Anonym, 1927.

„Leibbursch, Du wirst dicker und dicker!"
„So, na, dann wird Dir ja jetzt auch eine Ahnung dämmern, weshalb die Amts-Talare alle so schön weit gehalten sind!"

207 Hans Landwehrmann, 1927.

Das Gewicht der *Alten Herren* mit den Spitzenpositionen wird deutlich, wenn man sich ihre Anzahl vor Augen führt: nach Statistiken von 1930 standen 78 917 korporierten Studenten genau 170 497 *Alte Herren* zur Seite. Ein anonymer Schreiber parodierte deren Einfluß 1926 im *ULK*:

> Und ob uns der Philister auch vermöbelt,
> Wenn wir mal wieder einen angepöbelt —
> Wir sind ja doch die Blüte der Nation!
>
> Laß sie nur feixen über Suff und Schmisse,
> Gar mancher Jüngling kam durch Backenrisse
> Zu einem hübschen Pöstchen nebst Pension.
>
> Solang uns unsere Alten Herren lieben,
> Und uns mit treuen Bäuchen vorwärts schieben —
> Sind wir und bleiben Blüte der Nation.

Der promovierte Jurist Tucholsky, unter dessen Chefredaktion die Karikaturen des *ULK* nach dem 1. Weltkrieg entstanden, bedachte besonders seine Kollegen aus der Justiz, die auch über die weiter oben beschriebenen Attentäter zu Gericht saßen, mit schonungsloser Kritik: »Das muß man gesehen haben. Da muß man hineingetreten sein. Diese Schmach muß man drei Tage lang an sich haben vorüberziehen lassen: dieses Land, diese Mörder, diese Justiz. Eine Welt stinkt auf.« Die Gründe seiner Verachtung: von den zwischen 1919 und 1922 verübten 376 politischen Morden waren 22 Attentate der Linken, für die es 38 Verurteilungen, darunter 10 Todesurteile gab, während für die rechten Attentäter nur 24 Verurteilungen und darunter kein Todesurteil ausgespro-

208 George Grosz, *Die Stützen der Gesellschaft,* Ölgemälde, 1926.
Die tragenden Kräfte der Weimarer Republik, wie Grosz sie in diesem dem neuen Realismus zuzuordnenden Ölbild sieht, sind:
vorn ein »Alter Herr« mit Säbel und Bierseidel, in dessen Kopf ritterliche Schlachten stattfinden; rechts ein fetter Deutsch-Nationaler mit Kot im Kopf; links ein reaktionärer Journalist mit übergestülptem Nachttopf; im Hintergrund ein rotnäsiger, alles absegnender Pfaffe und Militärs mit Pistolen und blutverschmierten Säbeln. Zu vermuten sind (kunsthistorisch noch nicht untersuchte) Anspielungen auf Innenminister von Keudell, Großverleger Hugenberg und Reichswehrminister »Bluthund« Noske.

209 Rudolf Schlichter, 1925.
Karikatur auf den Gerichtsprozeß um den Mechterstädt-Fall.

chen wurde. Von linken Anschlägen wurden 80% gesühnt, auf der Seite der Rechten aber nur 9%. Hier hackte eine Krähe der anderen kein Auge aus. Berufsvererbung und Selbstrekrutierung beeinflußten die Beurteilung des *collega in spe:* die »Mechterstädter Horden« (so die Karikaturzeitschrift *Der Knüppel*), die 1920 Leichen für Marburgs Anatomie lieferten, wurden ausnahmslos vor Gericht freigesprochen, übrigens unter Zustimmung des Rektors und des Senats. Dagegen

210 Willibald Kraska, 1920.

wurde der an der Universität München eingeschriebene sozialistische Dichter Ernst Toller, der nach Eisners Ermordung Vorsitzender der bayrischen Räteregierung geworden war, nach deren Zusammenbruch zu fünf Jahren Festungshaft verurteilt. Tucholsky resignierte im gleichen Jahr angesichts der Gerichtsprozesse: »Auf das leere Klappern des offiziösen Apparats brauchen wir kaum noch hinzuhören.« Für ihn war eindeutig, woher die Gesinnung der Richter kam:

> Auf Universitäten forsch gesoffen,
> in Kaiser-Fackelzügen mitgeloffen,
> so wuchs das auf zum Referendar . . . (1922)

Die bissigen Bildangriffe auf die *Alten Heren* und ihre Protegés kamen aus einer bestimmten politischen Stoßrichtung, so daß hier eine kurze Beschreibung der satirischen Presse in der Weimarer Republik angebracht scheint. Erstmals nach der großen Flut der während der Märzrevolution entstandenen Karikaturzeitschriften zeitigte die neue Staatsform eine gewisse Bandbreite und Spätblüte der Satireblätter. Die politische Zersplitterung fand in der Presse ihre Entsprechung, und so läßt sich die ganze Skala der ideologischen Richtungen in Bildern beobachten. Es entstanden zahlreiche, weil oft zensierte kommunistische Publikationen wie der *Blutige Ernst* (1919), die *Pleite* (1919—23), der *Eulenspiegel* (1928-31, mitbegründet von Heinrich Zille und mit Zeichnungen von Käthe Kollwitz und George Grosz), der vom *Roten Pfef-*

O Academia!

Nach der Mensur.

„Sie dürfen eben nicht Ihrem Gegner das Gesicht zerhacken!“

211 Anonym, 1930.

212 Gerhart Holler, 1926.

213 George Grosz: *Gottgewollte Abhängigkeit,* 1921.
Zeichnung aus dem Buch »Das Gesicht der herrschenden Klasse«, die den Anteil der studierten Leute am »kapitalistischen Marionettenspiel« zeigen soll. Ein Alter Herr, erkennbar an den Schmissen, zieht die Fäden, an denen vorn ein Korpsstudent dirigiert wird, der mit der Linken einen Meineid schwört.

fer bis 1933 fortgeführt wurde, und der *Knüppel* (1922—27, ein Vorläufer des *Eulenspiegel,* mit satirischen Zeichnungen von George Grosz, Rudolf Schlichter und John Heartfield, dessen Fotomontagen in der AIZ ab 1930 sich auch mit dem Thema Universität beschäftigten). Neben republikbejahenden Organen wie dem sozialdemokratischen *Wahren Jakob* (gegründet 1877), der 1924-27 als *Lachen links* erschien, dem *ULK* (gegründet 1871) und dem *Simplicissimus* finden sich auch konservative Zeitschriften wie die *Fliegenden Blätter*, die *Jugend* und der *Kladderadatsch,* die ihre ursprüngliche Liberalität spätestens mit dem 1. Weltkrieg aufgegeben hatten und nun geradezu republikfeindliche Bilder lieferten, sofern sie nicht in Harmlosigkeit versanken. Auch die rechtsradikale Karikatur, eine bis dahin fast unbeachtete Spielart, trumpfte gleich zu Beginn der Republik auf, als 1919 mit dem erwähnten *Phosphor* ein kurzlebiges Blatt entstand, das als sein erklärtes Ziel angab, die Münchener Räteregierung vernichten zu wollen. Ab 1931 etablierte sich mit der *Brennessel* sogar eine nationalsozialistische Karikaturzeitschrift mit bald 80 000 Abonnenten, was den Stellenwert, den man dem politischen Witzbild beimaß, nachdrücklich unterstreicht.

Die unbequemen Bilder auf die *Alten Herren* erschienen hauptsächlich in den linksgerichteten Zeitungen in Berlin, wo die traditionellen Arbeiterparteien noch bei den Reichstagswahlen im November 1932 über die Hälfte der Wählerstimmen bekamen (KPD 31%, SPD 23,3%) und die Stadt zu einer proletarischen Festung machten. Auch wenn die Majorität der Altakademiker gemäßigter war als es den Bildern nach scheint, rücken die Karikaturen die Tatsachen insofern in das rechte Licht, als diejenigen, die da öffentlich angeprangert wurden, das ideologische Umfeld entscheidend mitprägten. Wie die Geschichte zeigte, spielte der Satiriker Tucholsky keinesfalls den *advocatus diaboli,* als er 1928 in der *Weltbühne* mahnte: »Das moralische Recht, der moralische Fortschritt, die sittliche Erziehung des Volkes werden nicht auf deutschen Universitäten gelehrt, nicht von deutschen Gerichten stabilisiert.« Der Schreiber sollte fünf Jahre später von deutschen Professoren und Studenten die Quittung für sein loses Mundwerk bekommen.

Die Wacht am Numero Clausett

Die Werbung um das Vertrauen in die junge Republik an den Universitäten lag vor allem bei einem Mann: bei Dr. Carl Heinrich Becker, der nach jahrelanger Mitarbeit im Kultusministerium schließlich 1925 preußischer Minister für Wissenschaft, Kunst und Volksbildung wurde. DDP-Mitglied Becker sah Bildungsreform als Teil der Gesellschaftsreform an. Zusammen mit Dr. Adolf Reichwein gründete er vierzehn Hochschulen vom neuen Typ der *Pädagogischen Akademie*, um »Bildung in Lebensnähe« zu vermitteln; Psychologie, Soziologie und Politologie erlebten unter Beckers Leitung einen Aufschwung an den Hochschulen; die Position des »Mittelbaus« und der Privatdozenten wurde gestärkt. Trotz der Demokratisierungsversuche Beckers an den Hochschulen wuchs der Anteil der Arbeiterkinder kaum nennenswert. Die Karikaturzeitung *Phosphor* behauptete zwar 1919 unter dem Titel *Hochschulreform:*

> Hochsaison hat jetzt noch immer
> Das politische Theater;
> Welch ein Geist, ein furchtbar schlimmer,
> Weht auch Dir nun, alma mater!
> Warst ein Hort für Musenkinder,
> Die da reif von Schulen kamen,
> Bald studieren Besenbinder
> Ohne jegliches Examen.

— doch der proletarische Einfluß war unerheblich. Das zeigte sich auch, als die ersten *Allgemeinen Studentenausschüsse* (AStA) gebildet wurden und die Studentenschaft die Aufgabe bekam, sich eine eigene Verfassung zu erarbeiten. Gerade an diesem letzten Punkt sollte das Vertrauen in Becker 1927 endgültig scheitern.

Die Natur hat ihn so einfach, gradlinig und selbstverständlich gewollt, daß es überhaupt nichts zu entwickeln gab; nur die unbedenkliche Entfaltung angeborener Vorurteile ... Welcher Mensch eignete sich besser zum Fetisch, zur Statue, zum Symbol? ... Ein Philosoph würde mit Hindenburg nun eben nicht den Thronstuhl besteigen. Nur ein repräsentatives Symbol, ein Fragezeichen, ein Zero. Man kann sagen: besser ein Zero als ein Nero. Leider zeigt die Geschichte, daß hinter einem Zero immer ein künftiger Nero verborgen steht.
Aus Theodor Lessings Artikel über Hindenburg im Prager Tageblatt vom 25. 4. 1925.

214 Friedrich Gäbel, 1926.

Dem Bruch voraus ging ein studentisches Spektakel an der TH Hannover, wo sich der Privatdozent Theodor Lessing 1926 abfällig über den Präsidentschaftskandidaten Paul von Hindenburg äußerte — ausgerechnet über den Mann, dem die Studentenschaft zu jedem Geburtstag gratulierte, während sie dem verstorbenen Reichspräsidenten Friedrich Ebert keine Träne nachweinte. Der geschlagene Feldherr war 1919 zum Ehrendoktor sämtlicher Technischer Hochschulen ernannt worden, obwohl er sich rühmte, außer der Bibel und der preußischen Exerzierordnung nie ein anderes Buch gelesen zu haben. »So wurde ohne alle Prämissen/der Doktor vor die Soldaten geschmissen«, kommentierte Tucholsky im selben Jahr. Hindenburgs Verehrer aber randalierten in Lessings Vorlesungen, und als Becker sie nicht unterstützen wollte, wandten sie einen alten studentischen Trick an: drei Viertel der gesamten Studentenschaft zogen demonstrativ nach Braunschweig aus. Beckers Ministerium geriet so unter Druck, daß Lessing einen anderen Forschungsauftrag bekam und hinauskomplementiert wurde.

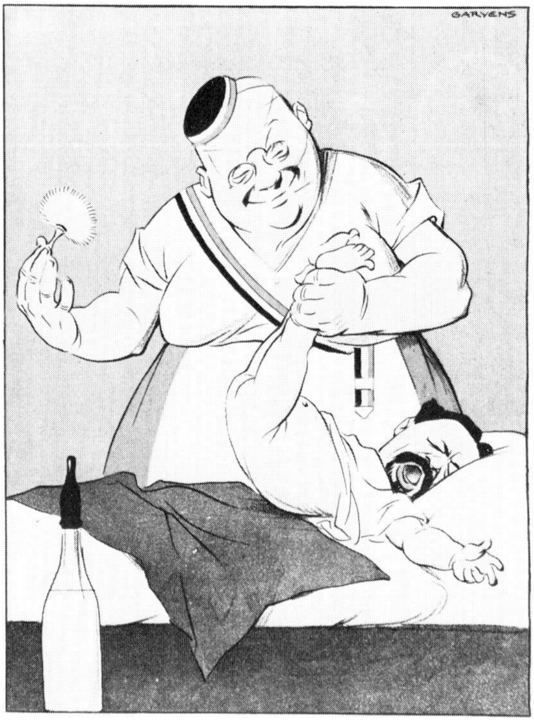

215 Oskar Garvens, 1926.

Die *Kladderadatsch*-Titelzeichnung zeigt die Freude der Lessing-Gegner über dessen Entfernung, während das Spottbild von Friedrich Gäbel wiederum die Betreiber aufs Korn nimmt. Die deutschen Hochschulen aber hatten hier ein Vorspiel erlebt, das sich, wie in den Fällen der Professoren Gumbel, Dehn und Cohn, unter nationalsozialistischer Regie noch vor 1933 ein paarmal wiederholen sollte.
Als die *Deutsche Studentenschaft* dann Becker ihren Verfassungsentwurf vorlegte, konnte der Demokrat zwei Punkten nicht zustimmen: österreichische Verbindungen durften der staatlich unterstützten *Deutschen Studentenschaft* nicht wie gefordert angehören, denn sie waren aufgrund der massenweisen Einwanderung verfolgter Juden aus Ungarn und der Tschechoslowakei radikal antisemitisch eingestellt. An der TH Wien gab es bereits 1923 einen offiziellen *Numerus clausus* von 10% für jüdische Studenten. Auch der Becker vorgelegte Verfassungsentwurf enthielt einen nicht akzeptablen »Arier-Paragraphen«. Dabei war der Antisemitismus unter Deutschlands Akademikern geradezu schon Tradition: Prof. Fries und Turnvater Jahn sahen Deutschlands Unglück in den »Allerweltsmenschen, die man Sklaven

216 H. Einer, 1927.
Eine Parodie auf das Lied »Wir hatten gebauet ein stattliches Haus«, mit dem A. v. Binzer 1819 die Auflösung der Burschenschaft beklagt hatte. Statt »Das Band ist zerschnitten, war Schwarz, Rot und Gold, Und Gott hat es gelitten, wer weiß, was er gewollt!« heißt es hier nur noch: »Die Form ist zerbrochen, von außen herein, doch was drin gerochen, ist eitel Dunst und Schein« — eine äußerst bissige Satire auf die nationalsozialistischen Studenten in Wien, die aus dem »stattlichen Haus« der Universität einen Abort machen, indem sie einen numerus clausus für Juden fordern.

Band XXX — Nr. 762 Wien, am 13. Mai 1920 Preis K 4.50, K č. 2.—, M 1.25

DIE MUSKETE

Alma mater dolorosa

(Zeichnung von Fritz Gareis)

Hosiannah, es kommt das neue Reich! —
Juden und Christen prügeln einander,
Christen und Juden geraten selbander
Auf gleich und gleich.

Teutsche Mannen mit farbigen Kappen,
Semiten, die gleichfalls be--kappetzt sind,
Entfachen des Hasses brausenden Wind
Mit Fäusten und Pappen.

Heil solcher Jugend! Sie bringt 's noch weit. —
Statt Argumenten wird der Stock geschwungen,
Zum Fußtritt flott die Wacht am Rhein gesungen...
Oh, große Zeit!

Oh Zukunft! — Sieh — gleich schillernden Mandrillen
Schleichen sie abgekämpft zu Hörsaalbänken
Und lernen dort — was narrt mich? — ethisch denken,
Um Gottes Willen!!

Jeremias

217 Fritz Gareis, 1920.
Ein christlicher und ein jüdischer Student aus Wien prügeln sich mit Kondensmilch auf dem Schoß einer alma mater, die trotz ihrer Aufmachung als Pallas Athene, der griechischen Göttin der Vernunft, keine nährenden Brüste mehr hat.

218 Anonym, 1927.

„Wir sind des Volkes Erwecker,
Treudeutsch mit zerhacktem Gesicht,
Und der Kultusminister Becker,
Der kann uns — noch lange nicht!"

und Juden nennt«, im Oktober 1818 ging der Streit unter den Burschenschaften darum, ob man Juden aufnehmen solle, und 1880 schickten 4000 von insgesamt 20 000 Studenten eine Petition an Bismarck, die die »Einschränkung der jüdischen Machtstellung« forderte. Der *Kyffhäuserverband,* die *Burschenschaften,* die *Landsmannschaften* und *Turnerschaften,* und auch die Dachverbände der Corps, wie der *Weinheimer* und *Kösener SC,* praktizierten gegen Ende des 19. Jahrhunderts das Beitrittsverbot und — fast noch schlimmer — die Absprechung der Satisfaktionsfähigkeit für Juden, die, wie schon um 1900, eigene jüdische Korporationen bildeten oder sich in der *Finkenschaft* organisierten. Die Nachweispflicht der arischen Großmutter war demnach keine Erfindung der Nationalsozialisten, sondern bei vielen akademischen Organisationen schon lange im Programm, auch wenn dies nicht unbedingt schriftlich in den Satzungen festgehalten war.

Unter dem Einfluß von Beckers Gegenspieler, dem Innenminister und *A. H.* von Keudell, unterlag das Verfassungs-Gegenangebot der Regierung in einer Kampfabstimmung bei der *Deutschen Studentenschaft,* woraufhin Becker die staatlichen Subventionen strich. Damit hatten sich Republik und Akademiker endgültig im Zwist getrennt, und daran konnte auch der schnell gegründete, staatsbejahende republikanische *Deutsche Studentenverband* nichts ändern, dessen Wirkung sich alsbald verlor.

Stattdessen machte sich der *Nationalsozialistische Deutsche Studentenbund* (NSDStB) immer rascher in den ASten breit: 1930, in dem Jahr, als Becker seinen Platz in Berlin räumte und sich in Thüringen mit Wilhelm Frick der erste Nazi-Minister etablierte, hatte der NSDStB schon an 11 Hochschulen, teilweise in Koalition mit Korporationen, die Mehrheit. Er sollte fortan den Umgangston an den Hochschulen bestimmen.

219 Gerhart Holler, 1927.
Karikatur auf den Gegenspieler von Dr. Becker, den Innenminister von Keudell, der als Alter Herr die korporierte Studentenschaft unterstützte. Das Bild spielt auf die telefonische Verbindung Keudells zu den Studenten an, die im Zirkus Busch gegen Kultusminister Becker tagten.

220 Anonym, 1927.
Der preußische Kultusminister Dr. C. H. Becker im Kampf mit der preußischen Studentenschaft, der im gleichen Jahr mit deren Verbot und Auflösung endete.

7. Februar 1930

Zwei deutsche Ministersessel

Zeichnung von Kurt Werth

In Weimar durfte der Putschist Frick Platz nehmen, obwohl er einer reaktionären Umsturzpartei angehört.

In Berlin musste der Republikaner Becker Platz machen, weil er keiner Partei angehört.

221 Kurt Werth, 1930.
Im selben Jahr, in dem der preußische Kultusminister Becker abdankte, richtete der Nationalsozialist Wilhelm Frick als thüringischer Volksbildungs- und Innenminister den ersten Lehrstuhl für Rassenkunde in Jena ein. Ab 1933 führte Frick, der schon 1923 den Putschversuch mitgemacht hatte, die Prügelstrafe an den Schulen wieder ein und machte die Mitgliedschaft im NS-Lehrerbund zur Pflicht.

Hakenkreuz im Hörsaal

Die Machtergreifung begann an den Universitäten schon vor 1933. »Nichts gibt mir mehr Glauben an den Sieg unserer Idee als die Erfolge des Nationalsozialismus auf der Hochschule«, triumphierte Adolf Hitler 1930. Eine persönliche Schlappe brachten ihm republikanische Professoren allerdings bei: der Senat der TH Braunschweig lehnte empört ab, als Nazi-Minister Klagges aus Einbürgerungsgründen, die Hitlers Reichspräsidentschaftskandidatur ermöglichen sollten, eine Professur für den Führer erwirken wollte und die Bitte aussprach, »den Herrn Schriftsteller Adolf Hitler anzunehmen.«
Der Herr Schriftsteller war bei den Studenten zunächst erfolgreicher. 1927 hatte er ihnen mit holperiger Grammatik verkündet, wie er sie sich vorstellte: »Nicht ›bierehrliche‹ Stichfestigkeit, sondern politische Schlagkraft ist jetzt nötig, und die Vorstellung der heutigen Zeit wird nicht mehr befriedigt durch den ›Studiosus‹ von einst, den mehr oder weniger bemoosten Häuptern, als vielmehr durch den Mann, dessen Beschreibung heißt: schlank wie ein Windhund, zäh wie Leder und hart wie Kruppstahl.«
Nach den Erfolgen an elf Hochschulen im Wintersemester 1930/31 dehnten die Studenten mit

Die Erneuerer Zeichnung von Hügelow
„Trink, trink, Brüderlein trink,
lasse die Sorgen zu Haus.
Schimpf auf die Juden, die Saurepublik,
dann machste bei Hitler dein Glück!“

222 Kurt Hügelow, 1932.

Universitätsskandale
(M. Frischmann)

„Det Lehren haben wa ja nu schließlich den ollen Quaßlern jestattet, aber vom Lernen macht wieder bloß so 'n semitisches Schwein Jebrauch!“

223 Max Frischmann, 1931.

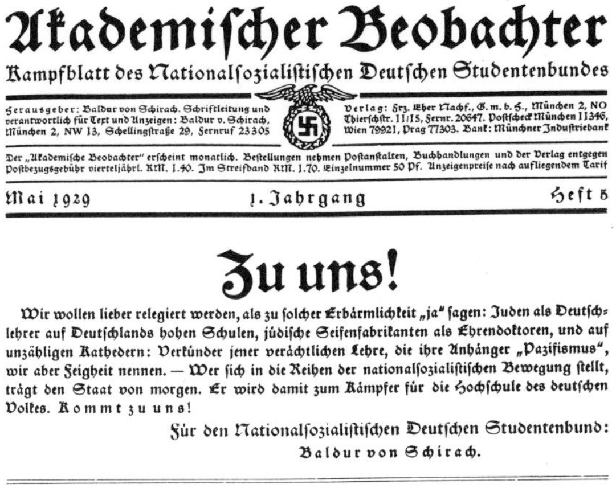

Akademischer Beobachter

Kampfblatt des Nationalsozialistischen Deutschen Studentenbundes

Herausgeber: Baldur von Schirach. Schriftleitung und verantwortlich für Text und Anzeigen: Baldur v. Schirach, München 2, NW 13, Schellingstraße 29, Fernruf 23305

Verlag: Frz. Eher Nachf., G. m. b. H., München 2, NO Thierschstr. 11/15, Fernr. 20647. Postscheck München 11346, Wien 79921, Prag 77303. Bank: Münchner Industriebank

Der „Akademische Beobachter" erscheint monatlich. Bestellungen nehmen Postanstalten, Buchhandlungen und der Verlag entgegen Postbezugsgebühr vierteljährl. RM. 1.40. Im Streifband RM. 1.70. Einzelnummer 50 Pf. Anzeigenpreise nach aufliegendem Tarif

Mai 1929 | 1. Jahrgang | Heft 5

Zu uns!

Wir wollen lieber relegiert werden, als zu solcher Erbärmlichkeit „ja" sagen: Juden als Deutschlehrer auf Deutschlands hohen Schulen, jüdische Seifenfabrikanten als Ehrendoktoren, und auf unzähligen Kathedern: Verkünder jener verächtlichen Lehre, die ihre Anhänger „Pazifismus", wir aber Feigheit nennen. — Wer sich in die Reihen der nationalsozialistischen Bewegung stellt, trägt den Staat von morgen. Er wird damit zum Kämpfer für die Hochschule des deutschen Volkes. Kommt zu uns!

Für den Nationalsozialistischen Deutschen Studentenbund:
Baldur von Schirach.

224 J. P., 1931.
Ein nationalsozialistischer Student beschmutzt einen Staatsbeamten (Becker?) mit dem Inhalt eines Nachttopfes.

den braunen Uniformen ihren Erfolg im Sommersemester 1931 auf fünfzehn Hochschulen aus und beherrschten die dortigen ASten. Bevorstehende Arbeitslosigkeit und Statusverlust machten immer mehr Studenten für faschistische Ideen anfällig. Noch im gleichen Jahr wurde ein Nazi zum Vorsitzenden des Studententages gewählt, der im österreichischen Graz stattfand — der Schauplatz für den Studententag des folgenden Jahres war bezeichnenderweise eine Königsberger Kaserne. Mit insgesamt 4000 Mitgliedern beherrschte der NSDStB unter seinem Führer Baldur von Schirach, einem dichtenden Rechtsstudenten aus München, die Universitätsszene. »In jener Versammlung, als zum ersten Male rotes, warmes Blut floß, als vertiertes Untermenschentum und verhetzte Volksgenossen den Mordstahl zückten, im Brüllen und Toben der Saalschlacht wurde unsere Bewegung geboren«, bekannte der Hallenser Jurastudent H. Fuchs im Januar 1931.

225 Max Frischmann, 1930.

226 TES: *Ach, unser armer Freund! An der Kohlrübe, die den Krieg vier Jahre verlängert hat, ist ER nun erstickt!* 1932.

Karl Prühäußer

227 Karl Prühäußer, 1932.
Nationalsozialistische Karikatur auf den evangelischen Theologen Günther (sic!) Dehn.

Kampflied des NSDStB war das des Studenten Horst Wessel, des angeblichen Theodor Körner des Nationalsozialismus, der sich jedoch kaum mit dem Studium, sondern mehr damit beschäftigte, als SA-Sturmführer und einer von Goebbels' wichtigsten Helfern reihenweise Saalschlachten zu inszenieren. Er wurde zum Mythos, nachdem ihn vermutlich ein Zuhälter 1930 erstochen hatte, der von den Nazis als Kommunist hingestellt wurde. Das *Horst-Wessel-Lied*, nach der Melodie eines KPD-Jugendgruppenliedes gesungen, war bald Parteihymne.
Die Braunhemden stellten Listen mit den Namen mißliebiger Personen auf. In Heidelberg tat sich der AStA-Vorsitzende Gustav Adolf Scheel (ab 1936 Reichsführer der NSDStB) hervor, indem er den »Fall Gumbel« noch einmal aufwühlte, der schon 1924 für Aufregung gesorgt hatte. Der Privatdozent und in der *Liga für Menschenrechte* engagierte Pazifist Emil Julius Gumbel war wegen seiner Publikationen über die Kontakte reaktionärer Studenten zur *Schwarzen Reichswehr* und aufgrund seiner Schriften über politische Morde von vornherein unbeliebt. Er hatte angedeutet, die Soldaten des Weltkrieges seien auf dem »Felde der Unehre« gefallen und ein Kriegerdenkmal erinnerte ihn nicht an eine »leichtbekleidete Jungfrau mit Siegespalme«, sondern an »eine einzige große Kohlrübe« — eine Anspielung auf das Hungern im Kriege. Als er zum außerordentlichen Professor ernannt werden sollte, kam es zu Aufruhr, Schlägereien und zum Boykott seitens des AStA, mit dem Ergebnis, daß Gumbel 1932 amtsenthoben wurde.
Ähnlich spektakulär verliefen die Tumulte um Prof. Günther Dehn in Halle und Prof. Ernst Cohn in Breslau. Der evangelische Theologe Dehn befürwortete die Kriegsdienstverweigerung (was den militanten Teil der Studentenschaft empörte) und warnte davor, dem Krieg ein christliches Gesicht zu geben, weil der, der getötet habe, auch habe töten wollen. Der Breslauer Staatsrechtler Cohn antwortete einer Zeitung auf die Frage, ob man dem Sowjetrevolutionär und Gegner Stalins, Leo Trotzki, Asyl gewähren solle, vorsichtig aber eindeutig: »Ein geistiger Arbeiter wird stets schutzwürdig erscheinen, denn an Agitatoren und Nurpolitikern haben wir keinen Mangel.« Skandal im Hörsaal war jeweils die Fol-

228 TES.: *Professor Cohn, Breslau, Liest sein Colleg.* 1932.

ge; Mobiliar ging zu Bruch, die Lehrtätigkeit wurde behindert, die Polizei mußte eingreifen und letztendlich wurden beide — früher oder später — entlassen.

Ihren Niederschlag in Bildern fanden diese Ereignisse in der nationalsozialistischen *Brennessel,* die 1931 eigens dazu gegründet wurde, alle namhaften Persönlichkeiten der Weimarer Demokratie mit ihren Karikaturen zu verfolgen. Ihr erklärter Wahlspruch war: »Wir wollen *brennen* allen Feigen auf ihre Stirn das Judenmal«, und neben ihren haßerfüllten Zeichnungen nahmen sich die des reaktionären *Kladderadatsch* vergleichsweise harmlos aus. Wie lange der *Simplicissimus* oder der *Wahre Jacob*, aus denen die hier abgebildeten antifaschistischen Karikaturen stammen, sich noch halten konnten, wurde eine Frage der Zeit. Viele der noch auf die Monarchie vereidigten Professoren sahen dem Kesseltreiben teilnahmslos zu. Die braunen Studenten hatten zwar nicht gerade ein akademisch feines Auftreten — aber trafen sie mit ihren Ideen nicht auch die eigenen geheimen Sehnsüchte, die sich aus Kaisers Zeiten überliefert hatten?

229 Karl Holtz, 1930.

Rassische Quacksalberei

Zu akademischen Ehren kamen nationalsozialistische Lehrer schon vor 1933. In Jena wurde 1930 für den unhabilitierten Privatrassenforscher Hans Günther vom thüringischen Volksbildungs- und Innenminister Wilhelm Frick ein Lehrstuhl für Rassenkunde eingerichtet. Der AStA bedankte sich beim Minister und veranstaltete zusammen mit der SA einen Fackelzug am Tage von Günthers Antrittsvorlesung.

Dieser war der führende deutsche Prediger eines Arierbegriffes, der gar nicht einmal deutschen Wissenschaftlern entsprungen war: der Franzose Comte de Gobineau hatte ihn nach der Französischen Revolution von 1789 zwecks Rechtfertigung und Wiedereinführung sozialer Privilegien geprägt, weil er sich als Adliger gegen die Forderung nach Gleichheit aller Bürger stemmte und dies damit begründete, daß die Revolution nur ein Aufstand plebejischer Gallier gegen einen germanischen, aus Franken eingewanderten Adel war. Das Argument von der natürlichen Ungleichheit ließ sich immer dann heranziehen, wenn eine herrschende Klasse in Frage gestellt wurde. Auch andere Vorläufer, auf die sich NS-Forscher beriefen, blieben ähnlich irrational. Platons Menschenideal der *Kalokagathia* legte Günther so aus, daß Häßlichkeit kulturelle Minderwertigkeit beinhalte. Schon Voltaire hatte 1754 Neger als niedere Menschengattung bezeichnet, der norwegische Philosoph Henrik Steffens ihm um 1800 beigepflichtet: »Wer erröthen kann, ist ein Mensch, wer dies nicht kann, ist ein Mohr.« Der pfälzische Arzt Franz Joseph Gall behauptete um 1815 in seiner *Phrenologie*, Charakter und moralische Eigenschaften ließen sich an der Kopfform ablesen; der Schwede Anders Retzius stellte mit seinem »Schädelindex«-Meßverfahren 1840 fest, daß es brachycephale und dolicephale, Kurzschädel- und Langschädeltypen gäbe; der Berliner Genetiker Alfred Ploetz, der 1905 die *Gesellschaft für Rassenhygiene* begründete, behauptete, Germanen hätten die besten Schädel und verhielten sich deshalb zum Neger wie dieser zum Gorilla, und Vacher de Lapouge, als Franzose der Vater des Begriffs von der *nordischen Rasse*, erkannte 1910 im *Homo europäus* den Arier wieder, der langschädelig und blauäugig sein mußte.

Die zunächst gar nicht rein antisemitisch ausgerichteten Rassentheoretiker proklamierten erst gegen Ende des 19. Jahrhunderts die angeblich angeborene Minderwertigkeit der »jüdischen Fremdgruppen«. Besonders Houston Stuart Chamberlain, englischer Schwiegersohn des Gobineau-Verehrers Richard Wagners, leistete mit seinen *Grundlagen des 19. Jahrhunderts* von 1899 dem Antisemitismus Vorschub und sorgte mit 24 Auflagen bis 1938 für den Siegeszug in den »plüschbezogenen Wohnstuben des deutschen Bürgertums« (Patrick von zur Mühlen) — und damit an den Hochschulen. Gefährlich wurden die Theorien dadurch, daß in sozialdarwinistischer Argumentationsweise das Recht des Stärkeren auf Vernichtung der Schwachen, wie bei Ploetz, und der »Rückzüchtung« und »Entmischung«, wie bei Günther, gefordert wurde.

An den Hochschulen gewannen die rassischen Quacksalber an Einfluß und konnten nach der

NEUER LEHRSTUHL AN DEN DEUTSCHEN UNIVERSITÄTEN

VÖLKISCHE TIEFENSCHAU

Ein Professor Vitlawopsky von der Universität Heidelberg hat festgestellt, daß das menschliche Hühnerauge, allerdings nur das germanische, befähigt ist, in die Zukunft zu schauen. Hitler hat sogleich nach Bekanntwerden der Entdeckung des genialen Forschers die Überführung von 1300 Hühneraugenoperateuren ins Konzentrationslager angeordnet.

Original-Aufnahme aus dem teutonischen Busch von John Heartfield.

230 John Heartfield, 1933. Eine bereits aus dem Exil in Prag publizierte Fotomontage.

231 Eduard Thöny, *Mit ihrer politischen Gesinnung sind wir einigermaßen zufrieden. Jetzt ziehen Sie sich mal aus, damit wir sehen, ob Sie ein Arier sind!* 1931.

Machtergreifung durchsetzen, daß Fächer wie Erbbiologie, Rassenkunde und -hygiene an vielen Fakultäten Einzug hielten und teilweise sogar zu Prüfungsfächern erhoben wurden. Der »verjudeten« Physik Albert Einsteins stellte der Nobelpreisträger von 1905, Philipp Lenard, 1936 seine rassisch begründete vierbändige *Deutsche Physik* entgegen; in Würzburg äußerte 1933 ein Professor während einer Seminarübung zu dem Thema *Philosophie der marschierenden Mannschaft,* daß überhaupt nur Arier philosophieren könnten.

Wissenschaftliche Anthropologie wurde unter den Nazis jedoch verhindert, weil sich bald herausstellte, wie unhaltbar sie war. So wurden selbst großangelegte Blutuntersuchungen abgebrochen. Es blieb einzelnen Professoren vorbehalten, den rational verbrämten Haß auszuleben.

Was deren Methoden allerdings an Unmenschlichem in sich bargen, können die, ab 1933 auch ausbleibenden Karikaturen auf die Rassenforschung kaum verdeutlichen. Nur die Zeichnung von Werner Saul aus dem SPD-nahen *Wahren*

Der völkische Lehrstuhl für Rassenforschung

„Ich komme jetzt auf Rassenhygiene zu sprechen und ihre Anwendung im täglichen Leben!"

232 Werner Saul, 1930.

Jacob ahnt 1930 etwas vom kommenden Unheil. Greifen wir der Chronik der Ereignisse voraus, um die tragischen Konsequenzen der Hochschulentwicklung an einem Beispiel aufzuzeigen: 1943 ließ Prof. Dr. August Hirt, SS-Hauptsturmführer und Ordinarius für Anatomie an der Reichsuniversität Straßburg, mit Wissen und Unterstützung Heinrich Himmlers eine »jüdische Skelettsammlung« anlegen und dafür im Konzentrationslager Natzweiler-Struthof, in Straßburgs Nähe, 80 Menschen umbringen. Als 1944 die Alliierten näherrückten, ließ er die Leichen zerstückeln, nicht ohne vorher die Goldzähne an sich zu raffen. Im *Stürmer*, dem *Deutschen Wochenblatt zum Kampfe um die Wahrheit*, in dem etliche Karikaturen auf jüdische Wissenschaftler erschienen, standen am 3. 6. 1943 die Verse:

Durch Fleiß hat deutsche Wissenschaft
Unmöglich Scheinendes geschafft.
Ihr Sinn stand nicht nach Gold und Ehr.
Sie schuf, um unseres Volkes Wehr
Zu stärken, daß kein Feind sie schlägt,
So forscht sie weiter unentwegt.

Die Verfolgung und Ermordung der deutschen Kultur

Schon dreißig Tage nach der Machtergreifung, am 3. 3. 1933, erklärten sich dreihundert Hochschullehrer in einem Aufruf begeistert für den Führer. Gegen die aber, die anders dachten, kein »Sieg heil!« vom Katheder brüllten oder gar ihre ablehnende Einstellung artikulierten, brach der Terror aus.

Am 13. April schlug die Studentenschaft der Berliner Universität die berüchtigten *Zwölf Thesen wider den deutschen Ungeist* an das schwarze Brett. »Der Jude kann nur jüdisch denken. Schreibt er deutsch, dann lügt er«, hieß es darin. Eine gute Woche später wurde das *Gesetz gegen die Überfüllung deutscher Schulen und Hochschulen* erlassen, wonach jüdische Studenten nur noch im Verhältnis zur Gesamtbevölkerung (etwa 1,5%) zum Studium zugelassen wurden. Ausnahmen machte man bei den sogenannten »Frontariern«, Juden, deren Väter den Weltkrieg mitgemacht hatten. Das *Gesetz zur Wiederherstellung des Berufsbeamtentums* vom 4. 7. 1933 schloß Republikaner und Nichtarier von der Lehrtätigkeit aus — wieder mit derselben Ausnahme. Allein in Kiel forderten braune Studenten die Absetzung von 28 Professoren.

Im Oktober wurde die akademische Selbstverwaltung abgeschafft, das Führerprinzip trat an ihre Stelle: der Minister ernannte den Führer der Universität, und dieser wiederum die Dekane. Doch das war für etwa 1000 Hochschullehrer kein Hinderungsgrund, am 11. 11. ihr als Entkräftigung ausländischer Kritik gemeintes *Bekenntnis der Professoren an den deutschen Universitäten und Hochschulen zu Adolf Hitler und dem nationalsozialistischen Staat* zu verabschieden. Zu den Unterzeichnern gehörten angesehene Persönlichkeiten wie Ferdinand Sauerbruch oder Martin Heidegger, Schüler des gerade verstoßenen Edmund Husserl.

Die Verfolgung der akademischen Freiheit erstreckte sich auf das gesamte Kulturschaffen. Auch die satirische Presse wurde in die Enge getrieben: der *Wahre Jacob* mußte ebenso wie andere linke Karikaturblätter 1933 sein Erscheinen einstellen. Der *Simplicissimus* schaltete sich gleich, nachdem SA-Leute das Redaktionsbüro demoliert hatten. Sein bissigster Zeichner seit der Gründung im Jahre 1896, Thomas Theodor Heine, wurde

233 E. Heig, 1933.
Auf dem Rücken des »deutschen Rektors« ein Professor in Judenklischeekarikatur. Anspielung auf den im Verhältnis zum jüdischen Bevölkerungsanteil hohen Prozentsatz jüdischer Akademiker.

234 Heinz Kiwitz: *Bücherverbrennung in Berlin 1933,* Holzschnitt 1938 erstveröffentlicht.
In der durch Brandenburger Tor und Universitätsgebäude als Berlin gekennzeichneten Szene hält ein affenähnlicher Josef Goebbels seine Hetztiraden gegen fortschrittliche Schriftsteller und Wissenschaftler, während nationalsozialistische Studenten das Feuer mit Petroleum in Gang halten. Kiwitz' Holzschnitt ist vermutlich im Nachhinein und in Anlehnung an die bekanntere Fotomontage »Durch Licht zur Nacht« (AIZ 18/1933) von John Heartfield entstanden, verdichtet diese aber durch den Hinweis auf die Brandstifter.

235 Arthur Johnson, 1933.
Die Bücherverbrennung aus der Sicht der Faschisten: der Vogel Phönix, der sich nach altägyptischer Sage im Feuer verjüngt und als Symbol ewiger Erneuerung gilt, entschwebt verschleierten Blickes, gekrönt vom Lorbeerkranz der Dichtkunst, dem qualmenden Bücherscheiterhaufen.

von der *Preußischen Akademie der Künste* ausgeschlossen, in die er 1922 als ordentliches Mitglied aufgenommen worden war, und mußte fliehen. Der Redakteur von *Lachen links,* Erich Kuttner, wurde später von den Faschisten ermordet.
Indessen bescherte die Nr. 34/1933 der ehemals recht kritischen *Jugend* dem Publikum ein Titelblatt mit dem Konterfei Baldur von Schirachs, aber nicht als Karikatur, sondern als glorifizierende Darstellung, die beim Verlag auch als »Wandschmuck« einzeln erworben werden konnte. Und hinter dem Pseudonym eines der schärfsten Zeichner der *Brennessel,* Mjölnir, dem Ausdruck für den riesigen Hammer des Germanengottes Thor, verbarg sich der Reichbeauftragte für Formgestaltung, Ehrenprofessor Hans Schweitzer, der in der Fünferkommission saß, die 1937 die berüchtigte Ausstellung *Entartete Kunst* zusammentrug.
Neben den bildnerischen ließ sich an den literarischen Werken der Regimegegner unmißverständlich demonstrieren, wie totalitär der Anspruch auf die geistige Führerschaft war. Schon am 10. Mai 1933 brannten in Anlehnung an das Autodafé beim Wartburgfest von 1817 in 14 Universitätsorten die Scheiterhaufen. In Berlin ließ es sich der Reichsminister für Volksaufklärung und Propaganda, Dr. Josef Goebbels (der bei einem jüdischen Professor promoviert hatte), nicht nehmen, die Bücher der unliebsamen Schriftsteller selbst dem Flammentod zu überantworten. In allen Hochschulstädten schrien Dozenten und Studenten die gleichen Parolen wider den undeutschen Geist, die vorsorglich von der Partei vorgeschrieben waren. »Gegen seelenzerfasernde Überschätzung des Trieblebens, für den Adel der menschlichen Seele! Ich übergebe der Flamme die Schrif-

236 Anonym: *Wenn ich nicht ein so großer Geist wäre, würde ich versuchen, mich zu schämen.* 1936.
Der Nobelpreisträger Thomas Mann wurde 1933 aus der Preußischen Akademie der Dichtkunst hinausgeworfen. Der ehemals demokratiefeindliche »Unpolitische« hatte in den 20er Jahren vor den Nazis als »verderblichstem Auswurf der Zeit« zu warnen begonnen. Die Philosophische Fakultät der Universität Bonn erkannte ihm 1936 die Ehrendoktorwürde ab.

237 Till, 1933. *Besuch bei Heinrich Mann.*
„Mit dem ‚Braunbuch' habe ich noch mehr Erfolg erzielt als mit dem ‚Unrat'." — „Wieso? Das ist doch dasselbe?"
Heinrich Mann, der 1933 sein Präsidium der Sektion Dichtkunst an der Preußischen Akademie der Künste abgeben mußte und nach Südfrankreich emigrierte, wird in dieser faschistischen Karikatur für die Unterstützung des »Braunbuchs über Reichstagsbrand und Hitlerterror« und einen seiner sozialkritischen Romane, den »Professor Unrat«, gleichzeitig gegeißelt.

ten des Sigmund Freud!« brüllten die Rufer allerorten uniform. In Bonn wagte der Ordinarius für Germanistik anderes deklamieren zu lassen und verkünstelte sich sogleich mit Zeile des Dichters Ernst Bertram: »In die Flamme mit was euch bedroht!« Allein in Berlin landeten unter dem Gesang des Horst-Wessel-Liedes 20 000 Bücher auf dem Scheiterhaufen. Zu ihnen gehörten die Werke von Karl Marx, Kurt Tucholsky, Erich Maria Remarque, Carl Zuckmayer, Emil Julius Gumbel, Bert Brecht, August Bebel, Lion Feuchtwanger, Ernst Toller und vielen anderen, teilweise erst heute wiederentdeckten Dichtern. Auch Thomas Mann war darunter, der 1931 resignierend festgestellt hatte: »Wozu wissenschaftliche Bildung, . . . wenn es nicht einmal so viel unterscheidende Widerstandskraft verleiht, um zu verhindern, daß man . . . irgendeinem fanatischen Gaukler ins Garn läuft.«

Ebenso verbrannten in den Flammen die Werke derjenigen Warner vor der Katastrophe, die kurz darauf wegen ihrer Unterstützung des *Braunbuches* noch weiter verfolgt werden sollten. Das *Braunbuch über Reichstagsbrand und Hitlerterror* war eine kommunistisch gefärbte Aufklärungsschrift über die wahren Anstifter zum Brand des Reichstagsgebäudes in Berlin am 27. 2. 1933, der den Nazis als Alibi für die Verfolgung von Sozialdemokraten und Kommunisten diente. Besonders Albert Einstein und Heinrich Mann wurden wegen des *Braunbuches* heftig angegriffen, wie die Karikaturen beweisen. Heinrich Mann schlug 1935 aus dem Exil in Prag mit der gleichen Waffe zurück: er edierte einen Sammelband mit dem Thema *Das III. Reich in der Karikatur.* Im kurzen, verbitterten Vorwort spürte er den Wurzeln des Nationalismus an den Hochschulen nach: »Die nationalen Professoren, die den größten Dichter

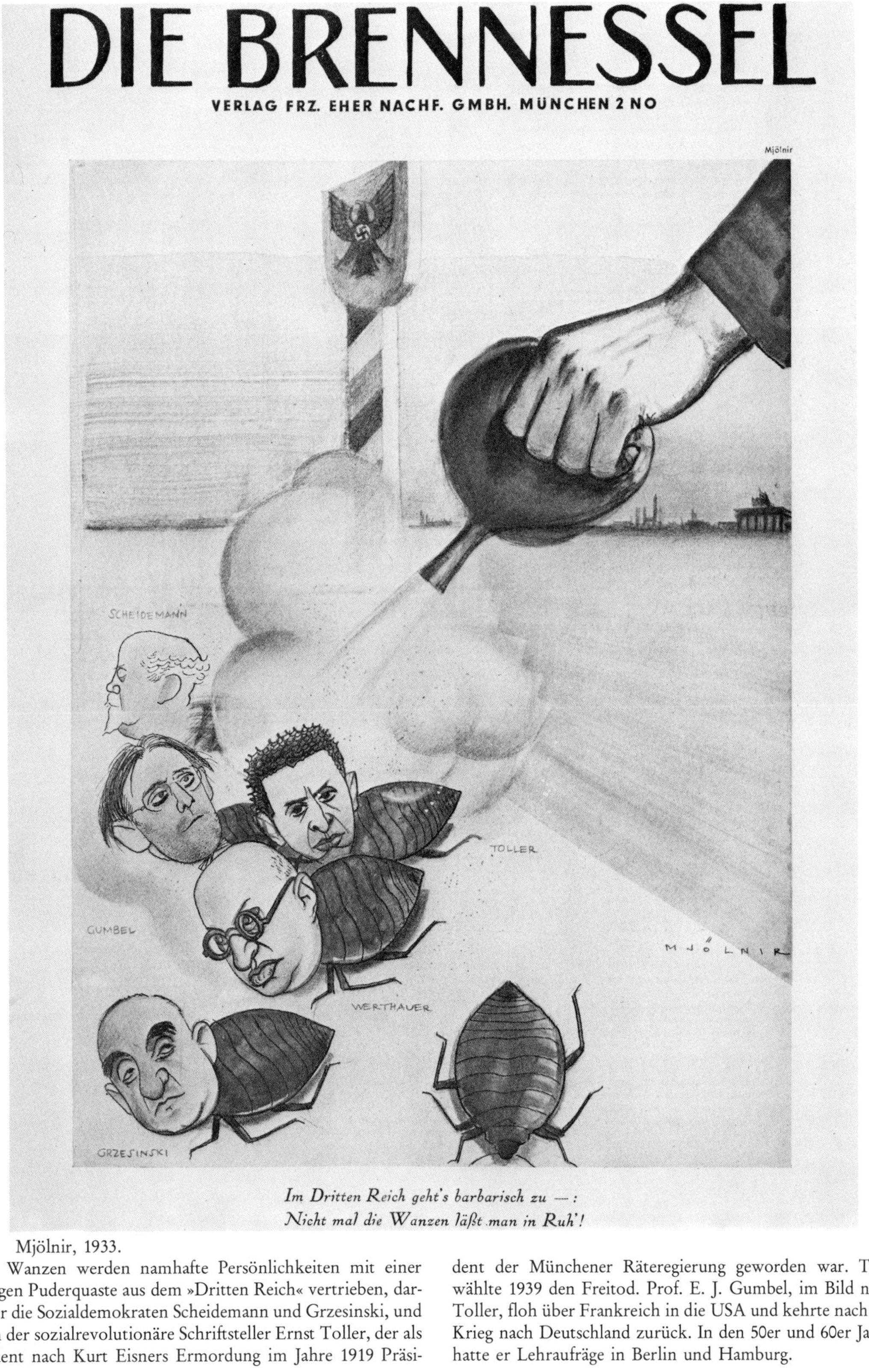

238 Mjölnir, 1933.
Wie Wanzen werden namhafte Persönlichkeiten mit einer riesigen Puderquaste aus dem »Dritten Reich« vertrieben, darunter die Sozialdemokraten Scheidemann und Grzesinski, und auch der sozialrevolutionäre Schriftsteller Ernst Toller, der als Student nach Kurt Eisners Ermordung im Jahre 1919 Präsident der Münchener Räteregierung geworden war. Toller wählte 1939 den Freitod. Prof. E. J. Gumbel, im Bild neben Toller, floh über Frankreich in die USA und kehrte nach dem Krieg nach Deutschland zurück. In den 50er und 60er Jahren hatte er Lehraufräge in Berlin und Hamburg.

239 Till: *Einstein, an die Universität von Jerusalem biste berufen! — E Prophet gilt nix in seinem Vaterland. Hier bin ich der Einstein, in Jerusalem — auch e Jüd.* 1933.
Albert Einstein, in der Klischeevorstellung vom Juden gezeichnet, hat das »Braunbuch gegen Naziterror« vor sich liegen.

240 Mjölnir: *Herr Einstein möchte sich von der Verantwortung drücken!* 1933.
Prof. Albert Einstein, Erfinder der Relativitätstheorie und genialster Physiker des Jahrhunderts, Nobelpreisträger und Direktor des Kaiser-Wilhelm-Instituts in Berlin bis 1933, wird in diesem Bild auf das Tiefste gedemütigt.

ihrer Zeit, Heinrich Heine, aus dem Lande hetzten, hießen Rühs und Fries. So und ähnlich sind sie auch jetzt wieder benannt und beschaffen, und die ganzen hundert Jahre hat unter dem zivilisierten Deckblatt dieser Gestank von einer Menschenart zusammengeknüllt gewartet. Jetzt endlich dampft er und verpestet den Umkreis. Rühs und Fries waren von jeher grausam und bedrohten schon damals jeden, der über den Vater Jahn lachte, mit der Hinrichtung durch das Beil. In einer Wartezeit von hundert Jahren konnten sie noch ganz andere Greuel ersinnen, bis sie endlich, endlich die Macht bekamen, sie auch durchzuführen.« — Der Pazifist Albert Einstein aber, als »Relativitätsjude« meistkarikierter Wissenschaftler der 20er und 30er Jahre, gab aus Furcht vor einer atomaren Bewaffnung Deutschlands 1939 in den USA den Anstoß zum Bau der Atombombe. Auch Dr. jur. Heinrich Heine gehörte zu den verbrannten Dichtern des 10. Mai 1933. Etwa einhundert Jahre zuvor hatte er geahnt: »Dort, wo man Bücher verbrennt, verbrennt man am Ende auch Menschen.« Der exilierte Satiriker sollte recht behalten, denn es blieb nicht beim symbolischen Akt; Dichter und Wissenschaftler mußten für ihre Einstellung mit dem Leben bezahlen. Ein Beispiel soll die radikale Brutalität, mit der gegen Andersdenkende vorgegangen wurde, bezeugen: Prof. Theodor Lessing, der 1925 schon über seinen Spott an Hindenburg gestolpert war, wurde von den Nazis bis ins Exil im tschechischen Marienbad verfolgt und dort 1933 umgebracht.
Tausende von Wissenschaftlern von internationalem Rang wurden bis 1939 vertrieben oder emigrierten aufgrund der politischen Umstände. Im gleichen Jahr mußte ein Mitarbeiter von Reichserziehungsminister Rust auch zugeben, daß seit der Machtergreifung insgesamt 45% aller Hochschullehrer ausgewechselt worden waren, darunter alle Angehörigen des Max-Planck-Institutes — naturwissenschaftlich gesehen ein irreparabler Verlust. Die völlige Durchdringung der Universitäten vom nationalsozialistischen Geist sollte aber nie ganz gelingen.

Die braune Uni

»Wir wollen keinen wissenschaftlichen Nationalsozialismus, sondern eine nationalsozialistische Wissenschaft«, lautete das hochschulpolitische Programm der NSDAP, wie es Gustav Adolf Scheel formulierte. Ganze Forschungseinrichtungen in der Medizin, Biologie, Soziologie, Jura und Physik wurden ausgerottet, neue Lehrstühle für Volks-, Wehr-, Rassenkunde und politische Pädagogik eingerichtet. Per Erlaß sollten nur noch wenige das Recht zum Studium wahrnehmen können, und so sanken die Studentenzahlen bis zum Wintersemester 1938/39 auf 55 300. Für Frauen war in den Augen der Nazis sowieso der Herd der angemessenere Arbeitsplatz, und wer sich von den männlichen Altersgenossen einschreiben wollte, der mußte zuerst an der politischen Schulung durch den NSDStB teilnehmen und die »Arbeitsdienstpflicht« abgeleistet haben, die Reichserziehungsminister Rust am 1. 8. 1933 verfügte. Im Sommersemester 1934 gab es keine Studienanfänger, weil der Abiturjahrgang 1934 als erster vollständig ins Lager marschierte. »Wer im Arbeitsdienstlager versagt, der hat das Recht verwirkt, Deutschland als Akademiker zu führen«, diktierte Rust.

Ernst Krieck, ab 1933 Rektor, d. h. Führer der Universität Frankfurt, später Inhaber von Karl Jaspers' Philosophielehrstuhl in Heidelberg, hätte es am liebsten gesehen, wenn die Universitäten ganz aufgelöst und durch selbständige Berufshochschulen ersetzt worden wären, während Alfred Baeumler, Professor der politischen Pädagogik, Wissenschaftspflege in »Männerhäusern« forderte. Die braunen Vorstellungen kulminierten im Traum von der »Führerakademie«, die einen Ausstoß von rund 1500 reinrassigen Führergestalten pro Jahr produzieren sollte.

Um diesem Ziel näher zu kommen, mußte man auch die restlichen Korporationen, die noch nicht in den NSDStB eingegliedert waren, in den Griff bekommen. Adolf Hitler hatte 1933 das von Weimarer Demokraten ausgesprochene Mensurverbot wieder aufgehoben, sich dadurch jedoch nicht vollends der Loyalität aller Verbindungen ver-

241 Oskar Garvens, 1933.
Unter Hitler wurde das Mensurverbot kurzzeitig aufgehoben. Der »Führer« kämpft in dieser ihn glorifizierenden Zeichnung gegen Otto Braun, langjähriges Regierungsmitglied aus den Reihen der SPD, der hier von einem »Sozi« mit typischer Ballonmütze und einem »Pfaffen« aus den Reihen der Zentrumspartei sekundiert wird. Allen dreien wird die angeblich typisch jüdische Physiognomie angezeichnet, so daß der Verbindungsname »Pseudo-Borussia« aus der Unterschrift als »nicht-arisch« zu lesen ist. Braun hatte 1920 in einer Minister Becker gewidmeten Schrift geschrieben »Mensur und Bierkomment sind Fossilien, die man endlich bestatten sollte . . . Es ist nicht zu begreifen, daß der Ehrenkodex der Korps ruhig weiterbesteht in all seiner lächerlichen Äußerlichkeit, daß es nach wie vor von jungen Menschen verlangt wird, sich auf Befehl ›beleidigt‹ zu fühlen, Leben und Gesundheit aufs Spiel zu setzen, weil irgendein Flegel ihn ›gerempelt‹ hat . . . er gehört in die Rumpelkammer.«

Die Wissenschaft im völkischen Staat

(Zeichnung: SAUER)

Theologie. Wotan wird zum Generalsuperintendenten erhoben. Das Alte Testament wird aus dem Verkehr gezogen.

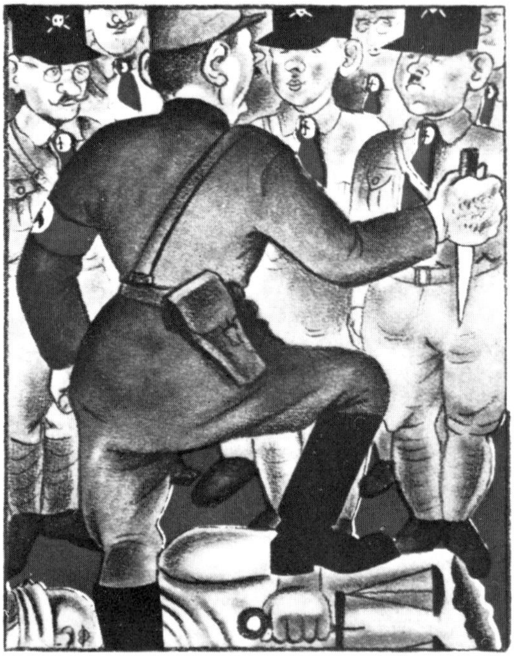

Jurisprudenz. Es gibt keine Gerechtigkeit mehr, sondern nur noch Justiz. Diese wird den Leitern der Sturmabteilungen übertragen.

Rassenlehre. Wird als besonderes Fach an allen Universitäten eingeführt. Im Studio erhalten alle rassereinen deutschen Schädel den Koscher-Stempel aufgedrückt. Goebbels, Rosenberg und Bronnen werden außer-etatmäßig für rasserein erklärt.

Medizin. Anschauungsunterricht in der Anatomie an jüdischen und kommunistischen Objekten, wie man am besten killt. Für Fememörder Examenserleichterung.

242 Josef Sauer, 1931.

Wissenschaftliche Sachverständige in Spanien

„Grossartig! Unsere Granaten haben sich tadellos bewährt!"

243 Gregor Rabinovitch, 1937.

sichern können. Zu selbstbewußt waren einige der traditionsreichen Korps, als daß sie ihre farbige Individualität so einfach gegen ein Braunhemd eintauschen konnten. Als Studentenschaftsführer Andreas Feickert dann 1934 den Erst- und Zweitsemestern eine einheitliche Tracht verpassen und Mützen und Bänder verbieten wollte, konnte man über die »Affenjäckchen« nur spotten.
Der »Spargelzwischenfall« sollte zum endgültigen Verbot der Korporationen führen: während einer Radiorede des Führers im Mai 1935 erörterten einige Korpsbrüder der Heidelberger *Saxo-Borussia* in einem öffentlichen Lokal, wie man richtig Spargel esse. Als dabei geäußert wurde, der Führer habe eine so große Klappe, daß er ihn quer verspeisen könne, war der Skandal da. Den Korporationen blieb fortan nur die Wahl, sich entweder aufzulösen oder in den NSDStB einzugliedern.
Systemkritische deutsche Karikaturen fehlen für diesen Zeitraum zwangsläufig. Universitätsbezogene Bildsatiren wenden sich gegen den »jüdischen« oder »kommunistischen Feind« im In- und Ausland, weshalb hier zusätzlich die Stellungnahme z. B. der Schweizer Presse Aufschluß über Hochschulvorgänge geben muß, oder gar, wie bei dem Bild von Josef Sauer, ein vor der Machtergreifung entstandenes — prophetisches? — Spottbild über faschistische Wissenschaft berichten muß.
Diese wurde in den Dienst der Kriegsvorbereitung gestellt, wie z. B. an der TH Dresden, wo man Geräte zur Erfassung von Bombenzielen entwickelte. Der freien geistigen Tätigkeit maßen die Nazis kein Gewicht bei, dazu war Hitlers eigenes Mißtrauen gegen Intellektuelle zu groß. Die Rede des Gauleiters Julius Streicher vor den Professoren der Berliner Universität gipfelte in der Beleidigung: »Wenn man die Gehirne sämtlicher Universitätsprofessoren in eine Waagschale legte und das Gehirn des Führers in die andere, was glauben Sie, welche Waagschale wird sich senken?«
Auch der Wissenschaft des Auslandes brachte man nur Verachtung entgegen. Die alte Universität Prag war wiederholt Schauplatz für Krawalle, weil Studenten und Professoren die Anschlußpläne an Großdeutschland nicht befürworten wollten. 1939 richteten die Nazis neun Prager Studenten hin, weil sie sich in Demonstrationen dagegen gewehrt hatten, »reichsinkorporiert« zu werden. 1200 Studenten der Universität Prag

244 Hans Lindloff: *Die Universität Oxford beschloß, einen Lehrstuhl für sowjetische Kultur und Literatur zu gründen. Wenn ihr gute Bolschwiken werden wollt, müßt ihr euch vor allem die drei wichtigsten Begriffe merken: »Genickschuß«, »Terror« und »Weltrevolution«.* 1944.
Faschistische Hetzkarikatur gegen ausländische Universitätspraktiken. Von der Universität Oxford hatten einige vertriebene deutsche Wissenschaftler, wie z. B. Prof. Max Reinhardt, die Ehrendoktorwürde verliehen bekommen.

wurden in das KZ Sachsenhausen deportiert; während des Krieges 23 Professoren hingerichtet. Für die verdienten deutschen Frontsoldaten wurde ein *Langemarckstudium* eingerichtet, das sinnlose Sterben der 6000 im Jahre 1914 mythisch verklärt. Schon 1931 hatte eine anonyme Karikatur des *Eulenspiegel* gewarnt: »Der Hirt weidet die Herde — damit sie das nächste Mal bei Langemarck wieder fallen kann.« Hitler erschien am 10. 11. 1940 selbst vor Ort und nannte den kollektiven Selbstmord einen »Wendepunkt studentischer Geschichte«.

Hodlers Studenten, an einer Wand der Universität in Jena

Tschechische Studenten, an einer Wand der Universität in Prag

245 Gregor Rabinovitch, 1939.
Diese Publikation aus dem »Nebelspalter« erhält ihre Wirkung nicht aus einer zeichnerisch-karikierenden Darstellungsweise, sondern allein aus der Art der Gegenüberstellung. Sie zeigt oben das überdimensionale Wandbild des Schweizer Malers Ferdinand Hodler aus dem Jahre 1909, das den Auszug der Jenaer Studenten zum Befreiungskampf gegen die napoleonische Besatzung darstellt. Dieses war selbst schon einmal zu Beginn des 1. Weltkriegs Stein des Anstoßes gewesen, weil Hodler einen Aufruf gegen deutsche Kriegspraktiken, namentlich die Beschießung der Kathedrale von Reims, unterzeichnet hatte, was dazu führte, daß das Wandbild der Öffentlichkeit durch eine Bretterverschalung entzogen wurde. Von der akademischen Jugend im Jahre 1919 wieder enthüllt, blieb es während der Weimarer Republik umstritten.
Unten die Erschießung der Prager Studenten, die ihre Aktivitäten gegen Großdeutschland richteten — die Tschechoslowakei sollte durch einen erzwungenen Vertrag vom 15. 3. 1939 »Reichsprotektorat Böhmen und Mähren« heißen.
Unter diesen Aspekten mußte sich der nationalsozialistische Ungeist gleich zweifach von den Bildern angegriffen fühlen. Die schweizerische Zensurbehörde drohte der Karikaturzeitschrift dann auch aus Angst vor Übergriffen mit einer Vorzensur für die kommenden Ausgaben.

Die Hochschule scheint trotz aller Indoktrination doch nie völlig korrumpiert worden zu sein, wie der — allerdings späte — Widerstand zeigt, der von ihr ausging. Der sogenannten »Roten Kapelle« gehörten mit Arvid Harnack, Lehrbeauftragter für Wirtschaftsgeschichte an der Uni Berlin, mit Werner Krauss, Romanistikprofessor aus Marburg, mit Studentinnen und Studenten viele Akademiker an. Nicht wenige bezahlten dafür mit dem Leben. Prof. Jens Jenssen aus Kiel z. B., der den Plan für das Attentat auf Hitler am 20. Juli 1944 entwarf, wurde nach dessen Mißlingen hingerichtet. Schon vorher hatte sich unter dem Einfluß der Kriegsereignisse in Stalingrad eine Widerstandsgruppe an der Münchener Universität gebildet.

»Nieder mit Hitler!« wurde in der Nacht vom 3. auf den 4. Februar 1943 auf den Sockel der Universität gemalt. Flugblätter kursierten, auf denen Sätze standen wie: »Im Namen der deutschen Jugend fordern wir vom Staat Adolf Hitlers die persönliche Freiheit, das kostbarste Gut des Deutschen zurück, um das er uns in der erbärmlichsten Weise betrogen.« Die Blätter trugen die Unterschrift *Weiße Rose.* Für den Zeichner des *Stürmer* standen hinter solchen Flugblattaktionen die Juden, wie die abgedruckte Hetzkarikatur belegt. Am 18. 2. wurden die Studenten Hans und Sophie Scholl vom Pedell der Universität beim Verteilen von Flugblättern entdeckt; wenig später verhaftete die Gestapo die anderen Mitglieder der Gruppe, darunter die Studenten Alexander Schmorell, Christian Probst, Willi Graf und Prof. Kurt Huber. Sie wurden alle zum Tode verurteilt. Vor dem Volksgerichtshof legte Prof. Huber sein letztes Bekenntnis ab: »Als deutscher Staatsbürger, als deutscher Hochschullehrer und als politischer Mensch erachte ich es als Recht nicht nur, sondern als sittliche Pflicht, an der Gestaltung der deutschen Geschichte mitzuarbeiten, offenkundige Schäden aufzudecken und zu bekämpfen.«

246 Fips (Philipp Ruprecht), 1943.
Hetzkarikatur, die kurz nach der Aufdeckung der Widerstandsgruppe »Weiße Rose« im »Stürmer« veröffentlicht wurde. Einen Anhaltspunkt für den Zusammenhang mit den Tätigkeiten der »Weißen Rose« bieten nur die Flugblätter — als »jüdisch« wurde jeder Feind Hitlerdeutschlands dargestellt.

VON DER BILDUNGS-KATASTROPHE BIS ZUR MASSENUNIVERSITÄT

Katastrophenbildung

Nach der Kapitulation boten die Universitäten auch äußerlich ein ruinöses Bild: von 32 Hochschulen waren zwölf völlig zerstört und nur sechs kaum beschädigt. Die Laboratorien waren von Plünderern heimgesucht worden, und die Bibliotheken hatten den Verlust von Millionen von Büchern zu beklagen.
Die Siegermächte schlossen erst einmal, was noch zu schließen war, um die Entnazifizierung vorzunehmen und einen neuen Orientierungsplan zu erstellen. Insgesamt wurden 4000 Hochschullehrer amtsenthoben. In Hamburg traf es 30% des Lehrkörpers; Unter den Linden in Berlin schieden 350 Lehrer aus. Nicht von jedem nationalsozialistisch engagierten Hochschullehrer gab es auch Unterlagen, so daß es noch in den 60er Jahren zu skandalösen Enthüllungen kam. Bertold Brecht hatte 1947 in dem Gedicht *Der anachronistische Zug* vorgewarnt:

> Drei Gelehrte, ernst und hager
> Planer der Vergasungslager
> Fordern auch für die Chemie
> Freiheit und Democracy.

Schon im Winter 1945 wurden die ersten Universitäten, etwa Göttingen und Jena, unter alliierter Aufsicht wieder geöffnet, wobei technische, medizinische und landwirtschaftliche Studiengänge gegenüber Fächern wie Philosophie und Geschichte aufgrund größerer ideologischer Unverdächtigkeit bevorzugt wurden. Im Sommersemester 1946 öffneten dann die übrigen Universitäten ihre Pforten und wurden von einer nicht zu bewältigenden Zahl von Studierwilligen überrascht. In Hamburg z. B. konnten von 10 000 Bewerbern nur 3000 zugelassen werden, so daß Zulassungskriterien entwickelt werden mußten, die von komplizierten Bonussystemen bis zu der einfachen Freiburger Forderung reichten, die Abiturnote müsse mindestens gut sein. Die kriegsbedingt vielen Jahrgänge mit ihren hohen Altersunterschieden wurden darüber hinaus mit ideologischen Überprüfungen gesiebt, bis sich 1947 die Erkenntnis durchsetzte, daß die nach 1919 Geborenen politisch nicht verantwortlich gemacht werden konnten und amnestiert wurden.

247 J. Wisbeck, 1948.
Die Bibliothekarin (eine Angehörige der US-Army) kann den Bildungshungrigen nur englischsprachige Literatur vermitteln, die ausschließlich aus Grusel- und Kriminalromanen zu bestehen scheint: auf den Büchern stehen Titel wie »The Secret of The Green Frog« oder »Detective Story«.

Die Siegermächte bemühten sich, unbescholtene Professoren zu berufen. In Heidelberg z. B. waren Gustav Radbruch und Karl Jaspers die Männer des Wiederbeginns, wobei letzterer einen neuen Philosophielehrstuhl bekam und der Nazi Ernst Krieck seinen seit 1937 besetzten erst mit der Verhaftung abgab. Jaspers las 1946 als erster über die Schuldfrage und den *Lebendigen Geist* der Universität, dem ehemaligen Leitspruch über dem Hörsaalgebäude der Neuen Universität, der von den Nazis in *Dem Deutschen Geist* abgeändert worden war. Die Heidelberger Grafikerin Marie Marcks sollte ihn 1975 im Zeichen der Massenuniversität per Karikatur zu *Dem toten Punkt* abwandeln.
Der Studienbeginn war vielerorts zunächst einmal gleichbedeutend mit der Beseitigung des Trümmerschutts. Die Studenten verpflichteten sich an manchen Universitäten zu unentgeltlicher Aufbauarbeit, beispielsweise zu 100 Arbeitsstunden an der Münchener *alma mater.* An einigen Orten wurden leerstehende Kasernen zu Universitätsgebäuden, wie z. B. in Mainz.

DEUTSCHE NACHKRIEGS-FORSCHUNGSANSTALT

248 K. J. Blisch, 1950.

O alte Burschenherrlichkeit . . .

Zeichnungen: Josef Sauer

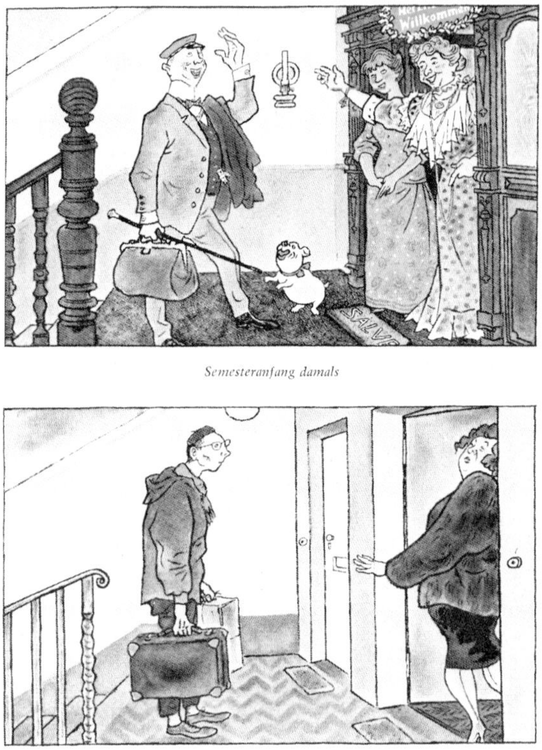

Semesteranfang damals

und heute.

249 Josef Sauer, 1956.

Reeducation hieß das bildungspolitische Schlagwort der Alliierten, die das Führerprinzip aufhoben und die alte Ordinarienuniversität wieder einführten: außer bei Routinefragen lag die Entscheidung über Hochschulangelegenheiten beim Senat, bei grundsätzlichen Dingen beim Großen Senat oder Konzil, die Verwaltung besorgte der Kanzler, doch die Fachfragen der Fakultäten oblagen den Lehrstuhlinhabern, den Ordinarien. Sie herrschten über Lehre und Forschung und entschieden ausschließlich, wer als Doktorand in Frage kam.

Das Grundgesetz von 1949 legte dann die Bildungshoheit in die Hände der Länder, deren Koordination die Kultusministerkonferenz (KMK) übernahm. Aus dieser unbeweglichen Form der föderalistischen Bildungspolitik sollten sich zu Hochschulreformzeiten noch Probleme ergeben, wie ja auch die Ordinarienuniversität Zielscheibe und Ausgangspunkt studentischen Protests in den 60er Jahren wurde.

In der Nachkriegszeit entstanden zahlreiche studentische Organisationen. Das *Studentenwerk* sorgte für die »Heimkehrer« und für die Studenten, die von Tuberkulose betroffen waren. Der *Verband Deutscher Studentenschaften* (VDS) bildete seit 1949 die Dachorganisation der westlichen Universitäten, und als die ersten AStA-Wahlen ausgeschrieben wurden, war dies für viele der erste demokratische Urnengang überhaupt.

In den Universitätsstädten gab es Demonstrationen gegen den Hunger mit dem Plakattext: *Mens sana in corpore sano.* Nur zu dieser Zeit konnte ein Witz wie der im *Ulenspiegel* vom Mai 1947 entstehen, in dem die Zimmerwirtin der Studentin vertraulich mitteilt: »Wennse die Kippen liegen lassen, dürfense ooch Herrenbesuche empfangen.« Das soziale Gefälle vergrößerte sich jedoch rasch, und der neubegründete *Simplicissimus* ließ 1955 unter die Zeichnung *Universitätsparkplatz* den Ausspruch des jobbenden Studenten setzen: »Ich bin schon froh, daß die besseren Kommilitonen mit dem Wagen zur Vorlesung kommen. Von den Herren Professoren könnte ich mir das Studium nicht finanzieren, die fahren mit der Straßenbahn.«

München, Dezember 1948
III. Jahrgang / Heft 23

Preis **50** Pfennig
zuzüglich Zustellgebühr

DER SIMPL

ABLIEFERUNGSPFLICHT FÜR GEISTIGE PRODUKTE

O.Gulbransson

„Sehen Sie, lieber Freund, mit dieser kleinen Bakterienkultur kann ich in Stunden die ganze menschliche Kultur vernichten!“ — „Um Himmels Willen, Herr Professor, das können Sie aber bei der französischen Forschungsüberwachungsstelle höchstens als Suppenwürze anmelden!“

250 Olaf Gulbransson, 1948.

251 Herbert Sandberg, 1948. Karikatur auf die Gründung der FU Berlin.

Ein Hochschulort stand besonders im Rampenlicht: Berlin. Dessen jetzt *Wilhelm von Humboldt* genannte Universität befand sich im sowjetischen Sektor, wurde jedoch auch von Studenten aus den Westsektoren der Stadt besucht. Die sowjetische Verwaltung hob den Anteil der Arbeiter- und Bauernkinder bis 1947 auf 25% an, aber die Bevorzugung kommunistischer Studienanfänger und die politische Disziplinierung waren für 2000 Studenten am 23. 4. 1948 nur Anlaß zu einer Protestversammlung, auf der eine Idee ausgesprochen wurde, die schon vorher unter Politikern diskutiert worden war: durch das uralte Mittel des Auszugs sollte eine neue Universität gegründet werden. Am 4. 12. 1948, mitten im »Blockadewinter«, wurde die in bewußter Abgrenzung so benannte *Freie Universität* (FU) mit amerikanischer Unterstützung im Westsektor eröffnet. Das *Berliner Modell* zeichnete sich durch Finanzhoheit und durch eine Satzung aus, wie es sie bis dahin noch nicht gegeben hatte: Studenten wurden nicht nur angehört, sondern erhielten in den entscheidenden Gremien auch Stimmen.

Berlin wurde, besonders ab 1956, zum Sammelplatz pazifistischer und linksgerichteter Studenten, da die Einwohner der von vier Siegermächten kontrollierten Stadt nicht zur Bundeswehr eingezogen werden konnten — hierfür reichte schon der Immatrikulationsbescheid. Hatten sich die Berliner Studenten noch 1950 als Reaktion auf die Politik im sowjetischen Sektor mehrheitlich für die Errichtung einer Bundeswehr ausgesprochen,

252 Max Radler, 1957.

so ging 1958, als deren atomare Bewaffnung geplant wurde, von hier eine starke Protestbewegung gegen den Atomtod aus. Es entstanden sogar einige frühe Karikaturen auf die geplanten Bundeswehrhochschulen, die dann aber erst 1972 in München und Hamburg wirklich eröffnet wurden.

Liberale und sozialistische Studenten hatten ihre Zentren im *Argument-Club* (AC) und im *Sozialistischen Deutschen Studentenbund* (SDS), dem ersten politischen Studentenverband nach der Kapitulation, der oft Sprungbrett für Karrieren in der SPD wurde: der spätere Bundeskanzler Helmut Schmidt z. B. präsidierte dem Bundesvorstand im Jahre 1947.

Nachdem jedoch die SPD 1961 die gleichzeitige Zugehörigkeit zum SDS für »unvereinbar« erklärt hatte, brauchte man hier keine parteipolitischen Rücksichten mehr zu nehmen. Die treue Linie wahrte der *Sozialdemokratische Hochschulbund* (SHB, 1960), der sich auf das *Godesberger Programm* der SPD von 1959 stellte.

Es war bezeichnend für die Situation in Berlin, daß sich 1963 großer Protest erhob, als in Absprache mit dem CDU-nahen *Ring christlich-demokratischer Studenten* (RCDS) der Burschenschafter Eberhard Diepgen (1984 Regierender Bürgermeister von Berlin) zum AStA-Vorsitzenden gewählt wurde, denn die Satzung der FU verbot die Korporationen. Die Wahl wurde durch eine Urabstimmung wieder rückgängig gemacht. In der Tat waren die Korporationen mit 50 000 Studenten und dreimal so viel *Alten Herren* wieder eine starke politische Kraft geworden, die 1965 die beiden ersten VDS-Bundesvorsitzenden und 60% aller AStA-Mitglieder stellte. Sogar die SPD hob 1967 einen Parteitagsbeschluß von 1954 auf, der die Zugehörigkeit zu Korporationen untersagt hatte.

Keine der traditionellen Karikaturzeitschriften hatte den Krieg überlebt. 1944 wurden sie wegen Papiermangels eingestellt, wodurch die *Fliegenden Blätter* im 100. Jahrgang starben. Mehr als je zuvor wurden nun die Tageszeitungen das Presseorgan der Karikaturisten, doch entstanden auch neue reine Satireblätter. Die größten waren der *Simpl* und der *Ulenspiegel*, die von 1945 bis 1950 erschienen. Der *Simplicissimus* erlebte von 1954—1965 eine Neuauflage. Diese drei legten vom Aufkommen der Verbindungen mit einigen bissigen Bildern Zeugnis ab, bis das Studentenbild kurz darauf vom demonstrierenden Studenten okkupiert wurde. Eine der letzten Korpsstudenten-Karikaturen war die von Marie Marcks zur *Bildungskatastrophe*.

Georg Picht hatte dieses Schlüsselwort 1964 geprägt. Verglichen mit dem Technologievorsprung anderer westlicher Länder stünden der Bundesrepublik nicht genügend Wettbewerbs-Akademiker zur Verfügung, so daß eine Wirtschaftskatastrophe als Resultat unvermeidlich sei.

Im blinden Aufbaueifer hatte man die dynamische Entwicklung im Hochschulbereich übersehen: von 172 000 Studenten des Jahres 1950 war die Zahl nun auf fast 400 000 geklettert, was aber die Leistungsfähigkeit nicht gesteigert hatte. Eine Umstrukturierung war unumgänglich geworden. Im Mai 1965 wurde an den Universitäten zu Demonstrationen aufgerufen, und allein in Berlin gingen am 1. 7. 1965 rund 10 000 Studenten gegen den Bildungsnotstand auf die Straße. Die studentischen Demonstrationen sollten in der Folgezeit nicht nur die Zeichner beschäftigt halten.

253 Marie Marcks, Die wahre Bildungskatastrophe, 1964. Anspielung auf das 1964 von Georg Picht veröffentlichte Buch »Die deutsche Bildungskatastrophe«.

Unter den Talaren — Muff von tausend Jahren

Am 9. 11. 1967 brüskierten Studenten der Hamburger Universität die Professoren und die Öffentlichkeit, als sie bei der feierlichen Übergabe des Rektorats ein Transparent mit dem Schriftlaut entrollten: »Unter den Talaren — Muff von tausend Jahren.« Am selben Ort hatte im November 1921 ein Student aus dem selben Anlaß des Rektoratswechsels demonstrativ die gerade gehißte schwarzrotgoldene Fahne zerrissen.
Doch war die Aktion von 1967 nicht die erste Provokation revoltierender Studenten in den 60er Jahren. Ende 1966 hatte der Student und SDSler Eike Hemmer dem Rektor der Berliner Universität, seiner Magnifizenz Prof. Lieber, bei einer Diskussionsveranstaltung über die 1964 von der KMK empfohlene Zwangsexmatrikulation (gegen die SDS und Burschenschafter gemeinsam protestierten) das Mikrofon entrissen und ihn und seine Kollegen als »professorale Fachidioten« beschimpft — woraufhin vier von ihnen Strafanzeige wegen Beleidigung erstatteten. *Uniformitas*

254 Anonym, 1967.
Zeichnung aus der Studentenpresse. Studenten befreien die Ordinarientracht vom alten Zopf, den Motten und dem Staub.

255 K. P. Baldus, 1967.
Anti-Professorenkarikatur aus der Studentenpresse.

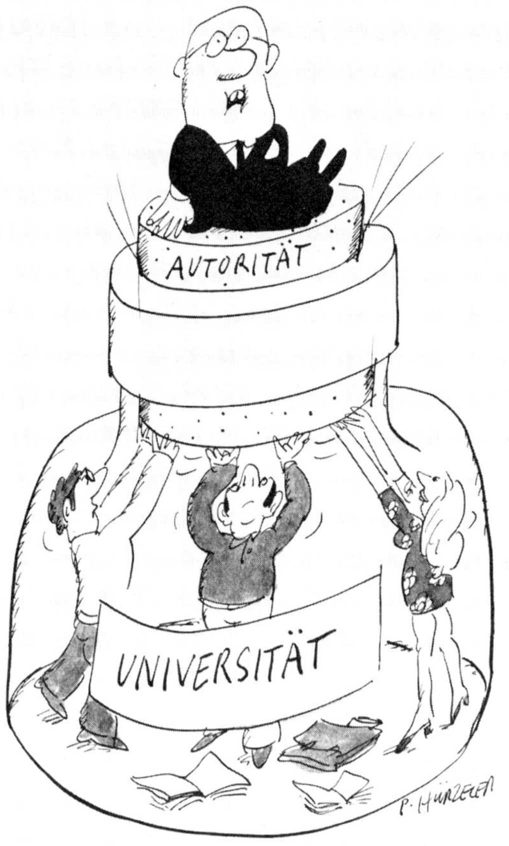

Es gärt . . .

In Ost und West fordern die Studenten Demokratisierung und Mitspracherecht an den Universitäten.

256 Peter Hürzeler, 1968.

war der spöttische Titel einer Zeichnung der Studentenzeitung *FU-Spiegel* von 1966, die auch zu einem Malwettbewerb aufrief: wenn schon die einstige Mitbestimmung an der FU inzwischen wieder weitgehend aufgehoben war, sollte die »unpolitische Universität« wenigstens durch farbenfreudige Ausgestaltung der Ordinarien-Talare etwas aufgelockert werden. »Achten Sie dabei bitte besonders auf die Ärmelaufschläge!« Die studentischen Karikaturen bekamen in der Folgezeit einen wichtigeren Stellenwert als je zuvor in der satirischen Hochschulbilderproduktion, auf die im nächsten Kapitel näher eingegangen wird.
Der Protest des akademischen Nachwuchses, von dem drei Viertel laut einer Umfrage von 1967 schon längst kein akademisches Standesbewußtsein mehr hatten, richtete sich jedoch nicht nur gegen die Ordinarienoligarchie und den bundesdeutschen Bildungsnotstand, der sich im internationalen Vergleich so äußerte, daß die Bundesrepublik Deutschland von den Ausgaben her erst an siebenter Stelle hinter den anderen westlichen Nationen rangierte. Die Forderungen gingen weiter, der Muff und Staub überlagerte nicht nur die Hochschulen, und so verlangte man konsequent das politische Mandat. Die Windstille des aus deutschem Fleiß und amerikanischen Dollars geschaffenen Wirtschaftswunderlandes, die besonders in der »Frontstadt« Berlin bedingungslosen Proamerikanismus bei gleichzeitigem Antikommunismus gezeitigt hatte, stieß bei den Studenten auf Kritik. Sie schienen als einzige daran Anstoß

„... aber Herr Kollege, was heißt hier würdelose Situation? Wenn wir jetzt nicht protestieren, machen die die Hochschulreform ohne uns!"

257 Sievers, 1968.
Umkehrung der tatsächlichen Geschehnisse mittels der Karikatur: Professoren veranstalten ein »sit-in« vor dem Konferenzzimmer des Allgemeinen Studenten-Ausschusses.

zu nehmen, daß die Amerikaner in Vietnam einen »schmutzigen Krieg« führten, bei dem allein in der letzten Märzwoche 1965 von amerikanischen Piloten 17 570 Bombeneinsätze geflogen wurden. Den »deutschen Michel« erinnerten diese Flugzeuge nur an die »Rosinenbomber« während der Berlin-Blockade von 1948. Nicht einmal die Tatsache, daß hier zum erstenmal die Fernsehnachrichten das Kriegsgeschehen allabendlich zum Essen servierten, brachte ihn aus der Wohlstandsruhe. Die Sympathien der linken Studenten galten jedoch der nordvietnamesischen Befreiungsfront FNL unter Staatspräsident Ho Tchi Minh genauso wie den Guerilleros um Che Guevara in Südamerika und der übrigen Dritten Welt. »Erhard und die Bonner Parteien unterstützen Mord!« hieß es auf studentischen Plakaten von 1966.

Seit sich die Parteien der *Großen Koalition* zwischen CDU und SPD unter Bundeskanzler Kiesinger über eine Notstandsgesetzgebung einig schienen, gab es ein weiteres Moment der Politisierung für die hellwach reagierenden Studenten. Die Pläne sollten es der Regierung in Spannungsfällen ermöglichen, das Grundgesetz teilweise außer Kraft zu setzen und Rechte wie die auf Streik-, Presse- und Versammlungsfreiheit oder die Garantie des Eigentums einzuschränken. Sie wurden unter Ausschluß der Öffentlichkeit diskutiert, stießen dafür aber auf umso lautstärkeren Protest an den Universitäten.

Die Studenten antworteten nach dem Vorbild der amerikanischen »Protestuniversität« Berkeley mit neuen Aktionsformen, etwa der des *sit-in* — der erste Sitzstreik dieser Art fand am 22. 6. 1966 in Berlin gegen die Zwangsexmatrikulation statt — was der kleinen Zahl unverhältnismäßig viel Publizität brachte. Flugblattaktionen satirischen Inhalts und spektakuläre Demonstrationstechniken lenkten das öffentliche Interesse auf die Hochschulen.

Schon 1964 hatten die Berliner SDS-Mitglieder den kongolesischen Ministerpräsidenten Moise Tschombé innerhalb der Bannmeile des Schöneberger Rathauses mit Eiern und Tomaten empfangen. Als dann 1965 Rudi Dutschke und Bernd Rabehl von der *Subversiven Aktion,* einer Abspaltung Dieter Kunzelmanns und Franz Böckelmanns von der *Situationalistischen Internationale* der späten 50er Jahre, zum SDS wechselten, gründeten sie dort eine »antiautoritäre« Keimzelle, die sich nach den neo-dadaistischen, »subversiven« Erfahrungen nun in einem Arbeitskreis marxistisch schulte. Beide wurden auf Anhieb in den »politischen Beirat«, einer Art Vorstand des SDS, gewählt und konnten sich gegen den Widerstand der »Alte-Keulen-Riege« mit ihren neuen Ideen durchsetzen. »Räterepublik« hieß im Kreis um Dutschke das Gegenmodell zum Parlamentarismus. Man studierte und diskutierte revolutionäre Autoren wie Marx, Engels, Lenin, Trotzki, Liebknecht, Luxemburg und Lukacs.

Besonders die Theorie Herbert Marcuses, des 1933 in die USA emigrierten und 1965 als Hono-

258 Chlodwig Poth, 1967.

rarprofessor nach Berlin zurückgekehrten Philosophen, schien die Übertragung revolutionärer Aufgaben auf die Randgruppen, auf Arbeitslose, auf Slumbewohner, aber auch auf Studenten zu legitimieren, da die Arbeiterschaft durch die Überflußgesellschaft phlegmatisch geworden sei. Die »große Verweigerung« und Ablehnung der in solcher Weise repressiv wirkenden Konsumgesellschaft ging bei Marcuse (*Repressive Toleranz*, 1966) aber auch mit Spiel und Lust einher, die dem Leistungsprinzip entgegenstünden.

Solche lustbetonten Elemente fanden ihren exaltierten Eingang hauptsächlich in die Aktionen der *Kommune 1*, die sich gleichzeitig mit der *K 2* im Januar 1967 in Berlin zur Erprobung neuer Wohn- und Lebensformen gründete und Raubdrucke, etwa Wilhelm Reichs *Funktion des Orgasmus*, auf den Markt brachte.

Für die seit Jahren eine ernsthafte Theorie-Diskussion betreibenden SDS-Mitglieder waren die Kommunarden »Pseudolinke«, doch konnten sie sich der neuen Methoden nicht vollends verschließen, die da die Revolution voranzutreiben schienen. Die Ereignisse überstürzten sich fast: am 5. 2. 1966 wurde während einer Demonstration von 2500 Berliner Studenten aus SDS, AC, SHB, LSD (*Liberaler Studentenbund Deutschlands*, der FDP-Hochschulgruppierung) und HSU (*Humanistische Studentenunion*) der Verkehr auf dem Kurfürstendamm blockiert, anschließend die Fahne des Amerikahauses auf Halbmast gesetzt, wobei ein Student seinem Unmut mit einer Frischpackung Eier an der Hausfassade Luft machte. Die *Berliner Zeitung* (BZ) vom 7. 2. kommentierte: »Studenten, die ihr Studium in Freiheit in dieser Stadt den Amerikanern zu verdanken haben, vergriffen sich an der amerikanischen Fahne. Pfui Teufel!«

Am 22. 5. 1966 fand der erste große, vom SDS organisierte Vietnam-Kongreß an der Frankfurter Universität mit 2000 Gewerkschaftern und Studenten statt, darunter die Professoren Wolfgang Abendroth und Jürgen Habermas, ein Repräsentant der *Kritischen Theorie*.

An den verkaufsoffenen Samstagen der Vorweihnachtszeit wurde dann den Demonstranten der Kudamm verboten; da aber das Ausweichen auf die Nebenstraßen keine Wirkung versprach, er-

Wer soll uns noch glauben?

Wir haben einiges gegen den akademischen Staat, gegen den Albertz von Gottes Gnaden und die Polizei dieser unserer Stadt.

Und wir werden gefördert, sind ihrer würdig demnach – so was ist nur in einer Demokratie möglich oder das ist ein Mißverständnis, wenn wir keine mehr haben.

Wer glaubt uns noch in dem Falle, sie futsch ist!

Wir werden demnach nicht verstanden –
wir sind ihrer nicht würdig!

Aber das den Leuten klarmachen – mit Hochschulpolitik sind wir jedenfalls reingefallen – nicht mal mit Mikrofonwegnehmen oder gar Kommune, o Schreck.

Immer kam was dazwischen – ob man dem Lieber mal Pudding . . . oder ob man mal sein Rektorat abbrennen müßte?

Oder vielleicht Beleidigungen!

Alle mitmachen . . . probieren wir's mal!

Ihr könntet zum Beispiel, wenn ihr gemein sein wollt, sagen

Der Lieber ist ein kompletter wissenschaftlicher Versager, deshalb wollte er erfolgreicher Rektor werden – bei der Rektorenkonferenz ist er auch nicht angekommen

oder

der akademische Senat besteht aus alten, autoritären Scheißern, die dem Ständestaat nachtrauern

oder

Albertz und Duensing sind Homos (und Lieber ist eifersüchtig)

oder

. . . Hilfe, ist das schwer – wer kann's besser!

Was meint ihr – ob's diesmal reicht?

Vielleicht sind Flugblätter eben doch das Falsche! **SDS**

Flugblatt der Kommune I, mit SDS unterzeichnet, 1967.

259 Luis Murschetz, 1968.
Ein fassungsloser deutscher Bundesadler vor einem Ei, dem Rudi Dutschke entschlüpft — selbst gelegtes oder Kuckucksei?

fand man den *Spa-Pro,* den Spaziergangsprotest, bei dem sich Demonstranten unter die Passanten streuten, unvermutet gruppierten und ebenso schnell wieder auseinanderliefen. Eine nervöse Polizei gebrauchte den Knüppel wahllos und nahm Passanten und Studenten fest, darunter auch Rudi Dutschke mit einem Weihnachtspaket unter dem Arm, der in diesem Zusammenhang zum erstenmal als »Rädelsführer« genannt wurde. Die *Bild-Zeitung,* die wie *Morgenpost* und *BZ* zum Konzern des seit Hugenberg größten »Pressepapstes«, Axel Caesar Springer, gehörte, empfahl am 14. 12. 1966: »Polizeiknüppel auf Krawallköpfe, um möglicherweise doch vorhandenen Grips locker zu machen«, während der SDS persiflierte: »Ein Schlag mit dem Polizeiknüppel ist bewußtseinserhellender als hundert Bücher.« Ein während dieser Tage erschienenes Flugblatt vom fiktiven *Ausschuß »Rettet die Polizei e. V.«* enthielt die Zeilen: »Wir fordern eine ›moderne‹ Ausrüstung für die Polizei; statt des Gummiknüppels eine weiße Büchse, in der sich Bonbons für weinende Kinder befinden und Verhütungsmittel für Teenager, die sich lieben wollen . . . Das Gehalt muß größer sein als der Sold der Springer-Schreiber . . .«.
Die Tagespresse reagierte hauptsächlich auf Aktionen wie die der *Kommune 1* um Fritz Teufel, Rainer Langhans, Ulrich Enzensberger und Dieter Kunzelmann, die in die weihnachtlichen Geschäfts riefen: »Weihnachtswünsche werden wahr, Bomben made in USA« und sich laut SDS-Mitglied Reimut Reiche zu »Hofnarren Springers« machten, wohl auch, weil sie vom SDS nichtautorisierte Flugblätter satirischen Inhalts unter dessen Namen herausgaben oder sogar — ironisch oder konterrevolutionär? — öffentlich erklärten: »Macht keine Wandzeitungen! Aber wenn ihr schon welche macht, denkt an das akademische Niveau! (10 Fremdwörter / qm).« Und: »Was geht mich Vietnam an — ich habe Orgasmusschwierigkeiten.« (Kunzelmann). Der SDS schloß die unverschämt witzige *K 1* am 12. 5. 1967 kurzerhand aus.
Hatten die Springer-Zeitungen zu einer Spendensammlung für die Familienangehörigen amerikanischer Vietnamopfer aufgerufen, die eine Berliner Freiheitsglocke aus Porzellan bekommen sollten, und dabei 130 000 DM gesammelt, so warb der SDS 1967 stattdessen mit dem Slogan: »Waffen für den Vietkong.« Bei einer solchen allgemeinpolitischen, über Hochschulfragen hinausführenden Agitation hatte Rudi Dutschke, neues Lieblingsobjekt der Karikaturisten, nach der Bildung der *Großen Koalition* 1966 folgerichtig zur Gründung der APO, der *Außerparlamentarischen Opposition,* aufgerufen, die die Revolte auf andere Gruppen ausweiten sollte.
Die Presse widmete sich weiterhin mit Vorliebe den Kommunarden. Als sich im April 1967 der amerikanische Vizepräsident H. H. Humphrey zum Berlinbesuch ankündigte, überraschte die Politische Polizei die *Kommune-1*-Mitglieder bei vermeintlich »verschwörerischen Umständen« und nahm sie fest. Sie hätten »Anschläge gegen

„Das kommt noch so weit, daß die von uns verlangen, wie an 'ner spießigen Provinz-Uni richtig zu studieren!"

260 Jupp Wolter (?), 1967. Karikatur auf das Pudding-Strengstoff-Attentat der Kommune 1 auf H. H. Humphrey.

das Leben oder die Gesundheit des Vizepräsidenten ... mittels Bomben, mit unbekannten Chemikalien gefüllten Plastikbeuteln oder mit anderen gefährlichen Tatwerkzeugen wie Steinen etc. geplant.« Die *Berliner Morgenpost* vom 6. 4. schrieb: »FU-Studenten fertigten Bomben mit Sprengstoff aus Peking.« Die Bomben stellten sich als eine Mischung aus Pudding, Eiern, Mehl, Tomaten und Rauchbomben heraus, denn unter linken Studenten galt die Devise, Gewalt dürfe zwar gegen Sachen, nicht aber gegen Personen gerichtet sein. Eine weitere, die Öffentlichkeit schockierende Aktion der *Kommune 1* war das Flugblatt anläßlich eines Kaufhausbrandes in Brüssel: »Wann brennen die Berliner Kaufhäuser? ... Keiner von uns braucht mehr Tränen über das arme vietnamesische Volk bei der Frühstückszeitung zu vergießen. Ab heute geht er in die Konfektionsabteilung von KaDeWe, Hertie, Woolworth, Bilka oder Neckermann und zündet sich diskret eine Zigarette in der Umkleidekabine an.« In dem darauffolgenden aufsehenerregenden Prozeß gegen Langhans und Teufel (der mit Freispruch endete) erklärten angesehene Wissenschaftler das Flugblatt in philologischen Gutachten zur Satire.

Am Heiligabend 1967 versuchten SDS-Genossen und Studenten der ESG, der *Evangelischen Studentengemeinde,* in der Berliner Gedächtniskirche mit Kriegsfotos und Transparenten wie »Helft dem Frieden — Helft Vietnam« zu demonstrieren. Dies erzürnte die Gottesdienstbesucher, die nicht wissen konnten, daß studentische Störaktionen in Kirchen fast schon hochschulgeschichtliche Tradition hatten. Es kam zum Tumult, den Rudi Dutschke ausnützte, auf die Kanzel stieg und mit den Worten »Liebe Brüder und Schwestern!« zu einer Predigt anhub, jedoch nicht weiterreden konnte, da er von der Kanzel gezerrt wurde.

Dem *stern* berichtete der nach eigener Aussage »uralte Nazi« Friedrich Wilhelm Wachau, ein ehemaliger schlagender Burschenschafter, den eine Kriegsverletzung zum Krüppel gemacht hatte, wie er dann gegen Dutschke vorging: »Mich packte die Wut. Ich habe meine Krücke umgedreht und einfach zugeschlagen. Mit der Rechten, das ist mein Mensurarm.« Dutschke blutete im Anschluß an diesen Krückenhieb, der den Karikaturisten nicht verborgen blieb, aus einer Platzwunde am Kopf.

Es sollte ihm eine Warnung sein. Schon ein halbes Jahr zuvor hatte sich ein Todesfall bei einer Demonstration ereignet, der die Studentenbewegung, bis dahin hauptsächlich von 2000 SDSlern getragen, zu einer Massenbewegung machte, aber auch Veränderungen in der Gewaltdiskussion herbeiführte, wie es sich im folgenden Kapitel manifestiert.

261 Arno Ploog, 1968.
Karikatur auf Rudi Dutschkes Kanzelpredigt am Heiligabend 1967, bei der er mit einer Krücke (unten links) blutig geschlagen wurde.

Haut dem Springer auf die Finger!

Als am 2. Juni 1967 der Schah von Persien Berlin besuchte, wurde er vor dem Schöneberger Rathaus von aufgebrachten Studenten mit Sprechchören wie »Mörder« und »Blutsauger« empfangen. In Bussen ankutschierte Schahanhänger (»Jubelperser«) knüppelten gegen die Demonstranten, die noch am Abend vor der Oper protestierten, wo sich Reza Pahlevi die *Zauberflöte* anhörte. Die gereizte Stimmung kulminierte, als die 5000 einsatzbereiten Polizisten angewiesen wurden, die Wege zu räumen und eine Jagd bis in die Nebenstraßen begann. In einem Hinterhof wurde der in der ESG engagierte 26jährige Student Benno Ohnesorg von drei Polizisten gestellt, niedergeknüppelt und von hinten erschossen. Der Täter, ein Kriminalbeamter, gab als Motiv »Notwehr« an.

Die Empörung in den studentischen Kreisen bewirkte, daß die Protestbewegung von 2000 schlagartig anwuchs. Beim Trauerzug folgten 10 000 dem Sarg Benno Ohnesorgs. Der 2. Juni war der eigentliche Auslöser der Studentenrevolte; Bernd Rabehl sprach von den SDS-Neuzugängen ironisch als »Juni-Gefallenen.« Die Reaktionen der Beteiligten auf der gegnerischen Seite trugen ihr Teil zur Eskalation bei: während die Einsatzleitung der Polizei nach dem Attentat mit Lautsprecherwagen die Nachricht kolportierte, ein Polizist sei erstochen worden, der Regierende Bürgermeister, Pastor und SPD-Mitglied Albertz und die BZ vom 3. 6. (»Wer Terror produziert, muß Härte in Kauf nehmen«) die Schuld auf das Konto der Demonstranten schoben und ein Leserbrief an den AStA der FU die Studenten als »Abschaum der Menschheit« apostrophierte, arbeiteten diese an Gegendarstellungen. SDS, SHB, RCDS und HSU gaben ein gemeinsames Flugblatt mit Augenzeugenberichten heraus, Horst Mahler, Rechtsanwalt der Linken, stellte ein »Schlachtengemälde« (Ulrich Chaussy) von Film-, Foto- und Tonbanddokumenten zusammen, das die Notwehr-Aussage korrigierte. Unter dem Druck der Ereignisse traten Polizeipräsident Duensing, Innensenator Büsch (1957 SDS-Bundesvorsitzender) und Albertz, der seine negative Meinung später revidierte und vom 2. Juni als einem »Funken im Pulverfaß« sprach, von ihren Ämtern zurück.

Zur Bebilderung der Hochschulvorgänge trugen die Tageszeitungen bei, die sich inzwischen immer mehr der Karikatur als politischem Schlagzeilenbild bedienten. Die 1961 gegründete, großaufgelegte satirische Zeitschrift *Pardon* stellte sich auf die Seite der Studenten, unter denen einige karikaturistische Fähigkeiten entwickelten und u. a. die kommerziellen Comic-Strips parodierten. Die *Freiburger Studentenzeitung*, die Tübinger *notizen*, der Frankfurter *Diskus*, die Berliner *Anrisse*, *FU-Spiegel* und *Extra-Dienst* agitierten mit ihren Spottbildern gegen die Springer-Blätter, die wiederum »Krawallstudenten« und »Radikalinskis« ins Bild brachten. (Für eine als repräsentativ ausgewählte Karikatur aus der Berliner Morgenpost konnte leider keine Abdruckgenehmigung

262 K. P. Baldus, 1967.
Karikatur auf die Notwehrerklärung des Todesschützen von Benno Ohnesorg; aus der Studentenpresse.

263 Arno Ploog, 1967.
Karikatur auf den Todesschuß auf Benno Ohnesorg während der Schahdemonstrationen am 2. Juni 1967.

vom Zeichner erreicht werden.) Die studentische Presse entwickelte sich so zu einem einflußreichen Gegenfaktor, produzierte eigene Filme (*Brecht die Macht der Manipulateure* von Helke Sanders) und eine Unmenge von Flugblättern, wie dies schon immer in Zeiten gesellschaftlicher Umwälzungen zu beobachten war.

Die Texte und Zeichnungen verstanden sich als »Gegenöffentlichkeit« zu den Erzeugnissen des Springer-Konzerns, der mit einem Marktanteil von 27% (Tageszeitungen 39%), Sonntagszeitungen 90%) die westdeutsche Presse beherrschte und eine Kommission unter Kartellamtspräsident Günther im Mai 1968 zu der Feststellung veranlaßte, eine solche Konzentration sei gefährlich und bedrohe die Pressefreiheit der Bundesrepublik. Rudi Dutschke forderte in einem *Spiegel*-Interview vom 10. 7. 1967 die Enteignung Springers, dessen Zeitungen Schlagzeilen lieferten wie: »Was tut Bonn gegen Meinungsterror?«, »Mehr Rückgrat, Herr Albertz! Unruhestifter unter den Studenten ausmerzen«, »Randaliert — des Krawalles wegen« und »Laßt Bauarbeiter ruhig schaffen! Kein Geld für langbehaarte Affen!« Wider diesen Journalismus etablierte sich Anfang 1968 im *Göfi* sogar ein (Gegen-) *Institut für Presseanalyse und Öffentlichkeitsforschung*, das von Studenten, *Stern*- und *Spiegel*-Redakteuren getragen wurde.

Während der Kriminalbeamte, der den tödlichen Schuß auf Ohnesorg abgegeben hatte, nie festgenommen wurde (das Gerichtsurteil vom 21. 11. 1967 lautete auf Freispruch), blieb der Student Fritz Teufel aufgrund der Anklage eines Steinwurfs auf einen Polizisten am 2. Juni weiterhin in Haft, was zur Verbitterung der Studenten beitrug, die in Konferenzen und Demonstrationen ihren Forderungen Nachdruck verliehen, bis er am 12. 8. — vorübergehend — entlassen wurde.

264 Anonyme studentische Flugblattzeichnung, 1967.

Die Prozesse gegen Teufel schlugen sich genauso in Karikaturen nieder wie die Befürchtung Prof. Habermas', das Ergebnis der Politik Dutschkes sei ein »linker Faschismus«. SDS-Vorstandsmitglied Hans-Jürgen Krahl, wie Habermas Vertreter der *Kritischen Theorie*, pflichtete Dutschke bei und wollte weiterhin zwischen Gewalt gegen Sachen und Personen unterschieden wissen (»Friede den Menschen, Krieg den Institutionen!«).

Der Prozeß gegen den Berliner Studenten Fritz Teufel!

265 Horst Haitzinger, 1967.
Die deutsche Justiz schießt mit »Paragraphenkanonen« auf einen Spatzen.

PARDON-Test

Gerd Hüsch

Sind Sie ein guter Staatsbürger?

Sie leben in der Bundesrepublik. Sie sind mit unserer Regierung zufrieden. Sind Sie aber deshalb schon ein guter Staatsbürger? Viele haben Zweifel. — Diese Unsicherheit muß ein Ende haben. PARDON hat deshalb einen bekannten Psychologen gebeten, einen unbestechlichen Test auszuarbeiten. Beantworten Sie alle Fragen gewissenhaft und genau, dann wissen Sie, was mit Ihnen los ist.

Was meinen Sie?

A Kommt die Gefahr von links? (10 Punkte)
B Oder von rechts? (0 Punkte)

Welches Bild von der APO (Außerparlamentarischen Opposition) ist Ihnen am sympathischsten?

A (8 Punkte)
B (5 Punkte)
C (10 Punkte)
Andere Meinung (0 Punkte)

Ist unsere Polizei

A lieb? (8 Punkte)
B feige? (5 Punkte)
C grausam? (10 Punkte)
Andere Meinung (0 Punkte)

Ist das erlaubt?

JA (10 Punkte)
NEIN (10 Punkte)
Andere Meinung (0 Punkte)

A Steckt Ulbricht dahinter? (10 Punkte)
B Oder Mao? (8 Punkte)
C Oder Kiesinger und die Große Koalition? (0 Punkte)

WERTUNG

0 Punkte:

Sie gefährden unsere freiheitlich-demokratische Grundordnung. Wenn es Ihnen bei uns nicht gefällt, dann gehen Sie doch 'rüber.

Mehr als 10 Punkte:

Wegen Ihrer gesunden demokratischen Gesinnung haben Sie Anrecht auf das Große Bundesverdienstkreuz. Strengen Sie sich weiter fleißig an. Mit etwas Glück müßten Sie auch den Konrad-Adenauer-Preis der Deutschland-Stiftung bekommen können.

266 Gerd Hüsch, 1968.

F.-K. Waechter

BITTERES LOS

267 F. K. Waechter, 1969.

268 Gerhard Seyfried, um 1968.

1968 wie 1928?

»Ich wünsche mir keinen Krieg,
aber für die wünsche ich mir einen!«

269 Horst Haitzinger, 1968.
Karikatur über die Interdependenz von Links und Rechtsradikalismus. Rudi Dutschke treibt den deutschen Michel in die Falle des NPD-Vorsitzenden von Thadden, der mit seiner 1964 gegründeten Partei schon 1968 in sieben Länderparlamenten Abgeordnete hatte.

270 Kurt Halbritter, 1968.

67% aller Studenten befürworteten nach einem *Spiegel* Interview zu diesen Zeitpunkt die Demonstrationen. Die Revolte war inzwischen auf die Schulen und auf andere Universitätsstädte übergesprungen. Im November 1967 kam es in Hamburg, Heidelberg, Marburg und Tübingen zu Zwischenfällen gegen die Ordinarienuniversität, nachdem in Berlin bereits am 1. 11. die *Kritische Universität* ausgerufen worden war, die die fällige Studienreform in Selbstorganisation vorwegnehmen wollte und, mit eigenem Vorlesungsverzeichnis versehen, politische Themen in Arbeitskreisen erörterte, vom Senat dann aber verboten wurde.

Bis Dezember unterzeichneten 30000 Dozenten und Studenten das Hochschulmanifest gegen die Notstandsgesetzgebung; im Januar 1968 führten Tariferhöhungen öffentlicher Verkehrsmittel zu Blockaden in Bremen, Kiel und Göttingen; Freiburger Studenten stürmten das Amtsgericht, um politische Häftlinge zu befreien. In der ganzen westlichen Welt überschlugen sich die Teilnehmerzahlen der Demonstranten gegen den Vietnamkrieg. Ende 1967 revoltierten die Studenten in London, Paris, Rom, Oslo und Amsterdam ebenso wie in Tokio, während in Washington 250000 Menschen das Pentagon belagerten. Der vom SDS veranstaltete Vietnam-Kongreß am 17./18. 2. 1968 in Berlin, der unter der Fahne des Vietcong tagte, rief 12000 Teilnehmer zu einer Demonstration, die in schnellem Wechsel von Marschieren und Rennen in untergehakten Menschenketten ihre Forderungen skandierten und Fotos von den revolutionären Vorbildern und Identifikationsfiguren Karl Liebknecht, Rosa Luxemburg, Leo Trotzki, Ernst Thälmann und Che Guevara schwenkten, denen als Opfer politischer Attentate eine mythische Verklärung galt.

Auf diesem Vietnam-Kongreß konstituierte sich auch der für die weitere feministische Bewegung wichtige *Aktionsrat zur Befreiung der Frau* und — aus einer Notsituation heraus — der erste antiautoritäre *Kinderladen*, nach dessen Modell in der Folgezeit in vielen Städten ähnliche Einrichtungen entstanden, um die revolutionäre Idee zu perpetuieren.

271 Gerd Hüsch, 1968.
Parodie auf die Verprügelung eines jungen Verwaltungsangestellten aufgrund seiner Ähnlichkeit mit Rudi Dutschke.

Berlins Medien propagierten eine »Gegendemonstration«, zu der die Parteien des Abgeordnetenhauses, der Senat und der *Ring Politischer Jugend* aufriefen. 60 000 bis 80 000 protestierten gegen die »Krawallstudenten« mit Plakaten wie »Bei Adolf wäre das nicht passiert«, »Teufel in den Zoo«, und »Dutschke — Volksfeind Nr. 1«. Ein junger Verwaltungsangestellter, der Dutschke ähnlich sah, wurde verprügelt. Schließlich hatte in der *Bild*-Zeitung vom 7. 2. 1968 gestanden, man dürfe »nicht die ganze Drecksarbeit der Polizei und ihren Wasserwerfern überlassen.« Der Zeichner Gerd Hüsch ließ daraufhin einem Beamten der Bundesregierung in einer boshaften Karikatur das gleiche Mißverständnis widerfahren.
»Vergast Dutschke« stand im Hausflur des »Chefideologen« an die Wand geschmiert, den das durch Hetze und Pogrom vorbestimmte Schicksal am Gründonnerstag 1968 ereilte: mitten auf dem Kurfürstendamm wurde Rudi Dutschke von drei Schüssen des rechtsradikal beeinflußten Hilfsarbeiters Bachmann lebensgefährlich verletzt. Die 2000 Studenten, die sich fassungslos in der TU versammelten, gaben die Schuld der Presse, dem neuen Innensenator und dem Regierenden Bürgermeister: »Die wirklich Schuldigen heißen Springer, und die Mörder heißen Neubauer und Schütz« (Rabehl).

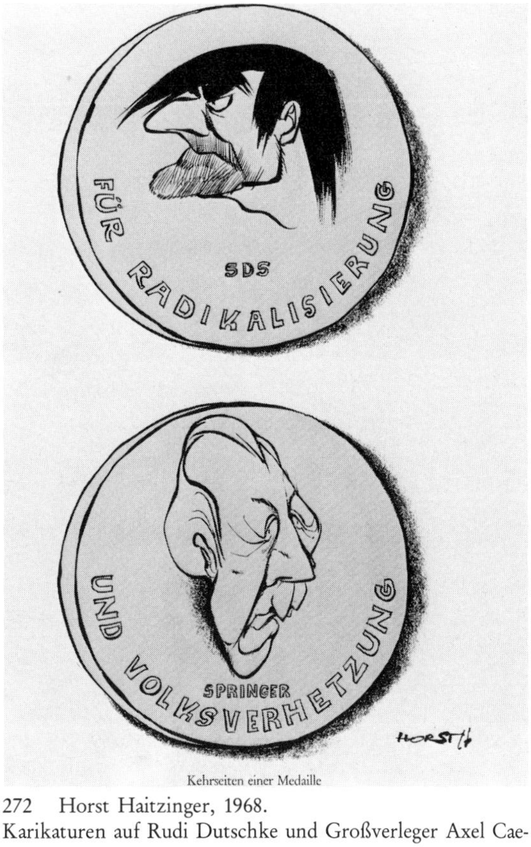

272 Horst Haitzinger, 1968.
Karikaturen auf Rudi Dutschke und Großverleger Axel Caesar Springer.

Arno Ploog

Die Gentlemen bitten um Absolution

„Daß die drei zu den Schüssen auf Rudi Dutschke Stellung nehmen wollen, ist klar — aber frag mal die Regie, wo wir hinterher das schmutzige Wasser hintun sollen!"

273 Arno Ploog, 1968.
Die »Gentlemen« im Bild sind Berlins Regierender Bürgermeister Schütz, Großverleger Springer und Bundeskanzler Kiesinger. Im Titel des Bildes eine Anspielung auf einen damals berühmten Film über englische Bankräuber (»Die Gentlemen bitten zur Kasse«).

274 Horst Haitzinger, 1968.
Vergleich zwischen der »Reichskristallnacht« vom November 1938, während der die Schaufenster der Läden jüdischer Inhaber eingeworfen wurden, mit den Steinwürfen auf die Fenster des Springer-Hochhauses nach dem Attentat auf Rudi Dutschke. Die Gleichstellung wurde von links kritisiert.

In den folgenden Ostertagen richteten sich die Proteste der Studenten gegen das Springer-Hochhaus, dessen Scheiben mit Steinen eingeworden wurden. Ein *agent provocateur* des Verfassungsschutzes, Peter Urbach, verteilte Molotow-Cocktails, mit denen die Zeitungslieferwagen in Brand gesteckt wurden. Im Mai 68 kam es bei den Protestaktionen zu fünf Tage dauernden Straßenschlachten an den Auslieferungstoren der Springer-Druckereien in verschiedenen Städten, wobei sich 60 000 Personen an den Blockaden beteiligten.

275 Siné: *Auch wir studieren!*, 1968.

In den Hauptstädten der Welt — so in New York, Brüssel, Prag, Belgrad, Oslo und Wien — solidarisierten sich Demonstranten, indem sie vor Springer-Büros und den deutschen Botschaften protestierten. Zu Frankreich wurde durch den deutsch-französischen Sprecher der Pariser Bewegung, Daniel Cohn-Bendit, ständiger Kontakt gehalten. Auch hier eskalierte im *Pariser Mai* die Gewalt. Straßenschlachten zwischen Studenten und schwerbewaffneten Polizisten hatten am 6. Mai etwa 1100 Verletzte und 400 Verhaftete zur Folge, denen Demonstrationen mit 50 000 Teilnehmern folgten. Besonders die Studenten der *Academie des Beaux Arts* (»La phantasie au pouvoir — die Phantasie an die Macht!«) trugen mit ihren subversiven Plakatanschlägen zur Radikalisierung bei. Die während der Revolte gegründete Karikaturzeitschrift *L' enrage (Der Wütende)* brachte mit den Zeichnungen von Siné blutrünstige Spottbilder über General de Gaulle und die CRS-Polizisten. 10 000 von diesen wurden eingesetzt, um die Barrikaden mit Tränengas und Brandbomben zu räumen. Angesichts der ausgebrannten Autowracks und verwüsteten Straßenzüge beschlossen die Gewerkschaften einen Generalstreik für 10 Millionen Arbeiter, während dessen Verlauf sich eine Million Studenten, Schüler und Arbeiter zum bis dahin größten Demonstrationszug der französischen Geschichte formierten. Sie führten zur Flucht des Gaulles und fast zu seinem Sturz, bis er unter Zuhilfenahme aller staatlichen Repressionsmittel die besetzten Fabriken wieder räumen konnte und dann im Juni die Wahlen gewann. Auch die *Sorbonne*, die besetzt und in ein »freies Volkstheater« für alle umgewandelt worden war, wurde bald wieder einem ordnungsgemäßen Zustand überführt.

In der Bundesrepublik, wo sich die arbeitende Bevölkerung indessen nicht radikalisieren ließ, führte das Beispiel Paris zu einer Welle von Besetzungen verschiedener Institute und Umbenennungen ganzer Universitäten, die als Kampfmittel gegen die Notstandsgesetze verstanden wurden. Die Frankfurter Universität wurde blockiert und zur *Karl-Marx-Universität* umbenannt, in Gießen entstand die *Georg-Büchner-Universität,* in Köln die *Rosa-Luxemburg-Universität* und in Berlin wurde das *Otto Suhr-Institut,* vormals *Hochschule*

276 Hoi San, 1968.
»Die Sonntagsumfrage: Vier von zehn Franzosen ziehen einen Polizisten einem Studenten, und einen Schlagstock dem Füllfederhalter vor.«

„Aber bitte fassen Sie sich kurz! Im Innenministerium beginnt gleich die Sitzung über Möglichkeiten eines Verbots des SDS!" Zeichnung: Arno Ploog

277 Arno Ploog, 1968.
Karikatur auf die Überlegungen der Bundesregierung zum Verbot des SDS, der sich später selbst auflöste.

für Politik, in einem *go-in* als *Karl-Liebknecht-Institut* besetzt. Im Germanistischen Seminar baute eine ad hoc-Gruppe *Notstand der Germanistik* Barrikaden, richtete fünf Feuerwehrschläuche auf die Polizisten und einen Radiosender namens *Rosa Luxemburg* auf das Publikum. Disc-Jockeys waren die »Polit-clowns« Dieter Kunzelmann und Fritz Teufel, der inzwischen auch in einem Happening zum neuen Rektor der FU erklärt worden war, jetzt aber sein Programm so sehr an Radio Luxemburg anglich, daß ihm ein Politkommissar vor die Nase gesetzt werden mußte.
Die Institute waren jedoch bald von der Polizei geräumt. Resignation machte sich breit, als trotz Streiks in 25 Universitätsstädten und Sternmarsch von 50 000 auf Bonn am 30. 5. 1968 die Notstandsgesetze beschlossen wurden. Das Ende des *Pariser Mai* und der Einmarsch von Truppen des Warschauer Paktes in die CSSR, die ein europäisches sozialistisches Modell, den *Prager Frühling* im Keim erstickten (in Prag verbrannte sich der Student Jan Palach aus Protest gegen die Okkupation), trugen zur Enttäuschung bei. Die Revolte endete nicht mit den satirischen Aktionen, die ihr Starthilfe gegeben hatten.
Eine der letzten Demonstrationen zeigte das »historische Versagen des SDS« (Fichter/Lönnendonker), der die Entwicklung zur Gewalt gegen Personen nicht unter Kontrolle brachte: als Großverleger Springer Rechtsanwalt Mahler zu Schadensersatz in Höhe von 506 696,70 DM, u. a. für die von Urbach angezündeten Lieferwagen, verklagte, rief der SDS zu einer Solidaritätsdemonstration auf, die am 4. 11. 1968 als »Schlacht am Tegeler Weg« vor dem Berliner Landgericht in die Hochschulgeschichte einging. 21 Studenten und 130 Polizeibeamte wurden verletzt.
Nachdem sich der inzwischen sozialistisch geprägte VDS aufgrund der Rückforderung von 160 000 DM früherer Subventionen seitens der Bundesregierung schon Ende 1969 aufgelöst hatte, tat es ihm der SDS nach dem tödlichen Autounfall des Vorstandsmitgliedes Krahl im März 1970 gleich. Die letzte SDS-Gruppe in Heidelberg wurde im Juni durch eine Verfügung des Innenministers Baden-Württembergs verboten.

278 Marie Marcks: *Frankfurter Diskussionsbeiträge,* 1969.

Wer ist der Linkste im ganzen Land?

Direkt nach den Osterunruhen 1968 bildeten sich aufgrund der Mißerfolge hinsichtlich einer Solidarisierung der Arbeiterschaft allein in Berlin 16 Stadtteil- und Basisgruppen, die den Kontakt zur arbeitenden Bevölkerung als »eigentlichem revolutionärem Subjekt« suchten. Zwecks des gleichen »Proletkults« (wie es die Spötter nannten) gründeten sich parallel an den Universitäten *Rote Zellen.* Voran ging hier die aus der ad hoc-Gruppe im *Rosa-Luxemburg-Institut* entstandene *Rote Zelle Germanistik (Rotzeg).* Aus ihr wurde später die maoistische KPD-Aufbauorganisation (KPD-AO), die dann als KPD mit ihrem *Kommunistischen Studentenverband* (KSV) der führungslos gewordenen Studentenbewegung die eigene Autorität voranstellen wollte.

Unter den um das Rednerpult kämpfenden Studenten in Marie Marcks' Zeichnung befinden sich auch die Vertreter anderer Splittergruppen maoistischer, stalinistischer, marxistisch-leninistischer, trotzkistischer und anderer linker Couleur. Die beiden Genossen wiederum, die in Hoglis Karikatur um die Marschrichtung kämpfen, könnten gut aus ein- und derselben Partei gestammt *haben:* so sah sich beispielsweise der *Kommunistische Studentenbund/Marxisten-Leninisten* (KSB/ML) um 1970 mit der Tatsache konfrontiert, daß seine Dachorganisation KPD/ML zeitweilig bis zu fünf gleichbenannte Fraktionen unter verschiedener Führung hatte. Der KSB/ML ist dabei nicht mit dem KSB, der Hochschulabteilung des *Kommunistischen Bundes Westdeutschland* (KBW) zu verwechseln, die einigenorts auch als *Kommunistische Hochschulgrupppe* (KHG) auftrat. Den maoistischen, teilweise stalinistischen Tendenzen der

279 Hogli, um 1975.

280 Marie Marcks, 1976.

bisher genannten Parteien standen die moskaugerichteten orthodoxen Gruppen gegenüber, etwa in Organisationen der SEW oder im *Marxistischen Studentenbund Spartakus* (MSB), der Organisation der DKP, während die trotzkistische Variante vor allem durch die *Gruppe Internationaler Marxisten* (GIM) vertreten wurde.

Über 150 verschiedene linke Periodika erschienen in den 70er Jahren, viele davon mit eigenen Spottbildern. Von einer Darstellung dieser Karikaturproduktion muß hier abgesehen werden. Sie würde eine eigenständige, differenziertere Publikation verlangen, wie sie Thomas Fecht mit der *Politischen Karikatur in der BRD* 1974 begonnen hat.

Viele der 1968 Engagierten machten einen Rückzug in die Privatsphäre oder erprobten neue Modelle in Landkommunen und alternativen Geschäften. Auch für eine komödiantische Variante wäre gesorgt gewesen, wenn es nach Rainer Langhans gegangen wäre: der wollte laut *Underground*-Magazin 2/1970 als Unternehmer »ausgediente linke Rädelsführer in einem Katalog vorstellen und irgendwie innerhalb der Vergnügungsindustrie einsetzen«. Sie schienen sich dafür aber zu schade zu sein, denn Langhans' Pop-Konzern *High-Fish* ging bald pleite.

Die tragische Entwicklung aus der Studentenrevolte dagegen, der Terrorismus, hatte sich schon im April 1968 bemerkbar gemacht, als — in völliger Fehlinterpretation des *K 1*-Flugblattes — zwei Frankfurter Kaufhäuser in Brand gesetzt wurden, angeblich aus Protest gegen den Vietnamkrieg. Die Enttäuschung über das Ausbleiben radikaler Erfolge der Studentenbewegung verführte besonders Leute aus dem akademischen Umfeld (die Studenten Holger Meins, Jan-Carl Raspe, Gudrun Enßlin, den APO-Anwalt Horst Mahler, die Publizistin Ulrike Meinhof und Ärzte aus dem *Sozialistischen Patientenkollektiv* Heidelberg) zu dem Mißverständnis und Irrglauben, durch die bewaffnete Aktion könne das »kapitalistische System« erschüttert und die Staatsgewalt verunsichert werden. Untergrundorganisationen nach südamerikanischem *Stadtguerilla*-Konzept, wie die *Rote Armee Fraktion* (RAF) und später die *Bewegung 2. Juni* (so benannt nach dem Todesdatum Benno Ohnesorgs) schreckten vor Gewalttaten, die zahlreiche Opfer forderten, nicht zurück. Die Kette von Bombenattentaten, Banküberfällen, Entführungen und Ermordungen stand indessen einer Forderung wie der Rudi Dutschkes nach dem »langen Marsch durch die Institutionen« diametral entgegen.

Ergebnis all dieser Uneinigkeit der Marschrichtung, bei gleichzeitiger Reformeuphorie zu Beginn der SPD/FDP-Koalition unter Bundeskanzler Willy Brandt (nach einer Umfrage von 1968 unterstützten 44% der linken Studenten die SPD-Hochschulorganisation SHB und nur 10% den SDS) war eine Entpolitisierung breiter Teile der Studentenschaft Anfang und Mitte der 70er Jahre, die noch durch Erlasse und Gesetze forciert wurde. Sie führte zu dem, was Marie Marcks als »toten Punkt« zeichnete und nicht einmal durch einen *agent provocateur* veränderbar schien.

»Jeder weiß, daß das ein agent provocateur ist. Aber dafür ist er der einzige, der wenigstens noch was unternimmt.«

281 Erich Rauschenbach, *Spitzel an der Uni!*, 1979.

Erst im Wintersemester 1976/77 geriet die Studentenschaft wieder in Bewegung. Auslöser waren allerdings nicht die das Monopol in der Hochschulpolitik beanspruchenden *K-Gruppen,* gegen deren Sektiererei, Lustfeindlichkeit und Klassenkampfcode jetzt Widerstand aufkam. Die 16 000 und mehr auf den Demonstrationen waren eher Unorganisierte und *Spontis,* die ihren Unmut über Polizeieinsätze an den Universitäten, das *Hochschulrahmengesetz* und die Berufsverbote kundtaten. Sie traten für mehr Phantasie und Spaß an den Universitäten aus Beton und Glas ein, die bei vielen nicht die Geborgenheit einer *alma mater,* sondern Unlustgefühle hervorriefen. Diese Forderung spiegelt die Karikatur von Thomas M. Bunk wieder, und sie war auch Tenor des großen *Tunix*-Treffens mit seinen mehr als 20 000 Teilnehmern an der Berliner TU im März 1978.

282 Harald, 1981.

Trotz Ablehnung dogmatischer Programme schätzten sich nach einer Umfrage des Allensbacher Institutes an 33 Hochschulen im selben Jahr 9% der Studentenschaft als weit links und 39% als gemäßigt links ein, während sich 36% als zur Mitte gehörig, 13% als gemäßigt rechts und

283, 1979.

1% als weit rechts einstuften. Diese »linke Mitte« begann, in *Bunten* und *Grünen Listen* Aktivitäten bei Landtagswahlen zu entfalten. Auch Rudi Dutschke engagierte sich für diese Richtung, bis er wegen eines auf das Attentat zurückzuführenden Kollapses am Heiligabend 1979 starb.

Die »Basisdemokratie« dieser Bewegung, die auch aus dem akademischen Potential schöpft, scheint den Bedürfnissen vieler eher zu entsprechen als linker Dogmatismus und etablierte Parteipolitik — zumal der Reform-Elan der SPD/FDP-Regierung bekanntlich bald verflogen war.

284 Marie Marcks: *Beratungen über die Hochschulreform,* 1969.

Ein neuer Rahmen für ein altes Bild

Besonders dort, wo Anspruch und Wirklichkeit auseinanderklaffen, setzt die Satire ein. Kein idealeres Objekt für die Spötter als die mit Euphorie in Angriff genommenen Hochschulreformen, die dann aber schwarz auf weiß kaum noch etwas von der ursprünglichen Idee verrieten. Dieser Mißstand wurde nicht allein von studentischen Zeitungen in Bilder umgesetzt, sondern ging durch die Tagespresse.

Neben die Forderung einer inhaltlichen Studienreform war gleichzeitig mit dem Wunsch nach mehr Demokratie und Mitbestimmung der Ruf nach einer Strukturreform getreten, hatten doch die Ordinarien die Vertreter der Studenten und des Mittelbaus seit jeher problemlos überstimmen können. Da aber die KMK zu unbeweglich für eine Koordinierung gewesen war — Jupp Wolters Karikatur spielt auf die Kulturhoheit der von verschiedenen Parteien regierten Bundesländer an —, und da auch der eigens zu diesem Zweck 1965 gegründete *Deutsche Bildungsrat* seinen Strukturplan nicht vor 1970 vorlegen konnte, ging Berlin im Alleingang an eine Reformsatzung heran, um den Talaren der Ordinarien den »Muff von tausend Jahren« auszuklopfen. »Drittelparität« lautete das Schlagwort der Stunde für das Modell, um das es im OSI erbitterte Kämpfe gab, wie die Professorenkarikatur aus der Studentenpresse unmißverständlich ausdrückt.

Ordinarien, Studenten und die in der Massenuniversität unabdingbar gewordenen Dozenten und Assistenten im Mittelbau sollten im Senat die gleichen Stimmanteile bekommen. Auch der *Coburger Convent* und der RCDS standen hinter dem »modischen Drittel«, wie es Heinz Lohmar in der FAZ vom 6. 12. 1968 umschrieb.

Die Regelung, die dann 1969 gegen den Widerstand der ordentlichen Professoren mit gesetzlicher Hilfe des Berliner Abgeordnetenhauses gefunden wurde, gab den Ordinarien wieder die meisten Stimmen (11), räumte aber wenigstens die Möglichkeit ein, daß die anderen Interessensgruppen, die Studenten (5 Vertreter), Assistenten (6) und sonstigen Dienstkräfte (2) sie gemeinsam überstimmen konnten.

Bremen kannte eine eigene Variante der Drittelparität, selbst im CDU-Ländle Baden-Württemberg gab es an der neugegründeten Universität Konstanz eine Zeitlang diese Form der Mitbestimmung, während die Hochschulgesetze einiger

285 Jupp Wolter: *Kultusminister-Konzil: Geduld! Wir sind ja alle Mann bei der Arbeit!* 1969.

286 C. F., 1969. Studentische Anti-Professorenkarikatur aus der Zeit des Kampfes um die Drittelparität.

287 Hogli, 1976. An der Schraubzwinge Berlins Wissenschaftssenator Peter Glotz. Zeichnung aus der Studentenpresse.

288 Walter Kurowski, 1976.

Bundesländer wie Hamburg, Hessen, Niedersachsen und Rheinland-Pfalz dem Berliner Modell nahekamen. Wegen der Beteiligung nichtwissenschaftlichen Personals kursierten unter Kritikern die Witze, wonach künftig Putzfrauen dem Muff in Forschung und Lehre mit dem Staubwedel zu Leibe rücken würden.
398 Professoren und Dozenten aus Niedersachsen klagten gegen die schwache Vertretung ihrer Interessen in der Hochschulselbstverwaltung vor dem Bundesverfassungsgericht, das 1973 entschied, »der Gesetzgeber (müsse) durch geeignete organisatorische Maßnahmen verhindern, daß die Gruppe der Hochschullehrer in den Beschlußorganen der Wissenschaftsverwaltung bei Entscheidungen über Fragen von Forschung und Lehre überspielt werden könne.«
Über Forschungsprojekte und Berufung von Professoren haben seitdem die Hochschullehrer die ausschlaggebenden Stimmen, denn dieser für Niedersachsen herbeigeführte Beschluß war auch für die anderen Länder verbindlich. Ihnen wurden dann — nach langem Tauziehen zwischen CDU-Bundesratsmehrheit und SPD/FDP-Bundestagsregierung — im Dezember 1975 durch das *Hochschulrahmengesetz* (HRG) weitere Richtlinien an die Hand gegeben, aufgrund derer sich die Reformmodelle einiger Länder nicht länger aufrechterhalten ließen. Proteststimmen sprachen vom »Rückfall in ständisches Denken.«
Darüberhinaus ermächtigte das HRG die Länder, ein Ordnungsrecht an den Hochschulen zu errichten, das ein politisches Mandat für die *Verfaßte Studentenschaft* ausschloß oder diese gar abschuf. »Disziplinierung« witterten die Gegner des HRG, die laut Zeichnung von Walter Kurowski in der Vernichtung des selbständig denkenden AStA besteht. In etlichen Landeshochschulgesetzen kommt die *Verfaßte Studentenschaft* seitdem einfach gar nicht erst vor.
Außerdem ermöglichte das HRG die Einführung einer achtsemestrigen Regelstudienzeit, die den jahrhundertealten Bummelstudenten abschaffen soll, weil dieser bei beständig steigenden Studentenzahlen immer untragbarer wurde. Jan Tomaschaffs Karikatur deutet an, welch drastische Maßnahme eine Zwangsexmatrikulation sein kann.
Von der zu Beginn der SPD/FDP-Regierungskoalition ausgegebenen Parole »Mehr Demokratie wagen« (Willy Brandt) war nicht mehr die Rede. Auch die Abgrenzungspolitik der SPD gegenüber den Linkssozialisten und Kommunisten, die teilweise den »langen Marsch durch die Institutionen« begannen, führte zu »Reformen«, die 1972, nach einer Tagung der Ministerpräsidenten der Länder unter der Leitung Brandts, die *Grundsätze über die Mitgliedschaft von Beamten in extremen Organisationen* regelten: »Ein Bewerber, der verfassungsfeindliche Aktivitäten entwickelt, wird nicht in den öffentlichen Dienst eingestellt.« Ähnliches legte auch das *Beamtenrahmengesetz* fest. Damit war und ist natürlich die große Zahl der akademischen Berufe, für die der Staat der alleinige Arbeitgeber ist, Lehrer und Beamte, besonders betroffen. *Radikalenerlaß* lautet die Wortschöpfung des Volksmundes; für eine mit Berufung darauf ausgesprochene Ablehnung wurde das Wort *Berufsverbot* geprägt, welches schon Eingang in fremde Sprachen gefunden hat. Wie argwöhnisch das Ausland die Vorgänge beäugte, zeigt eine Bemerkung aus dem Buch *Über die Deutschen* (1982) des amerikanischen Historikers Gordon A. Craig, der einmal mehr in der Hochschulgeschichte einen Vergleich zu den *Karlsbader Beschlüssen* bemühte. Für ihn war 1978 »die Atmosphäre durch eine Demagogenverfolgung so heftig vergiftet wie in der 20er Jahren des 19. Jahrhunderts.«
Problematisch zeigten und zeigen sich besonders die Fälle, wo der Bewerber Mitglied einer Partei ist, die zwar nicht verboten ist, aber doch im Ver-

289 Peter Kaczmarek, 1977.

dacht der Verfassungsfeindlichkeit steht. Das Bundesverfassungsgericht entschied hierfür 1975, daß die Ablehnung des Anwärters durchaus rechtens sein könne. In Millionen von Fällen durchgeführte Routine- und Regelanfragen beim Verfassungsschutz führten seitdem zu Ablehnungen in Tausenden von Fällen. So mancher Anwärter bekommt seitdem laut Peter Kaczmareks Zeichnung in seinen Alpträumen Besuche vom Verfassungsschutz.

Immatrikulation

Zeichnung: G. Hentrich

„Ich Jura, sie Kunstgeschichte – vorausgesetzt, daß dem Laden ein Kinderhort angegliedert ist."

290 Gerhard Hentrich, 1963. Karikatur aus der Zeit der Bildungswerbung.

Numerus Grausus

»Guten Abend, meine Damen und Herren. Live aus dem Studio Dortmund übertragen wir heute abend die Ziehung der Studentenzahlen für das kommende Wintersemester. Der ordnungsgemäße Zustand wurde vorher von unserem Notar überprüft.« So persiflierte das Studentenbuch *Pfade durch den Hochschuldschungel* 1981 die Lotto-Methoden, die die 1973 in Dortmund gegründete *Zentralstelle für die Vergabe von Studienplätzen* (ZVS) zu Hilfe nimmt, um aus der beständig steigenden Anzahl der Studierwilligen diejenigen glücklichen Gewinner herauszulosen, die einen Studienplatz bekommen.

Kann es den abgewiesenen Bewerber trösten, daß sich das Mittel der Zulassungsbeschränkung durch die Hochschulgeschichte durchzieht? Die bisherige Darstellung hat gezeigt, wie jeweils in Nachkriegszeiten die *alma mater* aus allen Nähten krachte, und daß sogar aus ideologischen Gründen der Proporz bestimmter Gruppen, wie Frauen und Juden, nicht selten gedrückt wurde. Bleibt hinzuzufügen, daß König Friedrich I. schon 1708 mit einem Edikt *wider den Mißbrauch des Studirens* die Aufsichtsbehörden der preußischen Landesuniversitäten zu einem *selectum* aufgefordert hatte, damit »nicht ein jeglicher von niedrigem Stande seine Kinder zum Studiren« schickte. Man wollte solche »zu denen Studiis unfähige Ingenia bey Manufacturen, Handwerkern und der Militz, ja gar bey dem Ackerbau« untergebracht wissen, das Studium sollte Standesprivileg bleiben. Lichtenberg hielt zwar um 1790 dagegen: »Ich dächte, wenn jeder Bauer wenigstens ein halbes Jahr studierte, das könnte nicht schaden«, aber solche Ideen fruchteten erst in unserer Zeit: als angesichts der drohenden »Katastrophe« in den 60er Jahren eine intensive Bildungswerbung betrieben wurde.

Dadurch schnellte die Zahl der Gymnasiasten und studierberechtigten Abiturienten schlagartig in die Höhe. Kamen 1965 auf 1000 Einwohner knapp 7 Studenten, so waren es 1975 schon 13,5 und sind heute knapp 20. Nach Angabe des Statistischen Bundesamtes bevölkern derzeit 1,2 Millionen die Hochschulen der Bundesrepublik, wobei Massenuniversitäten wie München und Berlin mit rund 50 000 Immatrikulierten bisher unerreichte Zahlen aufweisen. Die KMK rechnet mit einem Anwachsen dieses »Studentenberges« auf bis zu 1,5 Millionen um 1990 und sieht ihn erst wieder mit den geburtenschwächeren Jahrgängen (»Pillenknick«) Mitte der 90er Jahre in Richtung Millionengrenze sinken.

Der Berg wäre noch höher, hätte man der Expansion nicht mit einem *Numerus clausus* (NC) Einhalt geboten. Dieses Mittel blieb stets umstritten, da Artikel 12 des Grundgesetzes das Recht auf freie Wahl der Bildungsstätte vorsieht.

291 H. E. Köhler, 1959.
Innenminister Dr. Gerhard Schröder verwehrt den Abiturienten die Milch von der Brust der alma mater, die durch das Symbol der Eule als Pallas Athene dargestellt ist.

292 A. Paul Weber: *Numerus Clausus,* Federlithographie, 1976.

Waren schon in den 1950er Jahren sämtliche Technische Hochschulen und traditionell zulassungsbeschränkte Fächer wie Medizin und Zahnmedizin mit einem NC belegt, so gab es 1959 dennoch erbitterte, sich auch in Karikaturen niederschlagende Proteste, als Innenminister Gerhard Schröder einen generellen NC forderte und noch jeden vierten Studierenden mangels Eignung »herausprüfen« wollte. Zunächst vertraute man aber lieber auf die Schaffung neuer Studiengänge, den Ausbau und die Gründung neuer Hochschulen in den 60er Jahren, wie z. B. in Bielefeld, Bochum, Bremen, Konstanz, Oldenburg, Regensburg und Ulm. Mit diesen Maßnahmen wurde man aber der Entwicklung nicht Herr und konnte ein Übergreifen des NC auf immer mehr Fächer der Natur-, Wirtschafts-, Sozial- und Geisteswissenschaften nicht verhindern. 80% aller Studienmöglichkeiten sind mittlerweile vom NC betroffen, teils hochschulintern, teils bundesweit.

Für letztere Fälle wurde die oben genannte ZVS eingerichtet, die anfangs über die Verteilung von nur zehn allgemeinen und elf Studiengängen des Höheren Lehramts entschied, inzwischen aber ihre Kompetenz auf 40% der über 200 verschiedenen Studienfächer ausgedehnt hat. Der »Dortmunder Trichter« tat und tut sich schwer bei den Maßstäben, die für eine gerechte Verteilung anzulegen sind.

Drei Verfahren sind in Anwendung. Am glück-

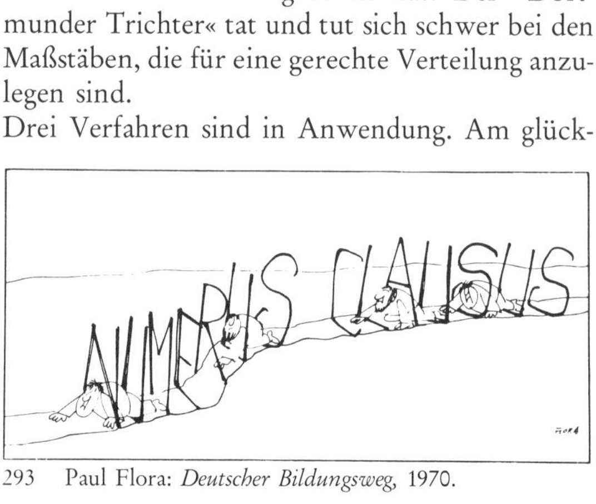

293 Paul Flora: *Deutscher Bildungsweg,* 1970.

294 Marie Marcks, 1976.

lichsten können sich die schätzen, für deren Studienfach nur das *Besondere Verteilungsverfahren* gilt, denn hier bekommt man einen, wenn auch unliebsamen, Ort zugewiesen, z. B. im Fach Germanistik. Paul Flora zeigt diese kompromißbereite Bewältigung der NC-Hürden, die den Bewerber zwar lädiert, aber glücklich davonkommen läßt. Wenigstens muß er sich nicht zu den anderen Wartenden in A. Paul Webers Lithographie gesellen. Ihr Leitmotiv: Schnecke. Wer nämlich für bestimmte Studienwünsche mit dem *Allgemeinen Auswahlverfahren* beurteilt wird, der muß, wenn er nicht zu den 60% Besten gehört, zu den anderen auf die »Warteliste«, z. B. für Biologie oder Psychologie. Wer z. B. für sein Wunschfach Humanmedizin nicht den erforderlichen Notendurchschnitt von 1,6 bis 2,3 (je nach Bundesland) vorweisen konnte, mußte in der bis 1980 gültigen Regelung Wartezeiten bis zu fünf, in der Zahnmedizin sogar bis zu sieben Jahren in Kauf nehmen.

Dreisatzaufgaben – leichtgemacht

Ein geübter Spinner spinnt mit der Hand aus einem Wollrocken von 1000 g Gewicht ein Seemannsgarn von 1,4 km Länge in Nullkommanix.

a) Wie lange muß ein Abiturient des Jahrgangs 1976 spinnen, bis er bei 2,0 einen Studienplatz für Medizin bekommt? Die Länge seines Geduldsfadens ist in km, der Querschnitt in cm anzugeben!

b) Wieviel Spinner benötigt man, um eine neue Bonus-Malus-Regelung auszuknobeln?

Süddeutsche Zeitung vom 15. 5. 1976.

Inzwischen entscheidet aber in Medizin, Tiermedizin und Zahnmedizin eine »besondere Akrobatenübung in Sachen Studienplatzvergabe« (*Wirtschaftswoche* 1/1984), nämlich ein *Übergangsverfahren zum Besonderen Auswahlverfahren.* Hier muß Fortuna helfen, denn nur ein Teil der Plätze wird an die mit den besten Noten vergeben, ein anderer »leistungsgerecht« verlost, d. h., wer ein besseres Abitur hat, hat auch mehr Glückschancen. Über 10% der Plätze entscheidet ganz allein ein Test, dem sich eine beschränkte Teilnehmerzahl freiwillig stellen kann. Eine Rolle spielt der Test inzwischen in 55% der vergebenen Medizinstudienplätze – schließlich sagt ja auch die Abiturnote nichts über die Eignung des Bewerbers bei der Behandlung von Kariösitäten aus.

295 Jan Tomaschoff, 1979.

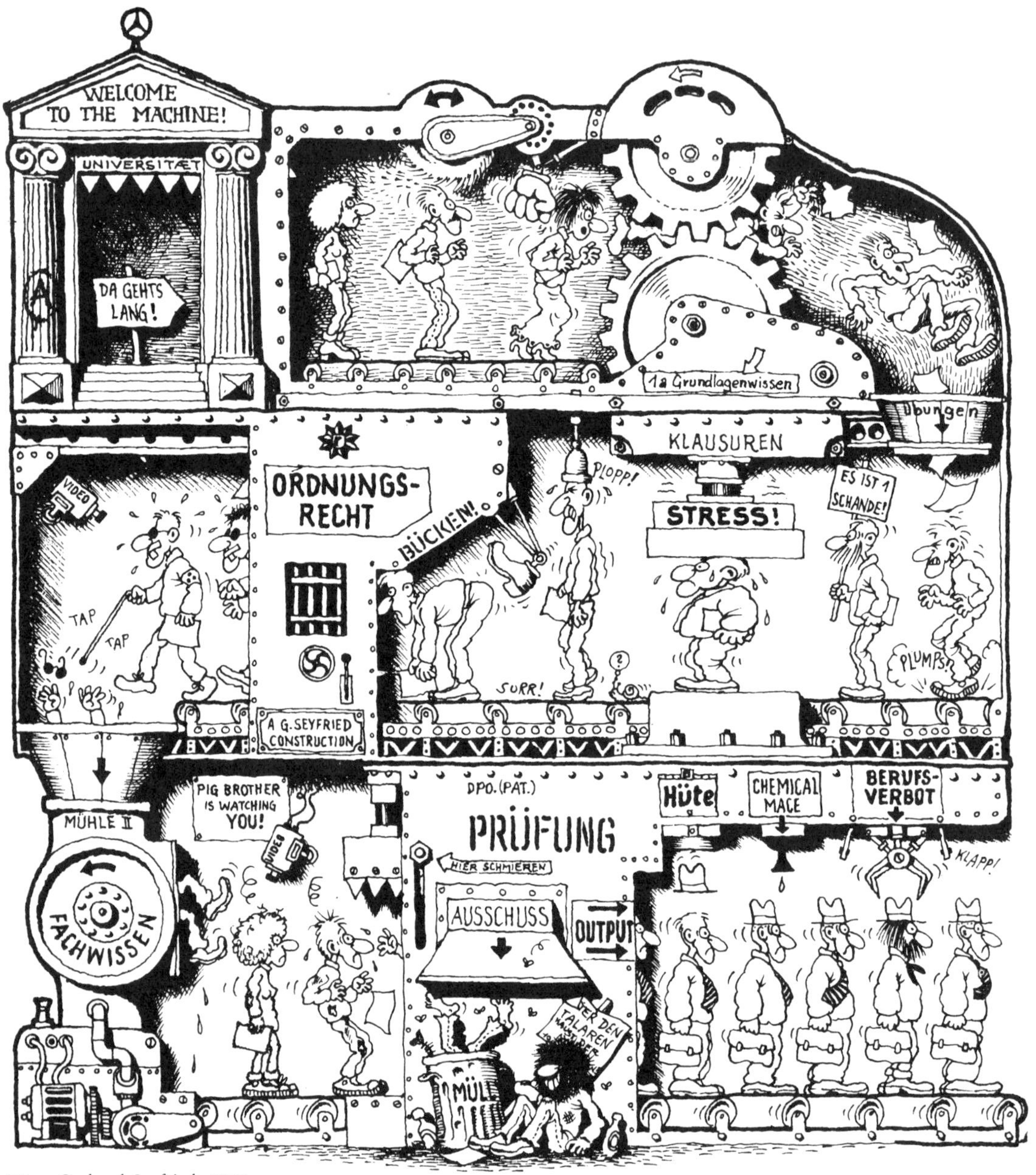

296 Gerhard Seyfried, 1977.

Sich bei der ZVS zu bewerben, ist eine Wissenschaft für sich. Immerhin erfährt der Antragsteller aus den 84 Seiten des *ZVS-Infos*, wann er nicht zu den bevorzugten »Härtefällen« gehört: »Bewerber kann eine Arztpraxis oder Apotheke übernehmen; falls er nicht sofort zugelassen wird, befürchtet er Nachteile . . . Bewerber steht schon im vorgerückten Alter . . . Bewerber war Fahrschüler . . .« Zum Bewerbungstraining für unverzagt Studierfreudige entwickelte der Zeichner Gerhard Seyfried 1976 ein *Numerus-Clausus-Würfelspiel*, in welchem der Spieler auf bestimmten Feldern beim Anblick des *ZVS-Infos* in Ohnmacht fällt, oder, wenn er mehr Glück hat, per Losentscheid auf die Akademikerlaufbahn geschickt wird.

Die computergesteuerte Praxis hat wirklich ihre Tücken. So berichtete der *Spiegel* in Nr. 16/1976: »In Heidelberg beginnt diese Woche ein 66jähriger Rentner mit dem Studium der Medizin.«

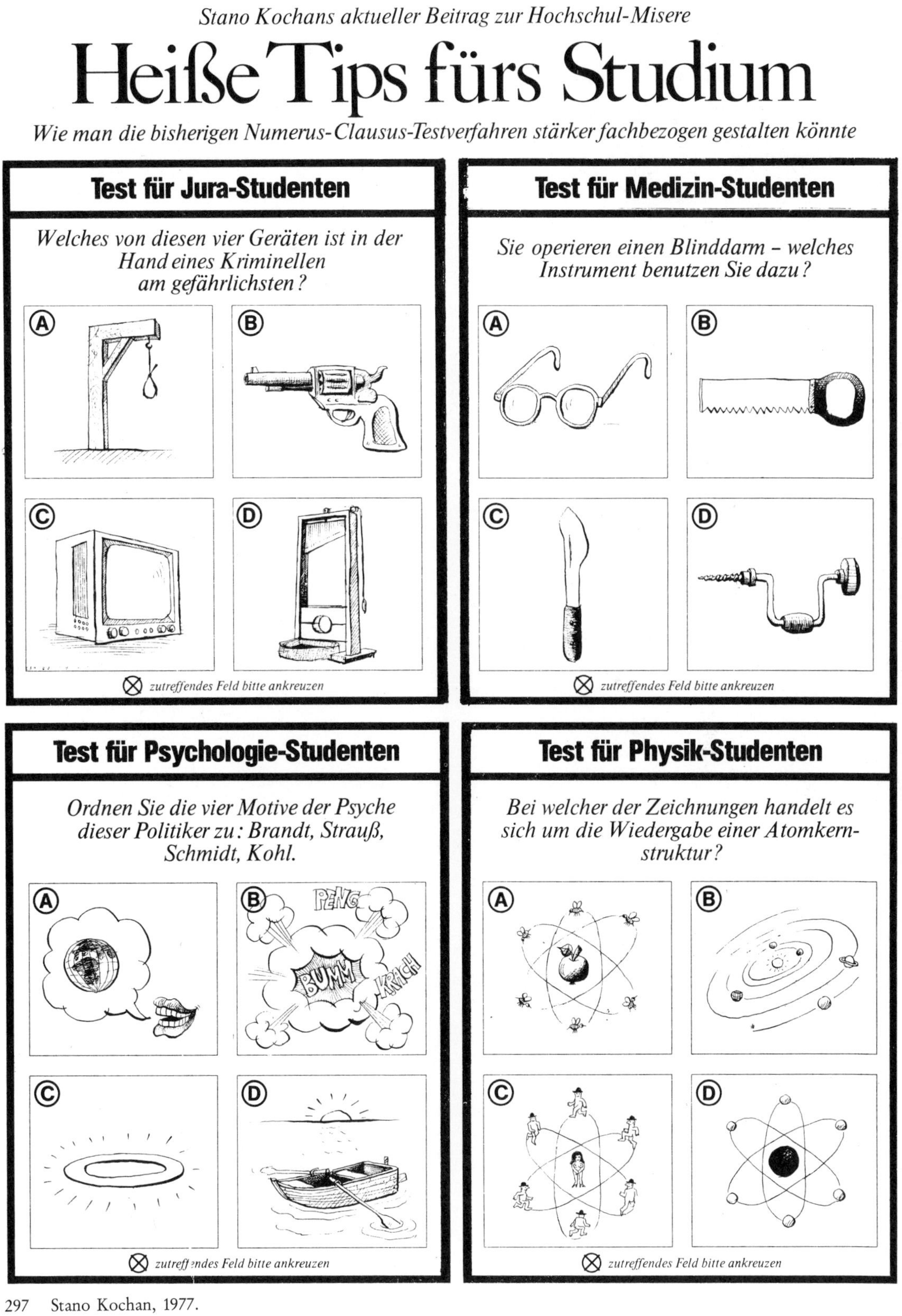

297 Stano Kochan, 1977.

EIN STUDENT GEHT VORBEI (I)

Verse: Götz Klingmüller · Zeichnungen: Manfred Oesterle

Ich bin Student im achten Semester,
Candidat rer. pol. und Aktionär.
Das Studium erledigt mein Sekretär.
Ein Ur-Ur-Enkel des Kanzlers
Ist der Mann meiner ältesten Schwester.

Seit Unterprima fahre ich ein Kabriolett.
Zum Abitur bekam ich einen Chauffeur.
Den bezahlt mein Vater.
Das tut dem nicht weh.

Er bezahlt auch meinen Steuerberater
Und schickt mir monatlich achthundert Mark.
Das ist nicht viel, aber Schnee ist Schnee.
„Finanziell halbstark"
Nennt mich meine Fee.
Sie ist beim Theater.

Meine Doktorarbeit schreibt ein Kommilitone.
Er kam vor zehn Monaten aus der Zone.

Ich wollte was tun für die elenden Flüchtlinge,
Nur darum unterstützte ich ihn.
Ich kann es ja von den Steuern abziehn.

Mein Doktorvater war früher schon in der Partei.
Neulich sagte er, das sei jetzt vorbei.
Gewisse Dinge müsse man einfach vergessen.
Nicht überstürzt, aber doch mit der Zeit.
Er hat recht! Ich habe ein Jahr in Oxford gesessen!
Und zwei Semester an der Sorbonne – das ist in Paris –
Na, da hat man einfach eine gewisse Vergangenheit!

Das mündliche Examen steigt in zwei Monaten.
Ich mache den Doktor mit „summa cum".
Dann seh' ich mich etwas in Moskau um
Und gehe anschließend ein Jahr in die Staaten.

Inzwischen besorgt mir mein Vater 'ne Stelle.
Zunächst – nur pro forma – als Volontär.
Dann werde ich langsam auf die ganz Schnelle
Generaldirektor und Hauptaktionär.

Ich werde natürlich in ein paar Jahren heiraten.
Das gehört einfach dazu! Man ist ja schließlich normal!
Und ich bin, offen gesagt, aber das ist lokal
Begrenzt, auch schon nicht mehr ganz frei.
Ihren Namen kann ich aber noch nicht verraten,
Sonst wäre ja gar keine Überraschung dabei!

Mein Schwiegervater ist zwar Protestant und in der SPD.
Er hat aber Geld – und mir tut's nicht weh.
Man muß auf Sicherheit fahren!
Wer Schnee hat, hat Schnee.

Da kommt mein Chauffeur und mein Kabriolett.
Wir fahren über den Bodensee – –
Für vierzehn Tage in die Schweiz.
Meine Puppe erwartet mich bereits.
Und mein Chauffeur läuft ja so gerne Schi!
Warum soll er nicht mal?
Na, ich bitte Sie!
Bei dem gesunden Schweizer Klima!
Und bei dem Schweizer Schnee!
Also ich finde das Leben prima!
Oder auf deutsch: „Okay!"

298 Manfred Oesterle, 1959.

EIN STUDENT GEHT VORBEI (II)

Verse: Götz Klingmüller · Zeichnungen: Manfred Oesterle

Ich bin im zehnten Semester,
Werkstudent und Germanist.
Wenn die Nachbarn fragen,
Wann mein Studium zu Ende ist
Möchte ich lachen –
Ich lach' aber nicht –
Irgendwann bin ich stehengeblieben
Wie eine Uhr ohne Gewicht.

Meine Schwester ist Kindermädchen.
Mein Bruder ging zum Militär.
Seit sie beide so gut verdienen,
Kriege ich kein Stipendium mehr.
Meine Mutter näht für die Leute.
Mein Vater ist beim Staat.
Er hält seine Stellung noch heute
In Rußland vor Stalingrad.

Ich müßte mir Bücher kaufen.
Aber bei meinen Finanzen
Erwischt man im großen und ganzen
Nicht mal ein Mädel zum Tanzen.
Ich möchte mich manchmal besaufen –
Oder weit weg verreisen:
Brüssel – Paris – oder Wien!
Aber in meinen Kreisen
Scheitert das an den Preisen –
Es reicht nicht mal bis Berlin!

Das deutsche Wirtschaftswunder
Beschert mir kein Linsengericht.
Ich bin ein glatter, runder,
Personifizierter Verzicht.

„Studieren kann jeder heute!"
Sagen studierte Leute.
Na klar! Studieren kann jeder!
Fragt denn niemand: „Wie lange?"
„Junge, bleib bei der Stange!"
Sagt Mutter bei jeder Naht:
„Denk an Vater vor Stalingrad!"

Am billigen Sonntag im Zoo,
Wenn wir Affenfutter kaufen –
Da bin ich froh!
Da möchte ich lachen –
Ich lach' aber nicht –
Denn ich weiß, ich werde im Sande verlaufen
Ich werde im Sande verlaufen –
Irgendwann – irgendwie – irgendwo –

299 Manfred Oesterle, 1959.

Chancenungleichheit

Von jeher war das Studium einer privilegierten Schicht vorbehalten, konnten sich doch Unbemittelte den früher üblichen Doktorschmaus nicht leisten, die Depositionsgebühren nicht zahlen und die Professoren nicht bestechen. Sie wurden dementsprechend immer verspottet. Um 1900 wurden sie beispielsweise als »Besenbinder« beschimpft, wenn sie die feinen Kommilitonenkreise zu degoutieren drohten. Als aber mit der Veränderung der ökonomischen Verhältnisse zu Weimars Zeiten das Bildungsbürgertum nicht mehr unbedingt auch zum besitzenden gehörte, mußte man beginnen umzudenken. Die ersten studentischen Arbeitsvermittlungen und Studentenwerke trugen den neuen Verhältnissen Rechnung und bemühten sich um Unterstützung.

Auch nach dem 2. Weltkrieg starb der in den Ferien jobbende Student nicht aus, wie Manfred Oesterles Zeichnung belegt. 1955 einigten sich dann die Vertreter der Hochschulen, des Bundes und der Länder bei einer Tagung in Bad Honnef auf eine Stipendienregelung, die als »Honnefer Modell« bis 1971 in Kraft war. Gleichwohl hatten die zum Schluß 14% geförderten Studenten keinen übermäßigen Grund zur Freude, da der Höchstbetrag von 350 DM nicht einmal an das vom Deutschen Studentenwerk ermittelte Existenzminimum von zuletzt 520 DM heranreichte. Nachdem Ralf Darendorf 1965 Bildung als »allgemeines Bürgerrecht« postuliert hatte und dem drohenden Akademikermangel durch die Mobilisierung von Bildungsreserven aus den — an den Hochschulen unterrepräsentierten Gruppen — der »Landkinder, der Arbeiterkinder und der Mädchen« gesteuert wissen wollte, kam die Frage nach der Finanzierung einer solchen, marktwirtschaftlich begründeten »Chancengleichheit« auf, denn auch die Begabtenstipendien waren oft kaum mehr als ein Tropfen auf dem heißen Stein. Schließlich stimmten 1971 alle Bundestagsparteien dem neuen *Bundesausbildungsförderungsgesetz (Bafög)* zu, wonach Bund (65%) und Länder (35%) sich verpflichteten, studierende Kinder von einkommensschwachen Eltern mit einem nicht rückzahlbaren Zuschuß zu unterstützen. Schon 1974 saßen aufgrund dieser Maßnahme, der skeptischen Mensch-Tier-Karikatur A. Paul Webers nach zu urteilen, auch die letzten Bildungsreserven in den dichtbesetzten Hörsälen. Doch bereits 1976 wurde im Haushaltsstrukturgesetz geregelt, daß ein Teil des bislang reinen Stipendiums als unverzinstes Darlehen zurückzuzahlen sei. Auch die Investitionen in Hochschulneu- oder -ausbauten waren ja seit etwa 1975 weitgehend gestoppt worden. Der Karikaturist Ironimus, hinter dem sich ein zeichnender Professor verbirgt, ließ daraufhin zwei Ordinarien in der Gosse um milde Gaben bitten.

37% aller Studenten waren zuletzt Bafög-Empfänger, von denen aber nur ein Drittel den monatlichen Höchstsatz von 720 DM bekamen (Stand 1983). Von diesen waren 30% Arbeiterkinder, deren Gesamtanteil an der Studentenschaft von 6% im Jahre 1966 auf 16% im Jahr 1982 kletterte — bei einem Gesamtbevölkerungsanteil der Arbeiter von 48%. Ohne die Bafög-Unterstützung wären viele Hochbegabte vom Studium abgeschreckt worden. Noch zu Beginn der 80er Jahre war die Studierneigung von Oberschichtabiturienten — männliche entschieden sich zu rund 85%, weibliche zu 75% für ein Studium — weit höher als aus den unteren Schichten, wo fast

300 Anonym, 1969. Karikatur aus der Studentenpresse auf das »Honeffer Modell«.

301 A. Paul Weber, Lithographie, 1974.

302 Ironimus, 1975.

303 Erich Rauschenbach, 1981.

304 Reinhold Löffler, 1983.

30% der männlichen und etwa 50% der weiblichen Studierberechtigten sich lieber eine andere Berufsausbildung suchten.
Die es nicht nötig hatten, wußten lange Zeit die einem der 394 Bafög-Ämter vorzulegenden Einkommensbilanzen »in Abschreibungstricks so zu minimieren, daß das Kind eines gutverdienenden Angestellten, nur weil die Ehefrau als Innenarchitektin Verlust macht, noch Bafög bekommt« (*Spiegel* 10/82), bis die schwarzen Bafög-Schafe durch Gesetzesänderung geschoren wurden. Politiker sprachen von einer »Art Investitionshilfe für die Mofa-Industrie«, was sich auf die ebenfalls geförderten Schüler bezog, aber auch auf die Studenten übertragen werden kann, denn die 6000 Autoparkplätze an der 1965 gegründeten Universität Bochum reichten, zum Teil dank Bafög, schon bald nicht mehr aus.
Die es nötig hatten, gingen für ihre Forderungen nach Bafög-Erhöhungen auf die Straße, vor allem dann, wenn eine Erhöhung des Darlehensanteils drohte. In Marburg flitzten im Mai 1981 Studen-

305 Wieland Sternagel, 1982.

ten und Studentinnen mit dem Spruchband »Das ist eine nackte Tatsache: kein Geld für Kleider« gegen das »Sparfög« splitternackt durch die Innenstadt.

Das Bundesverwaltungsamt, das die Darlehen eintreibt, ist völlig überlastet: 160 000 Aktenvorgänge waren 1982 nicht erledigt, von 20% der Empfänger ist die Adresse nicht mehr zu ermitteln. Die Privatdetektei in Amerika wäre auch teurer als der ausstehende Betrag, wie Präsident Even mitteilte, zumal die meisten pünktlich zahlen. Auf jeden Fall wird das Amt in Zukunft noch mehr Bafög-Schuldner anzuschreiben haben — der nicht rückzahlbare Zuschuß blieb ein einmaliges, zwölf Jahre dauerndes hochschulgeschichtliches Intermezzo. Nachdem zuerst in Erwägung gezogen wurde, nur Studenten zu fördern, die sich »wohlverhielten«, vollzog der Bundestag im *Gesetz zur Wiederbelebung der Wirtschaft* vom 20. 12. 1982 mit den Stimmen der CDU und FDP die Wende auch in der Ausbildungsförderung: er stellte das Bafög auf ein voll rückzahlbares, unver-

306 Erich Rauschenbach, 1984.
Karikatur auf das Verhältnis von Rüstungs- zu Bildungsausgaben.

zinstes Darlehen um. Für Schüler wurde es gar weitestgehend gestrichen.
Der Bundesrechnungshof hatte schon 1979 die damals sozial-liberale Regierung belehrt, daß ein Kredit-Bafög wegen der anwachsenden Bürokratie »nicht zu vertreten« sei. Auch die neue Bestimmung, nach der 30% der besten Hochschulabsolventen ein Viertel des Darlehens erlassen bekommen sollen, erhöht den Verwaltungsaufwand. Dafür muß man auch in Kauf nehmen, daß Fächer wie Pharmazie und Medizin, bislang ohne Abschlußnote, Bewertungen einführen müssen und in Zukunft die Dezimalstelle hinter dem Komma über mehrere Tausend Mark Schulden entscheidet.
Als »sozialen Kahlschlag« bezeichneten Gegner die finanzpolitische Wende. Die meisten der Betroffenen seien Arbeiterkinder, die sich überlegen würden, ob sie für das Studium bis über 40 000 DM Schulden auf sich nehmen wollten. Die Präsidenten der Hamburger Hochschulen befürchteten laut *stern* 26/1983 einen »sozialen Numerus clausus«, der Studierwillige aus einkommensschwachen Schichten abschrecke und 150 000 Kommilitonen zum vorzeitigen Studienabbruch zwinge. Resultat der Maßnahme soll und wird ja auch die Verkürzung der durchschnittlichen Studienzeit sein: bei Abschluß des Studiums vier Monate vor Ende der Förderungshöchstdauer wird ein Nachlaß von 5000 DM eingeräumt. Wer will schon in die Situation des geplagten Rentnerehepaares in Walter Kurowskis Zeichnung geraten? »Chance« übersetzt der Duden mit »Glückswurf, Glücksfall«. Glücksspiele kosten eben Geld. Für die neue Elite der Nation hat 1983 die erste kostenpflichtige Privathochschule in Witten ihren Betrieb mit 20 Studienplätzen für Medizin aufgenommen.

307 Walter Kurowski, 1982.

308 Pepsch Gottscheber, 1984. Karikatur auf die Neugründungen von privaten Hochschulen in der jüngsten Vergangenheit, über die der Zeichner den »Denker« von Auguste Rodin grübeln läßt.

Das Akademikerproletariat

In der *Frankfurter Rundschau* wurde 1983 per Anzeige nach einer Putzhilfe gesucht. Bedingung: sie müsse auch etwas Bildung mitbringen, »möglichst Studentin oder arbeitslose Lehrerin«. Feine Ironie, makabrer Scherz? Keins von beiden, sondern wohl eher ein mitleidvolles Angebot »von gleich zu gleich«, vorgebracht zu einer Zeit, in der Jobs für Akademiker immer rarer werden.
Seit Beginn der 70er Jahre, als die Ölkrise Wirtschaftswachstum und Steuereinnahmen reduzierte, konnte der Staat für den weiteren Lebensweg des Hochschulabsolventen nichts mehr garantieren. Und das, nachdem zunächst breiten Schichten offiziell die höhere Schulbildung ans Herz gelegt worden war; nachdem das Bafög die Entscheidung für das Studium noch gefördert hatte, der so Gedrängte sich unversehens mit den Hürden des NC konfrontiert gesehen, eventuell aufs Studium gewartet und sich dann durch anonyme Massenuniversitäten gekämpft hatte.
In den 60ern hatten Bund, Länder, Gemeinden und staatliche Unternehmen noch 60 bis 70% der Hochschulabgänger übernommen. 1980 wurde verlautbart, daß künftig nur noch 15% staatlich gebraucht würden. Von Arbeitgeberseite hieß es aber gleichzeitig, daß die Wirtschaft nur noch 21% einstellen könne. Wo liegt die Lösung? Durch die Verweigerung von *alma maters* ohnehin schon welken Brüsten verlagert sich das Problem der Akademikerarbeitslosigkeit nur auf den Ausbildungsplatzmarkt, der ebenfalls um Kapazitäten ringt, so daß die Schließung der Universitätspforten das Beschäftigungsdilemma nicht beenden würde. Bei dem Verdrängungswettbewerb, der inzwischen eingesetzt hat, beschlagnahmen die höher Qualifizierten früher unakzeptable Stellen auf Kosten der geringer Qualifizierten; Konkurrenzdruck und Streß werden auf die Schulen vorverlegt.

310 Peter Gaymann, 1983.

309 Chlodwig Poth, 1978.

311 Erik Liebermann, 1984.

312 Erich Rauschenbach, 1977.

Arbeitslosigkeit und wie sie zu überwinden ist

Das Arbeitsamt bietet jetzt jedem die einmalige Chance . . .,

. und eröffnet den Hochschulabsolventen völlig neue Perspektiven.

. . . seine bisherige Ausbildung zu vergessen und neuen Tätigkeiten nachzugehen.

Die jungen Akademiker entdecken, daß sie außer Kopf auch Muskeln haben .

Es ermöglicht eine ungeahnte Entfaltung aller Kenntnisse und Neigungen . . .

Das Arbeitsamt bietet somit den arbeitslosen Akademikern mehr Lebenserfahrung .

313 Erich Rauschenbach, 1978.

314 Ernst Böse, 1982.

Ganz abgesehen von den seltener werdenden Ferienjobs für Studenten (die jetzt mit völlig anderen Vorzeichen auf der Straße stehen als vor kurzem, wie Rauschenbachs Bildwitz plausibel macht), sind besonders die pädagogischen Berufe betroffen. Die Geburtenzahlen waren von 700 000 nach 1945 unvermutet auf über eine Million im Jahre 1967 gestiegen. Diese Jahrgänge, die jetzt in die Hochschulen drängen, finden aber auch deshalb um so schwerer eine künftige Beschäftigung, weil die nachfolgenden Generationen u. a. mit Hilfe der Antibabypille geburtenschwächer sind. Vor allem verringern sich dadurch die Schülerzahlen, werden die Lehrerstellen immer rarer, ja gestrichen, und die Anforderungen an die Examensnoten immer anspruchsvoller, wenn bei gleichzeitiger Schließung von Grundschulen und sogar schon Gymnasien überhaupt noch eine Chance auf Einstellung bestehen soll. Gab es 1926 bereits 30 000 arbeitslose Junglehrer, so ist diese Zahl heute wieder erreicht und wird nach den allgemeinen Prognosen bis 1990 auf 150 000 anwachsen.

Während in den letzten Jahren hauptsächlich vor dem Lehramtsstudium gewarnt wurde, betreffen die Unkenrufe inzwischen auch schon die Mediziner. Von den examinierten Ingenieuren waren Anfang 1984 laut Auskunft der Bundesanstalt für Arbeit etwa 20 000 ohne Beschäftigung; für eine offene Stelle gab es sechs Bewerber. Extremer noch die Situation für die Naturwissenschaftler: hier kamen 19 Interessenten auf ein Angebot, insgesamt blieben fast 8500 Stellensuchende auf der Strecke, wobei Chemiker und Biologen noch die besten Chancen hatten. Genauso viel Bewerber gab es in der Gruppe der Psychologen, Soziologen und Politologen, für die das genannte Verhältnis sogar 141 : 1 ausmachte, da es hier die wenigsten offenen Stellen gab.

Nicht nur per Karikatur müssen also in Zukunft Soziologen unliebsame Stellen annehmen oder Archäologen bei Kanalarbeiten trainieren. Immerhin verweigern schon 12 000 Bafög-Schuldner wegen Zahlungsunfähigkeit die Rückzahlung des Darlehens, und in Anbetracht der miserablen Aussichten wird sich diese Zahl sicher erweitern. Wird der Wert der »Bildung an sich« das Ziel? Humboldt wälzt sich wahrscheinlich im Grabe, so kann er es doch nicht gemeint haben. Auf dem Buchmarkt florieren Werke mit Titeln wie *Umsteigerbuch für arbeitslose Hochschulabgänger* (Frankfurt 1983), übrigens zur Auflockerung mit Cartoons garniert. Über die Spottbilder zum Akademikerproletariat kann man indessen nur lachen, um die beklemmende Betroffenheit etwas zu mildern.

Vorhang zu (Pause. Blick in die Zukunft)

Damit schließt sich der Teufelskreis der Bildungskatastrophe, die, wie leicht zu sehen, nicht nur ein Werk der letzten Jahrzehnte war, obwohl sich dort einige neue Probleme ergeben haben. Um dem *circulus vitiosus* zu entfliehen, werden sicher andere Torheiten auf uns kommen. Deshalb beendet auch der Chronist der Universitätskarikatur seine satirische Inquisition, nicht ohne den Fortgang weiterer, noch unbekannter Kuriosa für die Zukunft zu prophezeien.

315 Peter Gaymann, 1984.

Literatur

1. Zum Thema *Universitätskarikatur* liegen zwei ältere Monographien vor. Beide beschränken sich auf das Studentenwesen und schließen Bilder zur Hochschullehrerschaft oder zur »alma mater« weitgehend aus. Das Buch von Konrad verzeichnet Karikaturen wie »seriöse« Bilder zur Studentengeschichte.

Konrad, Karl: Bilderkunde des deutschen Studentenwesens. Ein Beitrag zur Entwicklungsgeschichte des deutschen Studententums, Breslau, 2. Auflage 1931.

Ssymank, Paul: Bruder Studio in Karikatur und Satire, Stuttgart 1929.

Um die Jahrhundertwende brachten die Verlage der Karikaturzeitschriften eine Auswahl ihrer Hochschulbilder in kurzen Zusammenfassungen:

Die lustige Alma Mater. Heiteres in Wort und Bild aus den Universitäten. Herausgegeben von einem alten Philister (Fliegende Blätter), München 1910.

Hochstetter, Gustav: Gaudeamus. Feucht-fröhliche Bilder aus dem Studentenleben (Lustige Blätter), Berlin 1907.

Jung Heidelberg (Lustige Blätter), Berlin 1904.

Kulturbilder aus dem Simplicissimus. Erstes Bändchen: Der Student, München 1905.

2. Die unter 3. folgenden Literaturangaben können nur eine Auswahl von Büchern sowohl zur Karikatur- als auch zur Hochschulgeschichte darstellen, aus denen mehrfach Ausführungen übernommen wurden. Deshalb sei zunächst auf Publikationen verwiesen, die *umfangreiche Literaturverzeichnisse* enthalten.

Karikatur:

Herding, Klaus/Otto, Gunther (Hrsg.): Karikaturen. »Nervöse Auffangorgane des inneren und äußeren Lebens«, Gießen 1980.

Wolf, Sylvia: Politische Karikatur in Deutschland 1848/49, Mittenwald 1980.

Hochschulkunde:

Boehm, Laetitia/Müller, Rainer A. (Hrsg.): Hermes Handlexikon. Universitäten und Hochschulen in Deutschland, Österreich und der Schweiz. Eine Universitätsgeschichte in Einzeldarstellungen, Düsseldorf 1983.

Erman, Wilhelm/Horn, Ewald (Hrsg.): Bibliographie der deutschen Universitäten, 3 Bde., Berlin u. Leipzig 1904/05.

Stark, Edwin (Bearb.)/Hassinger, Erich (Hrsg.): Bibliographie zur Universitätsgeschichte. Verzeichnis der im Gebiet der Bundesrepublik Deutschland 1945–1971 veröffentlichten Literatur, Freiburg u. München 1974.

3. *Literaturauswahl*

Achten, Udo (Hrsg.): Süddeutscher Postillon, Berlin/Bonn 1979.

Akademie der Künste Berlin (Hrsg.): »Das war ein Vorspiel nur . . .«. Bücherverbrennungen Deutschland 1933. Voraussetzungen und Folgen, Berlin 1983.

Arnscheidt, Margrit: Politische Druckgrafik der Revolution 1848/49. Bildhefte des Städtischen Reiss-Museums Mannheim Nr. 2, Mannheim 1978.

Avenarius, Ferdinand: Das Bild als Verleumder. Beispiele und Bemerkungen zur Technik der Völker-Verhetzung, Berlin 1915.

ders.: Das Bild als Narr. Die Karikatur in der Völkerverhetzung, Berlin 1918.

Bahnson, Karsten: Akademische Auszüge aus deutschen Universitäts- und Hochschulorten, Saarbrücken 1973.

Bauer, Max: Sittengeschichte des deutschen Studententums, Dresden 1926.

Baur, Otto: Bestiarium Humanum. Mensch-Tier-Vergleich in Kunst und Karikatur, München 1974.

Bleuel, Hans Peter/Klinnert, Ernst: Deutsche Studenten auf dem Weg ins Dritte Reich. Ideologie – Programme – Aktionen 1918–1935, Gütersloh 1967.

Blos, Wilhelm: Die deutsche Revolution. Geschichte der deutschen Bewegung von 1848 und 1849, Stuttgart 1893.

Bohrmann, Hans: Strukturwandel der deutschen Studentenpresse. Studentenpolitik und Studentenzeitschriften 1848–1974, München 1975.

Borowsky, Peter: Deutschland 1963–1969, Hannover 1983.

ders.: Deutschland 1970–1976, Hannover 1980.

Bracker, Jürgen: Michel kontra Bismarck. Lederers Denkmal und der Wahlrechtsraub. In: Zurück in die Zukunft. Kunst und Gesellschaft 1900 bis 1914, hrsg. von der Freien Akademie der Künste, Hamburg 1981.

Brandes, V. H./Sylvester, H. (Hrsg.): Merde. Karikaturen der Mairevolte Frankreich 1968, München 1968.

Braunbuch über Reichstagsbrand und Hitlerterror. Faksimilenachdruck des Originals Basel 1933, Frankfurt/M. 1983.

Brückner, Peter: ». . . bewahre uns Gott in Deutschland vor irgendeiner Revolution!« Die Ermordung des Staatsrats von Kotzebue durch den Studenten Sand, Berlin 1975.

Brendicke, Hans: Jahn-Karikaturen aus der Zeit des Frankfurter Parlaments. In: Zeitschrift für Bücherfreunde, 1. Jg. 1897/98 II, S. 373 ff.

Bühler, Johannes: Das Hambacher Fest. Deutsche Sehnsucht vor hundert Jahren, Ludwigshafen und Waldkirch 1932.

Busch, Alexander: Die Geschichte der Privatdozenten. Eine soziologische Studie zur großbetrieblichen Entwicklung der deutschen Universität, Stuttgart 1959.

Christ, Richard: Glanz und Elend der Satire. In: Simplicissimus 1896–1914, hrsg. von R. C., Berlin o. J.

Craig, Gordon Alexander: Über die Deutschen, München 1982.

Dahrendorf, Ralf: Arbeiterkinder an deutschen Universitäten, Tübingen 1965.

Deuchert, Norbert: Vom Hambacher Fest zur badischen Revolution. Politische Presse und Anfänge deutscher Demokratie 1832–1848/49, Stuttgart 1983.

Dollinger, Hans: Lachen streng verboten, München 1972.

Erman, Wilhelm: Schwarzrotgold und Schwarzweißrot. Ein historischer Überblick, Frankfurt/M. 1924.

Fabricius, Wilhelm: Die deutschen Corps, Berlin, 2. Auflage 1926.

Fecht, Thomas (Hrsg.): Politische Karikatur in der BRD und Westberlin, Reinbek bei Hamburg 1974.

Fichter, Tilman/Lönnendonker, Siegward: Kleine Geschichte des SDS. Der Sozialistische Deutsche Studentenbund von 1946 bis zur Selbstauflösung, Berlin 1977.

Fick, R.: Auf Deutschlands Hohen Schulen, Berlin 1900.

Fläschendräger, Werner/Steiger, Günter: Magister und Scholaren. Geschichte deutscher Universitäten und Hochschulen im Überblick, Leipzig, Jena, Berlin 1981.

Fuchs, Eduard: Noch einige Jahn-Karikaturen. In: Zeitschrift für Bücherfreunde, 1. Jg. 1897/98, S. 582 ff.

ders.: Die Karikatur der europäischen Völker vom Altertum bis zur Neuzeit, Berlin 1901.
ders.: Die Karikatur der europäischen Völker vom Jahre 1848 bis zur Gegenwart, Berlin 1903.
ders.: Ein vormärzliches Tanzidyll. Lola Montez in der Karikatur, Berlin 1904.
ders.: Die Frau in der Karikatur, Berlin 1906.
ders.: Der Weltkrieg in der Karikatur, München 1916.
Görisch, Reinhard/Mayer, Thomas Michael: Untersuchungsberichte zur republikanischen Bewegung in Hessen 1831–1834, Frankfurt/M. 1982.
Grabein, Paul: O alte Burschenherrlichkeit! Bilder aus dem deutschen Studentenleben, Leipzig 1901.
ders.: Vivat academia. 600 Jahre deutscher Hochschulen, Leipzig 1932.
Grand-Carteret, Jean: Les Moeurs et la Caricature en Allemagne, en Autriche, en Suisse, Paris 1885.
ders.: Bismarck en Caricatures, Paris 1890.
Griewank, Karl: Deutsche Studenten und Universitäten in der Revolution von 1848, Weimar 1949.
Gruppe Berliner Dozentinnen (Hrsg.): Frauen und Wissenschaft. Beiträge zur Berliner Sommeruniversität für Frauen, Berlin 1977.
Gumbel, E. J./Jacob, Berthold/Polizeioberst a. D. Lange/Generalmajor a. D. Frhr. von Schönaich (Hrsg.): Weißbuch über die schwarze Reichswehr, Berlin 1925.
Hanfstaengl, E.: Tat gegen Tinte. Hitler in der Karikatur der Welt, Berlin 1934.
Hartenstein, Liesel (Hrsg.): Facsimile-Querschnitt durch den Kladderadatsch, München, Bern, Wien 1965.
Hartwig, Helmut/Riha, Karl: Politische Ästhetik und Öffentlichkeit. 1848 im Spaltungsprozeß des historischen Bewußtseins, Frankfurt/M. 1974.
Heinrich-Jost, Ingrid (Hrsg.): Kladderadatsch. Die Geschichte eines Berliner Witzblattes von 1848 bis ins Dritte Reich. Reihe Satire und Macht, Köln 1982.
Helfer, Christian/Rassem, Mohammed (Hrsg.): Student und Hochschule im 19. Jahrhundert. Studien und Materialien, Göttingen 1975.
Henne, Helmut/Objartel, Georg (Hrsg.): Bibliothek zur historischen Studenten- und Schülersprache, Berlin und New York, 6 Bde., 1983.
Hermann, Georg: Die deutsche Karikatur im 19. Jahrhundert, Bielefeld und Leipzig 1901.
Hochstetter, Gustav (Hrsg.): Bismarck. Historische Karikaturen, Berlin 1915.
Hofmann, Rudolf (Hrsg.): Der Kladderadatsch und seine Leute 1848–1898. Ein Culturbild, Berlin 1898.
Hofmann, Werner: Die Karikatur von Leonardo bis Picasso, Wien 1956.
Hollweck, Ludwig: Karikaturen. Von den Fliegenden Blättern bis zum Simplicissimus 1844–1914, München 1973.
Huggett, Frank E.: Victorian England as seen by Punch. London 1978.
Jens, Walter: Eine deutsche Universität. 500 Jahre Tübinger Gelehrtenrepublik, München 1977.
Kahn, Gustav: Das Weib in der Karikatur Frankreichs, Stuttgart 1907.
Kalkschmidt, Eugen: Deutsche Freiheit und deutscher Witz. Ein Kapitel Revolutionssatire aus der Zeit von 1830–1850, Hamburg, Berlin, Leipzig 1928.
Kater, Michael H.: Studentenschaft und Rechtsradikalismus in Deutschland 1918–1933, Hamburg 1975.
Kaufmann, Georg: Geschichte der deutschen Universitäten. 2 Bde., Stuttgart 1888–96.
Kessemeier, Siegfried (Hrsg.): Ereigniskarikaturen. Geschichte in Spottbildern 1600–1930. Katalog des Westfälischen Landesmuseums für Kunst und Kulturgeschichte, Münster 1983.
Klose, Werner: Freiheit schreibt auf eure Fahnen. 800 Jahre deutsche Studenten, Oldenburg und Hamburg 1967.
Kluge, Friedrich: Deutsche Studentensprache, Straßburg 1895.
Krause, Peter F.: O alte Burschenherrlichkeit. Die Studenten und ihr Brauchtum, Wien 1979.
Krüger, Herbert/Krüger, Werner (Hrsg.): Geschichte in Karikaturen. Von 1848 bis zur Gegenwart, Stuttgart 1981.
Krüger, Werner: Die Karikatur als Medium in der politischen Bildung, Opladen 1969.
Kudritzki, Gerhard: Gauditorium Maximum. Eine Lästerschule für Akademiker, Frankfurt/M. 1958.
Kuhn, Axel: Linksrheinische deutsche Jakobiner. Aufrufe, Reden, Protokolle, Briefe und Schriften 1794–1801, Stuttgart 1978.
Kuhn, Helmut et al.: Die deutsche Universität im Dritten Reich, München 1966.
Kultusministerium Rheinland-Pfalz (Hrsg.): Hambacher Fest 1832/1982. Freiheit und Einheit, Deutschland und Europa, Katalog zur Dauerausstellung, Neustadt an der Weinstraße 1982.
Kunsthaus Zürich (Hrsg.): Karikaturen — Karikaturen? Bern 1972.
Langguth, Gerd: Die Protestbewegung in der Bundesrepublik Deutschland 1968–1976, Köln 1976.
Lebeck, Robert: Gaudeamus igitur: 80 alte Postkarten ges. und hrsg. von R. L., Dortmund 1980.
Leonhard, Joachim-Felix (Hrsg.): Bücherverbrennung. Zensur, Verbot, Vernichtung unter dem Nationalsozialismus in Heidelberg, Heidelberg 1983.
Mast, Peter: Künstlerische und wissenschaftliche Freiheit in Deutschland 1890–1901, Reihe der Forschungen 7, (Rheinfelden) 1980.
Melot, Michel: Die Karikatur. Das Komische in der Kunst, Stuttgart 1974.
Miermeister, Jürgen/Staadt, Jochen (Hrsg.): Provokationen. Die Studenten- und Jugendrevolte in ihren Flugblättern 1965–1971, Darmstadt und Neuwied 1980.
Moldenhauer, Rüdiger/Schenk, Hans (Bearb.): Vorparlament, Fünfzigerausschuß und Deutsche Nationalversammlung 1848/49, Findbücher zu Beständen des Bundesarchivs Bd. 18, Koblenz 1980.
Mosler, Peter: Was wir wollten, was wir wurden. Studentenrevolte – zehn Jahre danach, Reinbek bei Hamburg 1977.
Mühlen, Patrik von zur: Rassenideologien. Geschichte und Hintergründe, Berlin und Bonn-Bad Godesberg 1977.
Museen der Stadt Wien (Hrsg.): Wien 1848. 55. Sonderausstellung des Historischen Museums der Stadt Wien, Wien 1978.
Nebelspalter-Verlag (Hrsg.): Rückblick auf 99 Jahre Nebelspalter, Rorschach 1974.
Neue Gesellschaft für Bildende Kunst (NGBK): Kunst der Bürgerlichen Revolution von 1830–1848/49, Berlin 1972.
Olbrich, Harald (Hrsg.): Sozialistische deutsche Karikatur

1848–1978. Von den Anfängen bis zur Gegenwart, Berlin 1979.
Paret, Peter: Die Berliner Secession. Moderne Kunst und ihre Feinde im Kaiserlichen Deutschland, Frankfurt/M., Berlin, Wien 1983.
Paulsen, Friedrich: Geschichte des gelehrten Unterrichts, 2 Bde., 3. Aufl. Berlin und Leipzig 1919–21.
Petry, Christian: Studenten aufs Schafott, München 1968.
Picht, Georg: Die deutsche Bildungskatastrophe, Olten und Freiburg 1964.
Piltz, Georg: Geschichte der europäischen Karikatur, Berlin 1976.
Prahl, Hans-Werner: Hochschulprüfungen – Sinn oder Unsinn? München 1976.
ders.: Sozialgeschichte des Hochschulwesens, München 1978.
ders./Schmidt-Harzbach, Ingrid: Die Universität. Eine Kultur- und Sozialgeschichte, München und Luzern 1981.
Reicke, Emil: Magister und Scholaren. Illustrierte Geschichte des Unterrichtswesens, Leipzig 1901.
ders.: Der Gelehrte in der deutschen Vergangenheit, Leipzig 1924.
Rentmeister, Cäcilia: Daumier und das häßliche Geschlecht. In: NGBK (Hrsg.): Honoré und die ungelösten Probleme der bürgerlichen Gesellschaft, Berlin 1974.
Rosenbaum, Louis: Beruf und Herkunft der Abgeordneten zu den deutschen und preußischen Parlamenten 1847–1919, Frankfurt 1923.
Roth, Eugen: 100 Jahre Humor in der deutschen Kunst, Hannover 1957.
ders.: Simplicissimus. Ein Rückblick auf die satirische Zeitschrift, Hannover 1954.
Schelsky, Helmut: Einsamkeit und Freiheit. Idee und Gestalt der deutschen Universität und ihre Reform, Reinbek bei Hamburg 1963.
Schlicht, Uwe: Vom Burschenschafter bis zum Sponti. Studentische Opposition gestern und heute, Berlin 1980.
Schmitt, Ursula: Die Bismarck-Säule von 1903 auf dem Heiligenberg. In: Heidelberger Denkmäler 1788–1981. Neue Hefte zur Stadtentwicklung und Stadtgeschichte 2/1982.
Scholl, Inge: Die Weiße Rose, Frankfurt/M. 1952.
Stadt Karlsruhe (Hrsg.): Die Badische Revolution 1848–49. Dokumente des Karlsruher Stadtarchivs und des Pfinzgau-Museums, Karlsruhe 1973.
Sauder, Gerhard: Zum 10. Mai 1933. Die Bücherverbrennung, München 1983.
Soden, Christine von: 70 Jahre Frauenstudium, Berlin 1978.
Ssymank, Paul: Von Studenten, Magistern und Professoren, Leipzig 1935.
ders./Schulze, Friedrich: Das deutsche Studententum von den ältesten Zeiten bis zur Gegenwart, Leipzig 1910.
Unverfehrt, Gerd (Hrsg.): La Caricature. Bildsatire in Frankreich 1830–1835, Göttingen 1980.
Valentin, Veit: Geschichte der deutschen Revolution 1848–1849. 2 Bde., Köln und Berlin 1977.
Vogt, Helmut (Hrsg.): Medizinische Karikaturen von 1800 bis zur Gegenwart, München 1959.
Wendel, Friedrich: Der Sozialismus in der Karikatur. Von Marx bis MacDonald ein Stück Kulturgeschichte, Berlin 1924.
Wentzcke, Paul: Die deutschen Farben, Heidelberg 1955.
ders.: Ideale und Irrtümer des ersten deutschen Parlaments (1848–1849), Heidelberg 1959.
Zahn, Eva: Die Geschichte der Fliegenden Blätter. In: Facsimile-Querschnitt durch die Fliegenden Blätter, München 1966.

Bildquellenverzeichnis

Abkürzungen und bibliographische Angaben für Karikaturzeitschriften, aus denen Bilder nachgedruckt wurden.

BAI = La Baïonette, Paris 1915–1920.
BRE = Brennessel, München, 1931–1938.
CAN = Le Canard enchaîné, Paris, 1915–heute.
CHA = Charivari, Paris 1832–1937.
DMO = Düsseldorfer Monatshefte, 1847–1861.
ENR = L'Enragé, Paris, 1968.
EUL = Eulenspiegel, Berlin, 1928–1931, 1954–heute.
FBL = Fliegende Blätter, München, 1844–1944.
JUG = Jugend, München, 1896–1944.
KLA = Kladderadatsch, Berlin, 1848–1944.
KNÜ = Der Knüppel, Berlin, 1925–1927.
LLI = Lachen Links, Berlin, 1924–1927.
LBL = Lustige Blätter, Berlin, 1888–1941.
MBL = Meggendorfer Blätter, Esslingen und München, 1895–1928.
MUS = Muskete, Wien, 1905–1941.
NEB = Nebelspalter, Rorschach, 1875–heute.
PAR = Pardon, Frankfurt/M., 1962–1982.
PHO = Phosphor, München, 1919.
PUN = Punch, London, 1841–heute.
RPF = Roter Pfeffer, Berlin, 1932–1933.
SAT = Der Satyr, Frankfurt/M., 1848–1849.
SIL = Der Simpl, München, 1946–1950.
SIM = Simplicissimus, München, 1896–1944, 1954–1967.
SPO = Süddeutscher Postillon, Stuttgart, 1882–1910.
ULE = Ulenspiegel, Berlin, 1945–1950.
ULK = Ulk, Berlin, 1881–1933.
WJA = Der Wahre Jacob, Hamburg 1877/78, Berlin 1879–1923, 1927–1933.
WKA = Wiener Katzenmusik, 1848.

Karikaturzeitschriften, die nur textlich erwähnt werden:

La Caricature, Paris, 1830–1835.
Berliner Charivari, 1847–1848.
Der Blutige Ernst, Berlin, 1919.
Frankfurter Latern, 1848–?
Leuchtkugeln, München, 1847–1851.
Münchner Punsch, 1848–1875.
Die Pleite, Berlin, 1928–1931.

1 SIM 2. Jg., Nr. 5/1897, S. 38
2 Werner, Schumann, Pinselheinrich, Hannover 1955. © Fackelträger-Verlag
3 KLA Nr. 10/1933
4 Sammlung Werner, Heidelberg
5 PUN 13. 10. 1866
6 päd. extra sozialarbeit Nr. 11/1980, S. 28. © Klaus Pitter
7 Fläschendräger/Steiger 1981, S. 16
8 Bodleian Library Oxford, Ms. Asmole 399, fol. 34
9 Sebastian Brant, Das Narrenschiff, Basel 1494, Abb. 27
10 Monopolium philisophorum, vulgo die Schelmenzunft, 1489.
11 Reicke 1901, S. 21
12 Anton J. Gail, Erasmus von Rotterdam in Selbstzeugnissen und Bilddokumenten, Reinbek bei Hamburg 1974, S. 52
13 Werner Hofmann, Köpfe der Lutherzeit, Hamburg 1982, S. 15
14 Brant 1494, Abb. 108
15 Edizioni d'Arte Nova Lux, Faksimile-reprint, Florenz o. J.
16 Dollinger 1972, S. 23
17 ebda., S. 22
18 Reicke 1924, S. 57
19 Burschenschaftliche Blätter, Bd. 6, 1892, S. 126
20 Fick 1900, S. 44/45
21 Institut für Hochschulkunde Würzburg
22 Reicke 1901, S. 94
23 Ssymank 1929, S. 8
24 Grandville, Métamorphoses du Jour, Paris 1829.
25 Brant 1494, Abb. 1
26 Vogt 1959, S. 34
27 FBL 1908 II, S. 53
28 Münchner Bilderbogen Nr. 121
29 Die Reise wider Willen. Empfindsam-launische Skizzen eines harmlosen Touristen, Leipzig 1885, S. 204
30 SIM Nr. 51/1961, S. 802. © Erbengemeinschaft nach A. Paul Weber
31 ebda.
32 Abschilderung des academischen Lebens, Nürnberg 1725, Reprint des U. Becker-Verlages Würzburg
33 Konrad 1931 Nr. 316.2
34 Konrad 1931 Nr. 601.1
35 Der Tugend- und Lasterhaft Studente poetisch und moralisch entworfen. Das Studentenleben in 30 Kupfern vorgestellt. Frankfurth und Leipzig 1764, Reprint des U. Becker-Verlages Würzburg.
36 Historia Academica Bd. 22, Nürnberg 1984
37 ebda.
38 Musenklänge aus Deutschlands Leierkasten, o. O, (1848), S. 8
39 Ssymank 1929, Abb. 40
40 Sammlung des Autors
41 Der Tugend- und der Lasterhafte . . ., Abb. VI.
42 Abschilderung . . .
43 Konrad 1931, Nr. 69.8
44 Reicke, 1924, S. 128
45 Reicke 1901, S. 95
46 Sammlung des Autors
47 Sammlung des Autors
48 Sammlung des Autors
49 Sammlung des Autors
50 Europa Nr. 51/1853
51 Burschenschaftliche Blätter, VIII. Jg., 1894, S. 29
52 Institut für Hochschulkunde Würzburg
53 Historisches Museum Frankfurt/M., Archivnr. C 18816
54 Institut für Hochschulkunde Würzburg, Archivnr. IV, 16.
55 Blos 1893, S. 13
56 Fuchs 1901, Beilage
57 Ssymank 1929, Abb. X.
58 Fuchs 1901, Beilage
59 NGBK 1972, S. 34

60 Kultusministerium Rheinland-Pfalz 1981, Kat. Nr. 125
61 ebda., Kat. Nr. 166
62 ebda., Kat. Nr. 220
63 Staatliche Kunsthalle Karlsruhe
64 Werner Schindler: Badens blutiges Jahr, in: Ruperto — Carola Bd. 47/1969, S. 88
65 FBL 1. Jg., Nr. 10, 1845, S. 80
66 Fuchs 1903, S. 1
67 Fuchs 1904, Beilage
68 DMO 1848, S. 246
69 FBL 7. Jg., 1848, S. 112
70 Institut für Hochschulkunde Würzburg
71 WKA Nr. 16/1848
72 Historisches Museum der Stadt Wien, Inv. Nr. 48.339
73 Historisches Museum der Stat Wien, Inv. Nr. 48.323
74 FBL 7. Jg., 1848, S. 77
75 Erinnerungsstätte für die Freiheitsbewegungen in der deutschen Geschichte (Freiheitsmuseum) Rastatt
76 Fuchs 1897/98, S. 375
77 SAT Nr. 5/1848, S. 19
78 Historisches Museum Frankfurt/M., Archivnr. C 2600
79 ebda., Archivnr. C 2555
80 Fuchs 1903, S. 74
81 Fläschendräger/Steiger 1981, S. 106
82 Reiss-Museum Mannheim
83 Freiheitsmuseum Rastatt
84 Staatsbibliothek Berlin YB 16.730
85 DMO 1849, S. 448
86 KLA Nr. 48/1852
87 KLA Nr. 34/1856
88 FBL 8. Jg., 1851, S. 128
89 Hochstetter 1907, S. 66
90 JUG 1906, S. 717
91 SPO Nr. 15/1899, S. 126
92 JUG 1904, S. 416
93 SIM 11. Jg., Nr. 6/1906, S. 90. © Julia Graf
94 SIM 11. Jg., Nr. 30/1906, S. 469. © Julia Graf
95 SIM 5. Jg., Nr. 5/1905, Titel
96 JUG 1904, S. 289
97 SIM 6. Jg., Nr. 32/1905, S. 253
98 WJA 1894, S. 1692
99 WJA 1895, S. 1932
100 WJA 1899, S. 2985
101 KLA 19. 8. 1894
102 Hochstetter 1907, S. 67/69
103 SIM 11. Jg., Nr. 13/1906, S. 211. © Julia Graf
104 SIM 13. Jg., Nr. 6/1908, S. 112
105 FBL 1853 I, S. 76
106 FBL 1882 II, S. 204
107 SIM 4. Jg., Nr. 45/1900, S. 360
108 LBL Nr. 18/1898, S. 2
109 SIM 7. Jg., Nr. 52/1902, S. 416. © Julia Graf
110 SIM 4. Jg., Nr. 52/1900, Titel. © Julia Graf
111 FBL 1902/II, S. 68
112 LBL Nr. 44/1906, S. 5
113 FBL 1891 II
114 SIM 9. Jg., Nr. 1/1904, S. 15
115 JUG 1906, S. 1065
116 FBL 1863 I, S. 80
117 SIM 5. Jg., Nr. 42/1901, S. 340. © Julia Graf
118 FBL 1884 II, S. 171
119 Die Lustige Alma Mater, S. 45
120 JUG 1902, S. 492
121 SIM 11. Jg., Nr. 38/1906, S. 609
122 SIM 11. Jg., Nr. 45/1906, S. 722
123 SIM 2. Jg., Nr. 45/1897, Titel. © Julia Graf
124 Die lustige Alma Mater, S. 50
125 FBL 1902 I, S. 281
126 FBL 1906 I, S. 303
127 FBL 1882 I, S. 132
128 FBL 1905 I, S. 299
129 FBL 1906 II, S. 291/92
130 FBL 1853 I, S. 191
131 FBL 1890 I, S. 54
132 FBL 1900 II, S. 119
133 Bilder aus dem Studentenleben, Kassel 1865, Reprint des U. Becker-Verlags Würzburg
134 FBL 1882 I, S. 126
135 Ssymank 1929, Abb. 66
136 Eugen Roth 1954. © Dr. Justin von Kessel
137 FBL 1904 II, S. 205
138 FBL 1881 I, S. 27
139 FBL 1888 I, S. 142
140 FBL 1856 I, S. 133
141 Reicke 1924, S. 54
142 ebda., S. 114
143 Kleines Wilhelm Busch-Album, Berlin o. J., S. 128
144 FBL 1846 II, S. 30
145 Olbrich, S. 23
146 Galerie Olaf Greiser, Heidelberg
147 Hochstetter 1907, S. 70
148 FBL 1908 II, S. 199
149 FBL 1920 I, S. 115
150 MBL 1923, S. 107
151 FBL 1884 II, S. 150/51
152 SIM 7. Jg., Nr. 27/1904, S. 263
153 SIM 2. Jg., Nr. 12/1897, S. 92
154 Werner Schartel (Hrsg.): Kunst im Widerstand. A. Paul Weber, Das antifaschistische Werk, Berlin und Hamburg 1977, Abb. 106. © Erbengemeinschaft nach A. Paul Weber
155 CHA 24. 4. 1844
156 Ssymank 1929, S. 32
157 FBL 1877 I, S. 40
158 Die lustige Alma Mater, S. 98
159 SIM 28. Jg., Nr. 42/1924, S. 522
160 Fuchs 1901, S. 19
161 SIM 25. Jg., Nr. 50/1921, S. 664. © Dr. Justin von Kessel
162 KLA Nr. 54/1872, S. 220
163 PUN Almanack for 1873
164 Kahn 1907, S. 341
165 Fuchs 1906, Beilage S. 385
166 JUG 1904, S. 123
167 FBL 1905 I, S. 109/10
168 FBL 1922, S. 131
169 SIM Nr. 39/1962, S. 623
170 Kurt Halbritter: Jeder hat das Recht, München und Wien 1976. © Elise Halbritter
171 Fick 1900, S. 18
172 Burschenschaftliche Blätter Bd. 6, 1892, S. 127
173 Abschilderung . . .
174 Konrad 1931, Nr. 69.14
175 Sammlung des Autors

176 Sammlung des Autors
177 Bilder aus dem Studentenleben . . .
178 Institut für Hochschulkunde Würzburg
179 SIM 11. Jg., Nr. 7/1906, S. 107
180 SIM 27. Jg., Nr. 2/1922, S. 25
181 Kulturbilder aus dem Simplicissimus, 1905. © Julia Graf
182 Heinrich Zille: Berliner Geschichten und Bilder, Dresden 1924. © Fackelträger-Verlag
183 ULK Nr. 13/1927
184 PAR Nr. 1/1968, S. 29
185 Miermeister/Staadt 1980, S. 223
186 Wachtfeuer, Künstlerblätter zum Krieg 1914/15, Bd. IV
187 ULK Nr. 1/1918
188 BAI Nr. 35/1916, S. 136/37
189 ULK Nr. 6/1920
190 SIM 24. Jg., Nr. 21/1920, S. 224. © Dr. Justin von Kessel
191 MBL 1922, S. 110
192 WJA Nr. 24/1931
193 RPF Nr. 2/1932, S. 7
194 ULK Nr. 52/1919
195 WJA Nr. 8/1928, S. 11
196 KLA Nr. 32/1929
197 ULK Nr. 9/1920
198 ULK Nr. 36/1926
199 KLA Nr. 6/1930
200 ULK Nr. 37/1927
201 JUG Nr. 20/1920
202 Badischer Kunstverein Karlsruhe (Hrsg.): Georg Scholz. Ein Beitrag zur Diskussion realistischer Kunst, Karlsruhe 1975, S. 91
203 Freie Welt Nr. 2/1920, Titel
204 WJA Beilage zu Nr. 918/1921, S. 10318
205 PHO Nr. 34/1919
206 ULK Nr. 19/1927
207 WJA Nr. 13/1927, S. 14
208 Uwe M. Schneede: George Grozs. Der Künstler in seiner Gesellschaft, Köln 1975, Abb. 7. © VG Bild-Kunst, Bonn 1984
209 KNU Nr. 13/1925
210 ULK Nr. 28/1920
211 WJA Nr. 2/1930, S. 9
212 ULK Nr. 22/1926
213 Schneede 1975, S. 135. © VG Bild-Kunst, Bonn 1984
214 LLI Nr. 29/1926, S. 342
215 KLA Nr. 26/1926, Titel
216 Ssymank, 1929, Abb. 144
217 MUS Nr. 762/1920, Titel
218 ULK Nr. 13/1927
219 ULK Nr. 50/1927, Titel
220 KLA Nr. 3/1927
221 ULK Nr. 6/1930, Titel
222 WJA Nr. 13/1932, Seite 10
223 SIM 36. Jg., Nr. 35/1931, S. 418
224 WJA Nr. 3/1931, S. 5
225 SIM 35. Jg., Nr. 30/1930, S. 353
226 BRE Nr. 36/1932, S. 424
227 BRE Nr. 3/1932, S. 27
228 BRE Nr. 48/1932, S 575
229 Arbeiter Illustrierte Zeitung (AIZ) Nr. 33/1930, S. 653
230 AIZ Nr. 34/1933, S. 579 © Akademie der Künste der DDR
231 SIM 36. Jg., Nr. 16/1931, S. 189. © Dr. Justin von Kessel
232 WJA Nr. 16/1930, S. 10
233 BRE Nr. 2/1933, S. 15
234 N. Marceau: Cinq Ans de Dictature Hitlerienne, Paris 1938
235 KLA Nr. 22/1933, Titel
236 BRE Nr. 49/1936, S, 630
237 BRE Nr. 44/1933, S. 544
238 BRE Nr. 37/1933, Titel
239 BRE Nr. 29/1933, S. 342
240 BRE Nr. 38/1933, S. 448
241 KLA Nr. 18/1933
242 EUL Nr. 2/1931, S. 21
243 NEB Nr. 14/1937, S. 17
244 KLA Nr. 12/1944
245 NEB Nr. 50/1939, S. 3
246 Der Stürmer Nr. 11/1943 (11. 3. 1943), S. 8
247 SIL Nr. 9/1948, S. 104
248 SIL Nr. 2/1950, S. 22
249 SIM Nr. 46/1956, S. 725
250 SIL Nr. 23/1948, Titel. © Dagny B. Gulbransson
251 ULE Nr. 18/1948, S. 3
252 SIM Nr. 14/1957, S. 217
253 Leihgabe der Künstlerin. © Marie Marcks
254 notizen, Tübinger Studentenzeitung, Juniheft 1967, Titel
255 Freiburger Studentenzeitung Nr. 1/1968, S. 27
256 NEB Nr. 27/1968
257 Der Spiegel Nr. 8/1968, S. 46
258 PAR Nr. 9/1967, S. 39. © Chlodwig Poth
259 Dollinger 1972, S. 390. © Luis Murschetz
260 Der Spiegel Nr. 24/1967, S. 58. © Jupp Wolter
261 PAR Nr. 3/1968, S. 36
262 Freiburger Studentenzeitung Nr. 4/1967, S. 25
263 PAR Nr. 7/1967, S. 11
264 Miermeister/Staadt 1980, S. 187
265 NEB Nr. 50/1967, S. 42 © Horst Haitzinger
266 PAR Nr. 6/1968, S. 12
267 PAR Nr. 7/1969, S. 8
268 Gerhard Seyfried: wo soll das alles enden? Berlin 1978, S. 8/9. © Rotbuch-Verlag
269 NEB Nr. 10/1968, S. 7 © Horst Haitzinger
270 Halbritter 1976. © Elise Halbritter
271 Der Spiegel Nr. 21/1968, S. 21
272 NEB Nr. 19/1968, S. 52. © Horst Haitzinger
273 PAR Nr. 5/1968, S. 9
274 NEB Nr. 17/1968, S. 21. © Horst Haitzinger
275 ENR Nr. 3/1968, Wiederabdruck in: Brandes/ Sylvester (Hrsg.) 1968, S. 67
276 CAN 26. 6. 1968, S. 5
277 PAR Nr. 6/1968
278 Leihgabe der Künstlerin. © Marie Marcks
279 Leihgabe der Künstlerin. © Amelie Holtfreter-Glienke
280 Leihgabe der Künstlerin. © Marie Marcks
281 PAR Sonderband Teuflische Jahre 17/1979, S. 70/71. © Erich Rauschenbach
282 Eberhard Knödler-Bunte (Hrsg.): Was ist heute noch links? Berlin 1981, S. 75
283 PAR Nr. 10/1979, S. 26/27 © Thomas M. Bunk

284 Leihgabe der Künstlerin. © Marie Marcks
285 Der Spiegel Nr. 26/1969, S. 62. © Jupp Wolter
286 Anrisse/FU-Spiegel Nr. 73, 1969
287 Leihgabe der Künstlerin. © Amelie Holtfreter-Glienke
288 Flugblatt Undogmatische Linke Liste, Heidelberg o. J.
289 Peter Kaczmarek: Bildungslücken. Aufgespürt und gezeichnet von Pika, Rheinbach-Merzbach 1983. © Peter Kaczmarek
290 SIM Nr. 51/1963
291 SIM Nr. 51/1959, Titel
292 A. Paul Weber: Kritischer Kalender, München 1976. © Erbengemeinschaft nach A. Paul Weber
293 Der Spiegel Nr. 11/1970, S. 41. © Paul Flora
294 Leihgabe der Künstlerin. © Marie Marcks
295 PAR Nr. 10/1979, S. 30. © Jan Tomaschoff
296 Wolf Wagner: Uni-Angst und Uni-Bluff. Wie studieren und sich nicht verlieren, Berlin 1977. Titel. © Rotbuch Verlag
297 PAR Nr. 10/1977, S. 136/37
298 SIM Nr. 23/1959, S. 358. © Manfred Oesterle
299 SIM Nr. 24/1959, S. 382. © Manfred Oesterle
300 Anrisse Extrablatt Febr. 1969
301 A. Paul Weber, Kritischer Kalender, München 1974. © Erbengemeinschaft nah A. Paul Weber
302 Leihgabe des Künstlers. © Gustav Peichl
303 Erich Rauschenbach: Super oder normal? Berlin 1981. © Erich Rauschenbach
304 Leihgabe des Künstlers. © Reinhold Löffler
305 Erziehung und Wissenschaft Nr. 11/1983, S. 34
306 Leihgabe des Künstlers, © Erich Rauschenbach
307 stern Nr. 29/1983, S. 6
308 Der Spiegel Nr. 23/1984, S. 61
309 Anfänger-Info der IG Päd, Heidelberg. (1978). © Chlodwig Poth
310 Leihgabe des Künstlers. © Peter Gaymann
311 Leihgabe des Künstlers. © Erik Liebermann
312 PAR Nr. 10/1077, S. 109. © Erich Rauschenbach
313 PAR Nr. 12/1978, S. 48/49. © Erich Rauschenbach
314 Lehrerzeitung für Baden-Württemberg Nr. 21/1982, S. 561. © Rolf Robischon
315 Leihgabe des Künstlers. © Peter Gaymann

In einzelnen Fällen war es dem Verlag trotz vielfältiger Bemühungen nicht möglich, Rechtsinhaber an Zeichnungen zu ermitteln. Die Honoraransprüche bleiben jedoch gewahrt.